消防管理与消防安全技术研究

刘圣雄　温　磊　吴　镝　著

西北工业大学出版社
西安

【内容简介】 本书共八章，内容包括燃烧、爆炸与火灾的基础知识概述，消防安全管理综述，消防安全检查及火灾隐患的认知和整改，消防监督检查，灭火器，消防安全技术，建筑消防设施，场所的防火要求与安全消防管理，等等。

本书可供从事消防管理与消防安全技术研究的人员阅读、参考。

图书在版编目（CIP）数据

消防管理与消防安全技术研究/刘圣雄，温磊，吴镝著. —西安：西北工业大学出版社，2024.7
ISBN 978-7-5612-9094-1

Ⅰ.①消… Ⅱ.①刘… ②温… ③吴… Ⅲ.①消防管理-研究-中国 ②消防-安全技术-研究-中国 Ⅳ.①D631.6 ②TU998.1

中国国家版本馆CIP数据核字(2023)第233891号

XIAOFANG GUANLI YU XIAOFANG ANQUAN JISHU YANJIU
消防管理与消防安全技术研究
刘圣雄 温磊 吴镝 著

责任编辑：隋秀娟 马 丹	策划编辑：张 晖
责任校对：曹 江	装帧设计：董晓伟

出版发行：西北工业大学出版社
通信地址：西安市友谊西路 127 号　　　邮编：710072
电　　话：(029) 88491757，88493844
网　　址：www.nwpup.com
印 刷 者：陕西向阳印务有限公司
开　　本：720 mm×1 020 mm　　　1/16
印　　张：17.5
字　　数：296 千字
版　　次：2024 年 7 月第 1 版　　　2024 年 7 月第 1 次印刷
书　　号：ISBN 978-7-5612-9094-1
定　　价：75.00 元

前　言

　　火灾是严重危害人类生命财产、直接影响社会发展及稳定的一种最为常见的灾害。近年来，随着社会和经济建设的发展，高层和超高层建筑不断增多。高层和超高层建筑火灾在世界各地屡见不鲜，尽管这些建筑一般都配备了较为先进的消防设施，可一旦起火，人们往往还是措手不及。火灾的严重性时刻提醒着人们要加大消防工作的力度，做到防患于未然。这就大大提高了对消防从业人员的要求，也对消防从业人员的知识积累、技能要求、学习能力提出了更高的要求。因此，人们只有学好消防基本知识，才能为消防安全管理素质和技术水平的提高打下基础，才能为消防安全管理中实际问题的解决提供具体的方法和措施。

　　消防安全工作涉及各行各业、千家万户，与经济发展、社会稳定和人民群众安居乐业密切相关。只有向全社会普及安全法规和科技知识，提高全民安全意识，增强全民安全防范能力，才能有效地预防火灾和降低火灾的危害程度。消防安全工作是一项科学性、技术性、群众性和专业性都很强的工作，社会单位的法定代表人、消防安全管理人员以及消防重点工种操作人员等不仅要有较高的思想觉悟和修养，还必须具有良好的消防安全管理素质和扎实的技术水平，而管理素质和技术水平的提高需要以消防安全技术知识为基础。因此，要把机关、团体、企业、事业单位的消防安全工作做好，单位的法定代表人、消防安全管理人员以及消防重点工种操作人员等除应掌握必要的消防安全管理知识外，还必须要学习和掌握火灾燃烧原理、物料和生产工艺的火灾危险性类别、危险品物品、电气、建筑和消防设施等基本防火、灭火技术知识。

本书从燃烧、爆炸与火灾的基础知识介绍入手，针对消防安全管理、消防安全检查及火灾隐患的认定和整改、消防监督检查、灭火器进行了分析研究，另外对消防安全技术、建筑消防设施进行了一定的介绍，还对各类场所的防火要求与安全消防管理进行了详细介绍，旨在摸索出一条适合现代消防工作的科学道路。希望通过本书的介绍，能够帮助相关工作者在实际工作中少走弯路，运用科学的方法提高工作效率。

在撰写本书的过程中参考了国内外同行的诸多文献、资料，在此一并向其作者表示衷心的感谢。

由于笔者水平有限，书中难免存在不妥之处，恳请广大读者批评指正。

著　者

2023 年 6 月

— 目　录 —

第一章 燃烧、爆炸与火灾的基础知识概述

第一节 燃烧基础知识

一、燃烧的条件

（一）可燃物

凡是能与空气中的氧或其他氧化剂起化学反应的物质都叫作可燃物，如木材、氢气、硫、煤炭、汽油、纸张等。可燃物按其化学组成分为无机可燃物与有机可燃物两大类，按其所处的状态又可分为可燃固体、可燃液体以及可燃气体三大类。

（二）助燃物（氧化剂）

凡是与可燃物结合能导致和支持可燃物燃烧的物质叫作助燃物，如广泛存在于空气中的氧气。从普通意义上来说，可燃物的燃烧均指在空气中进行的燃烧。在一定条件下，各种不同的可燃物发生燃烧都有其本身固定的最低氧含量要求，氧含量过低，即使其他必要条件均已具备，燃烧仍不会发生。

（三）引火源（温度）

凡是能够引起物质燃烧的点燃能源统称为引火源。在一定情况下，各种不同可燃物发生燃烧都有本身固定的最小点火能量要求，只有达到一定能量才能引起燃烧。常见的引火源有以下几种。

1. 明火

明火是指生产、生活中的炉火、焊接火、烛火，撞击、摩擦打火，机动车辆排气管火星及飞火，等等。

2. 电弧、电火花

电弧、电火花指的是电气设备、电气线路、电气开关及漏电打火，手机等通信工具火花，静电火花（物体静电打火、人体衣物静电打火以及人体积聚静电对物体放电打火），等等。

3. 雷击

雷击瞬间高压放电能够引燃任何可燃物。

4. 高温

高温指的是高温加热、烘烤、积热不散、机械设备故障发热、摩擦发热、聚焦发热等。

二、燃烧的分类

（一）点燃方式

燃烧按点燃方式的不同可分为引燃和自燃两种。

1. 引燃

引燃指受外部热源的作用，物质开始燃烧的现象。也就是火源接近可燃物，局部开始燃烧，然后开始传播的燃烧现象。在规定的试验条件下，能够发生燃烧的最低温度被称为引燃温度，用摄氏度（℃）表示。按引燃方式的不同，引燃又可分为局部引燃和整体引燃两种。例如：人们用打火机点燃烟头、用电打火点燃灶具燃气等都属于局部引燃；而熬炼沥青、石蜡、松香等易熔的固体时，温度超过了引燃温度的燃烧就属于整体引燃。这里还需要说明一点，有人将由于加热、烘烤、熬炼、热处理或者由于摩擦热、辐射热、压缩热、化学反应热的作用而引发的燃烧称为受热自燃，其实这是不对的，因为这种燃烧虽然不是靠明火的直接作用而引发的燃烧，但它仍然是靠外界的热源而引发的，而外界的热源本身就是引燃源，故仍应属于引燃。

2.自燃

自燃指在没有外界引燃源作用的条件下，物质靠本身内部的一系列物理、化学变化而自动燃烧的现象。自燃的特点是靠物质本身内部的变化提供能量。在规定的试验条件下，物质发生自燃的最低温度称为自燃温度，用"℃"表示。

（二）燃烧时可燃物的状态

1.气相燃烧

气相燃烧指燃烧时可燃物和氧化剂均为气相的燃烧。气相燃烧是一种常见的燃烧形式，如汽油、乙醇、丙烷、蜡烛等的燃烧都属于气相燃烧。实际上，凡是有火焰的燃烧均为气相燃烧。

2.固相燃烧

固相燃烧指燃烧进行时可燃物为固相的燃烧。固相燃烧又称表面燃烧，如木炭、镁条、焦炭的燃烧就属于固相燃烧。只有固体可燃物才能发生此类燃烧，但并不是所有固体的燃烧都属于固相燃烧，固体在燃烧时出现分解、熔化、蒸发的现象，就不属于固相燃烧，仍为气相燃烧。

（三）燃烧速度及现象

1.爆炸

爆炸指由于物质发生急剧氧化或分解反应，温度、压力增加或两者同时增加的现象。爆炸是一种可燃物与氧化剂事先混合好了的混合物遇火源发生非常快速的燃烧的现象，爆炸按其燃烧速度传播的快慢分为爆燃和爆轰两种。

爆燃指燃烧以亚音速传播的爆炸。亚音速指反应中穿过燃烧介质的反应前端速度小于或等于声速（空气中约 340 m/s）。

爆轰指燃烧以冲击波为特征、以超音速（空气中约大于 340 m/s）传播的爆炸。

2. 着火

着火亦称起火，简称火，指以释放热量并伴有烟或火焰，甚至两者兼有为特征的燃烧现象。着火是人们经常见到的一种燃烧现象，如木材燃烧、油类燃烧、煤气燃烧等都属于着火。着火的特点是一般可燃物燃烧需要引燃源引燃，可燃物一经点燃，在外界因素不影响的情况下，可持续燃烧下去，直至将可燃物烧完为止。任何可燃物的燃烧都需要一个最低温度，这个温度被称为引燃温度，用"℃"表示。可燃物不同，引燃温度也不同。

3. 阴燃

阴燃指物质无可见光的缓慢燃烧，通常有产生烟尘和温度升高的迹象。阴燃是可燃固体由于供氧不足而形成的一种缓慢的氧化反应，其特点是有烟而无火焰。阴燃是很危险的火灾前兆，由于阴燃通常都是因供氧不足而形成的，故大多为不完全燃烧。当阴燃在密闭空间内进行时，分解出的可燃气体和可燃的不完全燃烧产物在这个空间的浓度就会增大，就有可能达到爆炸浓度而发生烟雾爆炸。如果是棉花、麻、麦秸、稻草等可燃物的堆垛中潜入了燃着的烟头等火种，就会发生潜伏期很长的阴燃；如果是棉花、麦秸、稻草类可燃物发生火灾，若未用水彻底浇灭，还会死灰复燃。

4. 闪燃

闪燃是指在液体表面上产生的足够的可燃蒸气，遇火能产生一闪即灭的燃烧的现象。闪燃是液体燃烧特有的一种燃烧现象，但是少数低熔点可燃固体在燃烧时也有这种现象。闪燃是着火的前兆，当液体达到闪燃温度时，就说明火灾已到了一触即发的状态，必须立即采取降温措施，否则就有着火的危险。在规定的试验条件下，液体表面产生闪燃的最低温度称为闪燃温度，用"℃"表示。

5.微燃

微燃指燃烧物在空气中受到火焰或高温作用时能够发生燃烧，但将火源移走后燃烧立即停止的燃烧。只能发生微燃的物质称为难燃物。

（四）有无人为控制

有控制的燃烧指为了利用燃烧所产生的热能而进行控制的燃烧，如烧饭、取暖、照明、内燃机的燃烧、火箭的发射等，都属于有控制的燃烧。有控制的燃烧是人类需要的正常燃烧，不属于火灾燃烧的范畴。

失去控制的燃烧简称失火，指人们不需要的、失去控制而形成的燃烧。各种火灾条件下的燃烧都属于失去控制的燃烧。

三、燃烧的方式及特点

（一）气体燃烧

可燃气体的燃烧不需像固体、液体那样经过熔化及蒸发的过程，其所需热量仅用于氧化或分解，或将气体加热到燃点，所以容易燃烧且燃烧速度快。根据燃烧前可燃气体与氧混合状况的不同，可将气体燃烧分为扩散燃烧与预混燃烧。

1.扩散燃烧

扩散燃烧就是可燃气体和蒸气分子与气体氧化剂互相扩散，边混合边燃烧。在扩散燃烧中，化学反应速度要比气体混合扩散速度快得多。整个燃烧速度的快慢由物理混合速度决定。气体（蒸气）扩散多少，就会烧掉多少。人们在生产、生活中的用火（如燃气做饭、点气照明、烧气焊等）都属于这种形式的燃烧。

扩散燃烧的特点是燃烧较为稳定，扩散火焰不运动，可燃气体与气体氧化剂的混合在可燃气体喷口进行。对稳定的扩散燃烧而言，只要控制得好，就不至于导致火灾，即使发生火灾也较易扑救。

2. 预混燃烧

预混燃烧又称为爆炸式燃烧，指的是可燃气体、蒸气或粉尘预先同空气（或氧）混合，遇引火源产生带有冲击力的燃烧。预混燃烧通常发生在封闭体系中或在混合气体向周围扩散的速度远小于燃烧速度的敞开体系中，燃烧放热导致产物体积迅速膨胀，压力升高，压力可高达 709.1 kPa ～ 810.4 kPa。一般的爆炸反应都属于预混燃烧。

预混燃烧的特点是燃烧温度高，反应快，火焰传播速度快，反应的混合气体不扩散，在可燃混合气中引入一个火源就会产生一个火焰中心，成为热量与化学活性粒子集中源。若预混气体从管口喷出发生动力燃烧，如果流速大于燃烧速度，则在管中形成稳定的燃烧火焰，由于燃烧充分，燃烧速度快，燃烧区呈高温白炽状。如果可燃混合气体在管口的流速小于燃烧速度，则会发生"回火"，如制气系统检修前不进行置换就烧焊、燃气系统在开车前不进行吹扫就点火、用气系统产生负压"回火"或漏气未被发现而用火时，往往会形成动力燃烧，有可能导致设备损坏和人员伤亡。

（二）液体燃烧

1. 闪燃

发生闪燃的原因是易燃或者可燃液体在闪燃温度下蒸发的速度比较慢，蒸发出来的蒸气仅能维持一刹那的燃烧，来不及补充新的蒸气以维持稳定的燃烧，所以一闪就灭了。但闪燃却是引起火灾事故的先兆之一。闪点指的是易燃或可燃液体表面产生闪燃的最低温度。

2. 沸溢

以原油为例，其黏度比较大，并且都含有一定的水分，这些水分以乳化水与水垫两种形式存在。乳化水是原油在开采运输过程中，原油中的水因为强力搅拌形成细小的水珠悬浮于油中而成的；长时间放置之后，油水分离，水由于密度大而沉降在底部形成水垫。

在燃烧过程中，这些沸程较宽的重质油品产生热波，在热波向液体深层运动时，因为热波温度远高于水的沸点，所以热波会使油品中的乳化水汽化，大量的蒸气就要穿过油层向液面上浮，在向上移动过程中形成油包气的气泡，也就是油的一部分形成了含有大量蒸气气泡的泡沫。这样必然导致液体体积膨胀，向外溢出，同时部分未形成泡沫的油品也被下面的蒸气膨胀力抛出，使液面猛烈沸腾起来，这种现象叫作沸溢。由此可知，沸溢形成必须具备下列三个条件。

第一，原油具有形成热波的特性，即沸程宽、密度相对较大。

第二，原油中含有乳化水，水遇热波则变成蒸汽。

第三，原油黏度较大，使水蒸气不容易由下向上穿过油层。

3.喷溅

在重质油品燃烧进行过程中，随着热波温度的逐渐升高，热波向下传播的距离也会加大，当热波达到水垫时，水垫的水大量蒸发，蒸汽体积迅速膨胀，以致将水垫上面的液体层抛向空中，向外喷射，这种现象叫作喷溅。

通常情况下，发生沸溢要比发生喷溅的时间早得多。发生沸溢的时间早晚与原油的种类、水分含量等因素有关。根据试验，含有体积分数为1%的水分的石油，经 45 ～ 60 min 燃烧就会发生沸溢。喷溅发生的时间早晚同油层厚度、热波移动速度及燃烧线速度有关。

（三）固体燃烧

1.蒸发燃烧

硫、磷、钾、钠、松香、蜡烛、沥青等可燃固体，在受到火源加热时，先熔融蒸发，随后蒸气与氧气发生燃烧反应，这种形式的燃烧一般叫作蒸发燃烧。樟脑、萘等易升华物质，在燃烧时不经过熔融过程，但其燃烧现象也可以看作是一种蒸发燃烧。

2.表面燃烧

可燃固体（如焦炭、木炭、铁、铜等）的燃烧反应是在其表面由氧和物质直接作用而发生的，称为表面燃烧，有时又叫作异相燃烧，这是一种无火焰的燃烧。

3.分解燃烧

可燃固体（如木材、煤、合成塑料以及钙塑材料等）在受到火源加热时，先发生热分解，随后分解出的可燃挥发成分与氧发生燃烧反应，这种形式的燃烧通常称为分解燃烧。

4.动力燃烧（爆炸）

动力燃烧指的是可燃固体或其分解析出的可燃挥发成分遇火源所发生的爆炸式燃烧，主要包括可燃粉尘爆炸、炸药爆炸以及轰燃等几种情形。例如，能析出一氧化碳的赛璐珞、能析出氰化氢的聚氨酯等，在大量堆积燃烧时，就会产生轰燃现象。

5.熏烟燃烧

可燃固体在空气不流通，加热温度较低，分解出的可燃挥发成分较少或逸散较快、含水分较多等条件下，往往发生只冒烟而无火焰的燃烧现象，这就是熏烟燃烧，又称阴燃。阴燃是固体材料特有的燃烧形式，但其能否发生主要取决于固体材料自身的理化性质及其所处的外部环境。很多固体材料（如纸张、锯末、纤维织物、胶乳橡胶等）都能发生阴燃。这是因为这些材料受热分解后能产生刚性结构的多孔炭，从而具备多孔蓄热并持续燃烧的条件。阴燃的发生需要有一个供热强度适宜的热源，通常有自燃热源、阴燃本身的热源和有焰燃烧火焰熄灭后的热源等。

需要注意的是，以上各种燃烧形式的划分不是绝对的，有些可燃固体的燃烧往往包含两种或两种以上的形式。例如，在适当的外界条件下，木材、棉、麻以及纸张等的燃烧会明显存在分解燃烧、熏烟燃烧以及表面燃烧等形式。

四、燃烧的本质

（一）氧化还原反应理论

氧化还原反应理论认为，燃烧是可燃物质与氧化剂进行反应的结果，但由于氧化反应的速度不同，或成为剧烈的氧化还原反应，或成为一般的氧化还原反应。燃烧是一种会发光、放热的剧烈氧化还原反应；而一般氧化还原反应速度慢，虽然也放出热量，但可能随时会散发掉，反应达不到剧烈的程度，因而没有火焰、发光和（或）发烟的现象，所以一般氧化还原反应不是燃烧。因此，氧化还原反应和燃烧反应的关系为种属关系，即凡是燃烧反应肯定是氧化还原反应，而氧化还原反应不一定都是燃烧反应，燃烧反应只是氧化还原反应中一种特别剧烈的反应。

（二）链锁反应理论

链锁反应理论认为燃烧是一种游离基的链锁反应，是目前被广泛承认并且较为成熟的一种解释气相燃烧机制的燃烧理论。链锁反应又叫链式反应，它是由一个单独分子游离基的变化而引起一连串分子变化的化学反应。游离基又称自由基，是化合物或单质分子中的共价键在外界因素的影响下分裂而成含有不成对电子的原子或原子团，是一种高度活泼的化学基团，一旦生成即诱发其他分子迅速一个接一个地自动分解，生成大量新的游离基，从而导致了更快、更人的蔓延、扩张的链锁反应过程，直到不再产生新的游离基为止。但是如果在燃烧过程中介入抑制剂抑制游离基的产生，链锁反应就会中断，燃烧也会停止。

第二节 爆炸基础知识

一、爆炸的分类

（一）物理爆炸

物理爆炸指物质因状态或压力发生突变而形成的爆炸（如锅炉爆炸）。物理爆炸的特点是：爆炸前后物质的化学成分均不改变；本身虽没有进行燃烧反应，但它产生的冲击力可直接或间接地造成火灾。

（二）化学爆炸

化学爆炸指由于物质急剧氧化或分解导致温度、压力增加或两者同时增加而形成的爆炸。化学爆炸的特点是：化学爆炸前后，物质的化学成分和性质均发生了变化；爆炸速度快，爆炸时产生大量热能和很大的气体压力，同时发出巨大的声响；化学爆炸能直接造成火灾，具有很强的火灾危险性。

二、爆炸极限

（一）定义

可燃气体、蒸气或粉尘与空气混合后，遇火会产生爆炸的最高或最低的浓度，这个浓度被称为爆炸浓度极限，又叫爆炸极限。爆炸下限是指可燃的蒸气、气体或粉尘与空气组成的混合物，遇火源即能发生爆炸的最低浓度。低于爆炸范围的最低浓度时，没有足够的可燃物支持，混合物接触火种不燃不爆，这一最低浓度称为爆炸下限。高于爆炸范围的最高浓度时，没有足够的氧化物（如氧气）支持，混合物接触火种同样不燃不爆，这一最高浓度称为爆炸上限。

在消防工作中，爆炸极限的主要用途是确定可燃气体、蒸气粉尘的火灾危险性，一般将爆炸浓度下限小于10%的可燃气体定为甲类气体，将爆炸浓度下限大于或等于10%的可燃气体定为乙类气体。

（二）影响爆炸极限的因素

通常所说的爆炸极限，如果没有标明，就是指爆炸浓度极限。影响爆炸极限的因素主要有初始温度、初始压力、惰性介质及杂质、混合物中含氧量、引火源等，具体如下。

第一，初始温度越高，爆炸极限范围越大。

第二，初始压力升高，爆炸极限范围变大。

第三，混合物中加入惰性气体，爆炸极限范围缩小。

第四，混合物含氧量增加，爆炸下限降低，爆炸上限上升。

三、爆炸物的特点

（一）敏感易爆性

炸药的敏感性是指炸药在受到环境的加热、撞击、摩擦或电火花等外能作用时发生着火或爆炸的难易程度。这是炸药的一个重要特性，即对外界作用比较敏感，可以用火焰、撞击、摩擦、针刺或电能等较小的简单的初始冲能就能引起爆炸。炸药对外界作用的敏感程度是不同的。例如，碘化氮这种起爆药若用羽毛轻轻触动就可能引起爆炸，而常用的炸药 TNT（一种烈性炸药）却用枪弹射穿也不爆炸。炸药引爆所需的初始冲能愈小，说明该炸药愈敏感。初始冲能又叫爆冲能，是指激发炸药爆炸所需的最小能量。

炸药的敏感性是由许多因素决定的，这些因素可以归纳为内在因素和外在因素两类。

1.影响炸药敏感性的内在因素

炸药的内在因素是决定其敏感程度的根本因素，也就是指爆炸品的物理、化学性质，如键能、分子结构、活化能、热容、导热性等。

2.影响炸药敏感性的外在因素

决定炸药敏感性的内在因素是不受人为因素影响的，但是决定炸药敏感性的外在因素则可受人为因素的直接影响。因此，研究影响炸药敏感性的外在因素对炸药的生产、使用、储存以及运输安全有着更重要的意义，这些因素主要包括下列几个方面。

（1）结晶

炸药的晶体结构与敏感度的关系是结晶形状不同，其敏感性也就不同，这主要是由它们晶格能量的不同决定的。

（2）密度

随着炸药密度的增大，通常敏感度均有所降低，但是粉碎疏松的炸药的敏感度比严密填实的炸药高。

（3）温度

介质温度对炸药的敏感度也有显著影响。当药温接近于爆发点时，则给予很小的能量即能引爆，这是炸药在储运过程中必须注意的一个问题。

（二）自燃危险性

一些火药在一定温度条件下可不用火源的作用即自行着火或爆炸，如双基火药长时间堆放在一起时，因为火药的缓慢热分解放出的热量及产生的二氧化氮气体不能及时散发出去，火药内部就会产生热积累，当达到其自燃点时便会自行着火或爆炸，这是火药爆炸品在储存及运输工作中需特别注意的问题。以多元醇硝酸酯为基的火药还存在着分解产物二氧化氮的自动催化作用（安定剂失效后），因此，压延后的双基药粒（50 ℃）不得装入胶皮的袋内，各种火药在储存中应注意及时通风和散潮。

从微观看，火药中的分子是处于运动状态的，每个分子所处的位能均符合分子状态分布的规律，即位能极高的分子或者极低的分子数目很少，而大部分分子处于某温度平均位能周围，只有分子中的活化分子才能产生化学反应。在常温条件下，火药中也有活化分子，但这种分子很少，分解反应进行得很慢，慢到通过普通方法无法观测，化学反应放出的热量也很少，可以及时散失到周围介质中去，但是当产生热积累时，火药就会自动升温。温度升高会使系统中的活化分子数目增多，所以提高了分解反应速度，反应放热又会自动加热而升温，从而使反应加速，最终造成炸药的自燃或爆炸。

（三）遇热（火焰）易爆性

炸药对热的作用是非常敏感的，在实际中，炸药常常因为遇到高温或火焰的作用而发生爆炸。为了确保安全，我们不仅要在生产、运输、储存以及使用过程中让炸药远离各种高温和热源，还应对炸药的热感度、火焰感度进行测定，以便于运用更加科学的方法对其进行防范和管理。

炸药的热感度指的是炸药在热作用下发生爆炸的难易程度，包括加热感度和火焰感度两部分。炸药的加热感度常用爆发点来表示。炸药的爆发点指的是在一定条件下，将炸药加热到爆燃时被加热介质的最低温度，将炸药加热到爆燃所需的时间称为炸药的感应期或炸药的延滞期。

（四）机械作用机制

许多炸药受到撞击、振动以及摩擦等机械作用时都有着火、爆炸的危险，而炸药在生产、储存和运输过程中，均有可能受到意外的撞击、振动以及摩擦等机械作用。在这些作用下保证安全，就是研究机械作用危险性的目的。

1. 机械作用爆炸激发的机制

大量研究证明，机械作用下的爆炸激发是借助机械能转变为热能来实现的。但是相关计算结果表明，机械能要使整个受试验炸药温度升高至爆发点是不可能的。如雷汞，即使引爆冲击能全部转化为热能被它吸收，也只能加热升温 20 ℃，根本达不到爆发点的温度。基于此，出现了热点学说。热点学说认为，在机械作用下，机械能会转变为热能，这些热能来不及均匀地分布至全部试样上而聚集在小的局部范围内形成热点，在热点处发生热分解。因为分解放热促使分解反应速度急剧增加，在热点内部形成强烈的反应，从而使热点的温度比爆发点高。爆炸就从这些热点处开始，然后扩展到整个炸药。这些热点也称为反应中心。在机械作用下，炸药颗粒间的挤压、摩擦，炸药内部空气泡的绝热压缩，炸药的塑性变形，部分熔化炸药的黏滞流动，等等，均能产生热点。

2. 机械热点的成长过程

机械热点的成长过程是逐步发展的，除了氮化铅等爆轰成长太快的炸药外，其他炸药大致可以分为以下几个阶段：①热点形成阶段；②热点向周围起火燃烧阶段，此时燃速为每秒几百米；③由快速燃烧转为爆燃阶段，爆速为 1 000 m/s～2 000 m/s；④从爆燃发展到爆轰阶段，此时的爆速高于 5 000 m/s。

3. 热点成长为爆炸的条件

试验证明，热点成长为爆炸须具备下列条件。

第一，热点温度。它与热点尺寸的大小有关。通常热点尺寸越小要求温度也越高，通常热点半径为 10^{-4} cm 时需 400 ℃～600 ℃。

第二，热点尺寸。通常要求热点半径为 10^{-5} cm $\sim$ 10^{-3} cm。

第三，热点分解时间。这是确保热量传递给周围炸药所必须的，否则就会自动熄灭，热点分解时间通常需要 10^{-5} s $\sim$ 10^{-4} s。

实践证明，无论是撞击还是摩擦，只要能形成具备以上条件的热点，炸药都能被激发爆炸。因此，爆炸品在生产储存和运输过程中，一定要避免撞击、摩擦或挤压，消除各种可能形成热点的条件。目前，许多学者对热点学说的看法基本是一致的，但是对于形成热点的途径则有不同的看法，并且这种机制用于定量计算还需要进一步研究。

（五）着火危险性

由炸药的成分可知，凡是炸药，百分之百都是易燃物质，而且着火不需外界供给氧气。这是因为许多炸药本身就是含氧的化合物或者是可燃物与氧化剂的混合物，受激发能源作用即能发生氧化还原反应而形成分解式燃烧。同时，炸药爆炸时放出大量的热，形成数千摄氏度的高温，能使自身分解出的可燃性气态产物和周围接触的可燃物质起火燃烧，造成重大火灾事故。因此必须做好炸药爆炸时的火灾预防工作，并针对炸药爆炸时的着火特点进行施救。

第三节　火灾基础知识

一、火灾的定义与分类

（一）火灾的定义

根据国家消防术语标准的规定，火灾是指在时间或空间上失去控制的燃烧所造成的灾害。根据该定义，火灾应当包括以下三层含义。

第一，必须造成灾害，包括人员伤亡或财物损失等。

第二，该灾害必须是由燃烧造成的。

第三，该燃烧必须是失去控制的燃烧。

　　要确定一种燃烧现象是否是火灾，应当根据以上三层含义去判定，否则就不能确定为火灾。例如，人们在家里用煤气做饭的燃烧就不能算火灾，因为它是有控制的燃烧；再如，垃圾堆里的燃烧，虽然该燃烧是失去控制的燃烧，但该燃烧没有造成灾害，所以也不能算火灾。

（二）火灾的特性

　　火是一种快速的氧化反应过程，具有一般燃烧现象的特点，常常伴随着发热、发光、火焰以及发光的气团和燃烧爆炸造成的噪声等。火的正确使用所提供的能量，不仅改善了人类基本的饮食和居住条件，而且极大地促进了社会生产力的发展，对人类文明的进步做出了重大贡献。

　　火灾是火在时间和空间上失去控制而导致其蔓延的一种灾害性燃烧现象，会对自然和社会造成一定程度的损害。相关研究表明，火灾的发生与发展具有双重性，也就是火灾既具有确定性，又具有随机性。火灾的确定性指的是在某特定的场合下发生火灾，火灾基本上按着确定的过程发展，火源的燃烧蔓延、火势的发展以及火焰烟气的流动传播将遵循确定的流体流动、传热传质以及物质守恒等规律。火灾的随机性主要指的是火灾在何时、何地发生是不确定的，是受多种因素影响随机发生的。

　　火灾从发生、发展到最终造成重大灾害性事故大致可以分为四个阶段：初起期、成长期、最盛期和衰减期。火灾一旦发展到最盛期，火灾所产生的烟、热辐射以及有毒有害物质（碳氢化合物、氮氧化物等）不仅会严重威胁人的生命安全，导致巨大的财产损失，而且还会对环境和生态系统造成不同程度的破坏。火灾导致的直接损失约为地震的 5 倍，仅次于干旱和洪涝，而其发生的频率则高居各种灾害之首。

（三）火灾的分类

　　根据工作的实际需要，火灾通常有以下两种分类方法。

1. 人员伤亡及财务损失情况

　　火灾按一次火灾所造成的人员伤亡、受灾户数和财物损失金额的大小，分为特别重大火灾、重大火灾、较大火灾和一般火灾四类。

（1）特别重大火灾

特别重大火灾（简称特大火灾）指造成30人以上死亡，或者100人以上重伤，或者1亿元以上直接财产损失的火灾。

（2）重大火灾

重大火灾指造成10人以上、30人以下死亡，或者50人以上、100人以下重伤，或者5 000万元以上、1亿元以下直接财产损失的火灾。

（3）较大火灾

较大火灾指造成3人以上、10人以下死亡，或者10人以上、50人以下重伤，或者1 000万元以上、5 000万元以下直接财产损失的火灾。

（4）一般火灾

一般火灾指造成3人以下死亡，或者10人以下重伤，或者1 000万元以下直接财产损失的火灾。

2. 燃烧物质的性状

根据起火物质的类型和燃烧特性，可将火灾分为以下六类。

（1）固体物质火灾

固体物质火灾通常具有有机物性质，一般在燃烧时能产生灼热的余烬，如木材、棉、毛、麻以及纸张等火灾。

（2）液体或可熔化的固体物质火灾

液体或可熔化的固体物质火灾是指B类火灾，B类火灾的特点在于其燃烧性能和火势猛烈。如汽油、煤油、原油、柴油、甲醇、乙醇、沥青以及石蜡等火灾。由于液体或气体本身具有较大能量密度，一旦点燃，火势往往迅速蔓延，并伴有剧烈的火焰和爆炸声。此外，B类火灾还会产生浓烟和有毒气体，对人员和环境造成严重威胁。

（3）气体火灾

气体火灾是指由可燃气体泄漏、积聚所引发的火灾，属于C类火灾，如天然气、煤气、甲烷、乙烷、丙烷以及氢气等火灾。

（4）金属火灾

金属火灾是指化学元素周期表中化学分子量相对较低，化学性质相对较活跃的钠、镁、钾、铝等碱金属及轻金属在时间和空间上失去控制的燃烧所造成的灾害。它依据物质燃烧的特性分类属于 D 类，也称 D 类火灾。如钛、锆、锂以及铝镁合金等燃烧造成的火灾。

（5）带电火灾

带电火灾是指物体带电燃烧的火灾。

（6）烹饪器具内的烹饪物火灾

烹饪器具内的烹饪物火灾是指 F 类火灾，是一个消防基本术语，如动植物油脂类引起的火灾。

除以上两种划分方法，还可以根据火灾发生的场所进行分类，一般可分为建筑火灾、森林火灾以及交通工具火灾等。其中，根据建筑物功能的不同特点，建筑火灾可分为民用建筑火灾、公共建筑火灾以及工厂仓库火灾等；根据建筑物结构的不同特点，建筑火灾可分为高层建筑火灾与地下建筑火灾等。

二、常见火灾的起因及其危害

从众多的火灾来看，除了雷击、物质自燃、地震等自然原因引发的火灾外，主要都是由吸烟不慎、电器使用不当、违反安全操作规定、用火不慎、小孩玩火、电气焊接等人为因素引起的。

（一）吸烟不慎

吸烟不慎常常是引发火灾的原因。据公安部消防局统计，因吸烟不慎引发的火灾约占所有火灾的 10.2%。

（二）电器使用不当

据相关调查，在全国发生的各种火灾中，因电器使用不当而发生的火灾占有的比例已达 26.6%。

（三）违反安全操作规定

从全国的火灾统计情况看，因违反安全操作规定引起的火灾占火灾总数的 7.2% ~ 16%，都是人们消防安全意识淡薄、工作责任心不强所致。

（四）用火不慎

人们在日常生活中经常用火，然而，由于人们消防安全知识的缺乏，因此常因用火不慎引发火灾。据公安部消防局近几年的火灾统计，因用火不慎引发的火灾占所有火灾的 31% 左右。

（五）小孩玩火

小孩由于身心各方面的发展，初步产生了参与社会实践的愿望，但他们的知识和经验还非常缺乏，能力还非常有限，还不能很好地控制自己的行为。因此，就在小孩渴望独立参与社会实践这种新的需要与从事独立活动的经验及能力水平之间，产生了重大矛盾。小孩几乎对所有的社会实践都感兴趣，他们会表现出强烈的好奇心和模仿力。尤其对各种声、光、色更感兴趣，如燃放鞭炮、玩火做游戏等。但是，由于小孩缺乏生活经验，不知玩火时应注意些什么，更不了解火还有危险的一面，火又带有一种隐蔽性，当火焰蔓延、扩大到控制不住时，他们又会产生一种焦急和恐慌的心理，甚至惊慌失措，不知如何是好。因此，小孩玩火不仅常常无意识地导致火灾，而且往往会威胁小孩的生命安全。据统计，全国约有 7% 的火灾是由小孩玩火引起的。

（六）电气焊接

电气焊接是生产、施工经常使用的动火操作，火灾危险性很大，在实际生产和生活中，常因行为不慎而引发大火。

第二章　消防安全管理综述

第一节　消防安全管理架构

一、消防安全管理的主体

（一）政府

消防安全管理是政府进行社会管理和公共服务的重要内容，是社会稳定和经济发展的重要保证。

（二）部门

政府有关部门对消防工作齐抓共管，这是由消防工作的社会化属性所决定的。《中华人民共和国消防法》（以下简称《消防法》）在明确消防救援机构职责的同时，也规定了安全监管、建设、工商、质监、教育以及人力资源等部门应当依据有关法律、法规和政策规定，依法履行相应的消防安全管理职责。

（三）单位

单位既是社会的基本单元，也是社会消防安全管理的基本单元。单位对消防安全及致灾因素的管理能力反映了社会公共消防安全管理水平，同时也在很大程度上决定了一个城市、一个地区的消防安全形式。各类社会单位是本单位消防安全管理工作的具体执行者，必须全面负责和落实消防安全管理职责。

（四）个人

消防安全管理工作的基础是公民个人，同时公民个人也是各项消防安全管理工作的重要参与者和监督者。在日常的社会生活中，公民在享受消防安全权利的同时也必须履行相应的消防义务。

二、消防安全管理的对象

（一）人

消防安全管理系统中的任何管理活动和消防工作都需要人的参与，同时在工作过程中也需要规范及管理人的不安全行为。

（二）财

财即开展消防安全管理的经费开支。开展及维持正常的消防安全管理活动必然需要正常的经费开支，在管理活动中也需要必要的经济奖励。

（三）物

物即开展消防安全管理需要的建筑设施、物质材料、机器设备、能源等。物应该是严格控制的消防安全管理对象，也是消防技术标准所要调整和规范的对象。

三、消防安全管理的方法

（一）分级负责法

1.分级管理

消防监督管理工作中的分级管理指的是对各个社会单位和居民的消防安全工作在公安机关内部根据行政辖区的管理范围及权限等，按照市公安局、区（县）公安（分）局和公安派出所分级进行管理。这种管理方法通常按照所辖单位的行政隶属关系和保卫关系进行划分。中央及省所属的企事业单位的消防安全工作也由其所在地的市、县应急管理部门分级进行管理。这样，市公安局、区（县）公安（分）局及公安派出所各级的管理作用能够充分发挥，使消防监督工作在各级应急管理部门内部的行政管理上，可以做到与其他治安工作同计划、同布置、同检查、同总结以及同评比，使消防监督工作在应急管理部门内部形成一种层层管理、层层负责的比较严密的管理网络，使整个社会的消防安全工作，上到大的机关、厂矿、企业，下到农村和城市居民社区都能得到有效的监督管理，进而督促各种消防安全制度和措施得以层层落实，达到有效预防火灾及保障社会消防安全的目的。为此，各级应急管理部门应当把消防监督工作作为一项重要任务抓紧、抓好。市级消防救援机构要加强对区、县消防机构的业务领导，及时帮助其解决工作中的疑难问题；在违章建筑的督察，街道居民社区、企业以及商业摊点、集贸市场的消防监督上要充分发挥分局和派出所的作用，真正使市公安局、区（县）公安（分）局和公安派出所各级都能负起责任。

2. 消防安全责任制

所谓消防安全责任制，就是政府部门、社会单位以及公民个人都要按自己的法定职责行事，一级对一级负责。对机关、团体以及企事业单位的消防工作而言，就是单位的法定代表人要对本单位的消防安全负责；法定代表人授权某项工作的领导人，要对自己主管内的消防安全负责。其实质为逐级防火责任制。《消防法》规定，消防工作按照政府统一领导、部门依法监管、单位全面负责、公民积极参与的原则实行消防安全责任制。这就使消防安全责任制更具有法律依据。比如我们现在实行的各省分管领导与各市分管领导、各市分管领导与各区县分管领导、各区县分管领导与各乡镇分管领导层层签订消防安全责任状等，都是消防安全责任制的具体运用。

在消防安全管理的具体实践中，要遵循实行消防安全责任制的原则，充分调动机关、团体、企事业单位各级负责人的积极性，让他们把消防工作作为自己分内的工作抓紧、抓好。

（二）重点管理法

1.注意专项治理的时间性和地域性

消防安全管理工作的中心工作在不同的时期、不同的地区是不同的。在执行中不能把某时期或某地区的中心工作硬套在另一时期或另一地区。因此要注意专项治理内容的时间性和地域性，并贯彻"条块结合，以块为主"的原则。

2.保证专项治理的专一性

一个地区在一定的时间内只能有一个中心工作，不能有多个中心工作。也就是说，一个地区在一定时间内仅能专项治理一个方面的工作，不能专项治理多个方面的工作，否则就不是专项治理。

3.注意专项治理时的综合治理

所谓综合治理，就是根据抓主要矛盾的原理，围绕中心工作协调抓好与之相关联的其他工作。由于火灾是由多种因素导致的，如单位领导的重视程度、人们的消防安全意识等，哪一项工作没跟上或哪一个环节未处理好，均会导致火灾。因此，在对某项工作进行专项治理时，要千方百计地找出问题的主要矛盾和与之相联系的其他矛盾，尤其要注意发现和克服薄弱环节，统筹安排辅以第二位、第三位的工作，使各项工作能够协调发展、全面加强。

（三）调查研究方法

1.消防安全管理中运用的调查研究方法

在消防安全管理的实际工作中，调查研究方法常用于消防安全检查或者消防监督检查，归纳起来大体有以下几种方法。

（1）普遍调查法

普遍调查法指的是对某一范围内所有研究对象不留遗漏地进行全面调查。比如某市消防救援机构为了全面掌握"三资"企业的消防安全管理状况，组织调查小组对全市所有"三资"企业逐个进行调查。通过调查发现该市"三资"企业存在安全体制管理不顺、过分依赖保险、主观忽视消防安全等问题，于是消防救援机构写出专题调查报告，上报下发，有力地促进了问题的解决。

（2）典型调查法

典型调查法是指在对被调查对象有初步了解的基础上，依据调查目的的不同，有计划地选择一个或者几个有代表性的单位进行详细调查，以期取得对对象的总体认识的一种调查方法。这种方法是认识客观事物共同本质的一种科学方法，只要典型选择正确，材料收集方法得当，采取的措施就会有普遍的指导意义。比如某市消防支队依据流通领域的职能部门先后改为企业集团，企业性职能部门也迈出了政企分开的步伐这一实际情况，及时选择典型，对部分市县（区）两级商业、物资、供销以及粮食等部门进行了调查，发现其保卫机构、人员以及保卫工作职能都发生了变化。为此，消防支队认真分析了这些变化给消防工作可能带来的有利和不利因素，及时提出了加强消防立法、加强专职消防队伍建设、加强消防重点单位管理和加强社会化消防工作的建议。

（3）个案调查法

个案调查法就是把一个社会单位（一个人、一个企业、一个乡等）作为一个整体，进行尽可能全面、完整、深入、细致的调查了解。这种调查方法属于集约性研究，探究的范围较窄，但调查越深入，得到的资料也就越丰富。实质上，这种调查方法在消防安全管理工作中的火灾原因调查及具体深入到某个企业单位进行专门的消防监督检查等方面的运用是最具体和最实际的。例如，在对一个企业单位进行消防监督检查时，可以最直观地发现企业单位领导对于消防安全工作的重视程度、职工的消防安全意识、消防制度的落实情况、消防组织建设和存在的火灾隐患、消防安全违法行为和整改落实情况等。

2.调查研究的要求

第一，通过调查会做讨论式调查，不能仅凭一个人的经验和方法，也不能只是简单了解，要提出中心问题在会上讨论，否则很难得出正确的结论。

第二，让深切明晰问题的有关人员参加调查会，并且要注意年龄、知识结构和行业等。

第三，调查会的人数不宜过多，但也不宜过少，至少应有 3 人，尽量使调查了解的内容与真实情况相符。

以上调查研究的要求不仅在调查工作时应注意，在进行消防安全检查时也应注意。

（四）PDCA 循环工作法

PDCA 循环 [即 Plan（计划）、Do（执行）、Check（检查）和 Act（处理）] 工作法的过程是领导或专门机关将群众的意见（分散的、不系统的意见）集中起来，经过研究，化为集中的、系统的意见，又返回到群众中去做宣传解释，化为群众的意见，使群众坚持下去，见之于行动，并在群众行动中考验这些意见正确与否。可以说，PDCA 循环工作法是将意见从群众中集中起来，再到群众中坚持下去，如此无限循环，一次比一次更正确、更生动、更丰富的工作方法。

因为消防安全工作的专业性很强，所以此工作方法在消防救援机构通常称为专门机关与群众相结合。如某省消防总队，每年年终或者年初都要召开全省的消防（监督管理）工作会议，总结全省消防救援机构上一年的工作，布置下一年的工作计划。期间分期、分批、分内容和分重点地深入到基层机构检查、了解工作计划的贯彻落实情况，及时检查指导工作，发现并纠正工作计划的不足或存在的问题。每半年还要做工作小结，使全省消防救援机构的工作能够有计划、有规律、有重点、有步骤地进行，每年都有新的内容和新的起色。通常情况下，在运用此工作方法时可按照以下四个步骤进行。

1. 制订计划

制订计划即决策机关或决策人员根据本单位、本系统或本地区的实际情况，在对所属单位、广大群众或基层单位调查研究的基础上，将分散的、不系统的群众或专家意见集中起来进行分析和研究，进而确定下一步的工作计划。如在制订全省或者全市全年或者半年的消防安全管理工作计划时，也应在对基层人员或者群众进行调查研究的基础上，经过周密而系统的研究后，再制订出具体的符合实际情况的实施计划。

2. 贯彻实施

贯彻实施即把制订的计划向要执行的单位和群众进行贯彻，并向下级或者"到群众中"做宣传解释，将上级的计划"化为群众的意见"，使下级及群众能够贯彻并且坚持下去，并见之于行动，并在下级和群众的实践中考验上级制定的政策、办法以及措施正确与否。部署一个时期的工作任务，制定的消防安全规章制度，均应当向下级、向人民群众做宣传解释，让下级和人民群众知道为什么要这样做、应如何做，把上级政府或消防监督机关制定的方针政策、防火办法以及规章制度变为群众的自觉行动。如利用广播、电视、刊物、报纸等开展各种消防安全宣传教育活动，举办各种消防安全培训班，等等。

3. 检查督促

检查督促即决策机关或决策人员要不断深入基层单位，检查计划、办法和措施的执行情况，查看哪些执行得到位，哪些执行得不够好并找出原因；了解这些计划、办法以及措施通过实践途径的检验正确与否，还存在哪些不足和问题；把好的做法向其他单位推广，把问题带回去，做进一步的改进和研究，对一些简单的问题可以就地解决；对实践证明是正确的计划、办法以及措施，由于认识或其他原因没有落实好的单位或个人给予检查和督促。

4. 总结评价

总结评价即决策机关或决策人员对所制订的计划的贯彻落实情况进行总结分析和评价。其方法是通过深入群众、深入实际，了解下级或群众对计划的意见以及计划的实施情况，并把这些情况汇总起来进行分析、评价。对实践证明是正确的计划，要继续坚持，抓好落实；对不正确的地方予以纠正；对有欠缺的方面进行补充、提高；对执行好的单位及个人给予表彰和奖励；对不认真执行和落实正确计划的单位及个人给予批评；对导致不良影响的单位及个人给予纪律处罚。最后，根据总结评价情况，提出下一步工作计划，再到群众和工作实际中贯彻落实，从而进入下一个工作循环。如此无限循环，一次比一次更正确、更生动、更丰富。

四、消防安全管理的职责

（一）应急管理部门的消防安全管理职责

我国消防救援机构的消防监督管理工作实行统一领导下的分级监督管理模式，其中城市实行三级监督管理模式，农村实行两级监督管理模式。

城市的消防三级监管模式，第一级机构为市（直辖市、省级市、地级市）公安局消防局（分局、处），第二级机构为区公安分局消防科（处），第三级机构为公安派出所。

农村的消防两级监管模式第一级机构为县（县级市、旗）公安局消防科（股），第二级机构为公安派出所。

不同级别的公安消防机构的消防监督管理工作责任按照管辖隶属和权利划分确定。

第一，市公安局消防机构主要负责对市级消防安全重点单位实施监督管理。

第二，县公安局与区公安分局的消防机构主要负责对县（区）级消防安全重点单位实施监督管理。

第三，公安派出所主要负责对辖区内的一般单位和居民区实施监督管理。

（二）单位消防安全管理职责

《消防法》中规定机关、团体、企业、事业单位应当履行下列消防安全职责。

第一，落实消防安全责任制，制定本单位的消防安全制度、消防安全操作规程，制定灭火和应急疏散预案。

第二，按照国家标准、行业标准配置消防设施、器材，设置消防安全标志，并定期组织检验、维修，确保完好有效。

第三，对建筑消防设施每年至少进行一次全面检测，确保完好有效，检测记录应当完整准确，存档备查。

消防安全重点单位除应当履行以上职责外，还应当履行下列消防安全职责。

第一，确定消防安全管理人，组织实施本单位的消防安全管理工作。

第二，建立消防档案，确定消防安全重点部位，设置防火标志，实行严格管理。

第三，实行每日防火巡查，并建立巡查记录。

《机关、团体、企业、事业单位消防安全管理规定》中规定单位的消防安全责任人应当履行下列消防安全职责。

第一，贯彻执行消防法规，保障单位消防安全符合规定，掌握本单位的消防安全情况。

第二，将消防工作与本单位的生产、科研、经营、管理等活动统筹安排，批准实施年度消防工作计划。

第三，为本单位的消防安全提供必要的经费和组织保障。

第四，确定逐级消防安全责任，批准实施消防安全制度，保障消防安全的操作规程。

第五，组织防火检查，督促落实火灾隐患整改，及时处理涉及消防安全的重大问题。

根据《机关、团体、企业、事业单位消防安全管理规定》，单位可以根据需要确定本单位的消防安全管理人。消防安全管理人对单位的消防安全责任人负责，实施和组织落实以下消防安全管理工作。

第一，拟订年度消防工作计划，组织实施日常消防安全管理工作。

第二，组织制定消防安全制度，保障消防安全的操作规程并检查督促其落实。

第三，拟订消防安全工作的资金投入和组织保障方案。

第四，组织实施防火检查和火灾隐患整改工作。

第五，组织实施对本单位消防设施、灭火器材和消防安全标志的维护保养，确保其完好有效，确保疏散通道和安全出口畅通。

根据《机关、团体、企业、事业单位消防安全管理规定》，居民住宅区的物业管理单位应当在管理范围内履行以下消防安全职责。

第一，制定消防安全制度，落实消防安全责任，开展消防安全宣传教育。

第二，开展防火检查，消除火灾隐患。

第三，保障疏散通道、安全出口、消防车通道畅通。

第四，保障公共消防设施、器材以及消防安全标志完好有效。

其他物业管理单位应当对受委托管理范围内的公共消防安全管理工作负责。

焰火晚会、集会、灯会等具有火灾危险的大型活动的主办单位、承办单位以及提供场地的单位，在订立的合同中应明确各方的消防安全责任。

建筑工程施工现场的消防安全由施工单位负责。实行施工总承包的由总承包单位负责；分包单位向总承包单位负责，服从总承包单位对施工现场的消防安全管理。

对建筑物进行局部改建、扩建以及装修的工程，在订立的合同中，建设单位应当与施工单位明确各方对施工现场的消防安全责任。

五、消防安全管理的方针

（一）预防为主

预防为主是指在消防安全管理工作的指导思想上，将预防火灾放在首位，立足于防，动员、依靠各行各业的人民群众，贯彻落实各项防火的行政措施、技术措施以及组织措施，从根本上预防火灾的发生和发展。火灾是可以预防的，只要在思想上、管理上、物质上落实，就可以从根本上预防火灾。

（二）防消结合

防消结合指的是同火灾作斗争的两个基本手段——预防和扑救，将它们有机地结合起来，做到相辅相成、互相促进。防消结合要求在做好防火工作的同时，还要大力加强消防队伍的建设，在思想上、组织上、技术上积极做好各项灭火准备，一旦发生火灾，能够迅速有效地予以扑灭，最大限度地减少火灾所导致的人身伤亡和物质损害。要加强国家综合性消防救援队、企业事业专职消防队和义务消防队的建设，做好技术装备的配备，强化消防基础设施建设，使灭火能力得到提高。

六、消防安全管理的原则

任何一项管理活动都必须遵循一定的原则。依据我国消防安全管理的性质，消防安全管理除了应遵循普遍政治原则和科学管理原则外，还必须遵循下列特有原则。

（一）统一领导，分级管理

根据消防安全管理的性质与消防实践，我国的消防安全管理实行统一领导，即实行统一的法律、法规、方针、政策，以确保全国消防管理工作的协调一致。但是，我国是一个人口众多、地域广阔的国家，各地经济、文化以及科技发展不平衡，发生火灾的具体规律和特点也不同，不可能用一个统一的模式来管理各地区、各部门的消防业务。因此，必须在国家消防主管部门的统一领导下实行纵向的分级管理，赋予各级消防管理部门一定的职责及权限，调动其积极性与主动性。

（二）专门机关管理与群众管理相结合

各级公安消防监督机构是消防管理的专门机关，担负着主要的消防管理职能，但是消防工作涉及各行各业、千家万户，消防工作与每一个社会成员息息相关，如果不发动群众参与管理，消防工作的各项措施就很难落实。只有坚持在专门机关组织指导下让群众参加管理，才能卓有成效地做好消防工作。

（三）安全与生产相一致

安全和生产是一个对立统一的整体。安全是为了更好地生产，生产必须以安全为前提，二者不可偏废。公安消防监督机关在消防管理中，要认真坚持安全与生产相一致的原则，对机关、团体、企业以及事业单位存在的火灾隐患绝不姑息迁就，而应积极督促其整改，使安全与生产同步前进。若忽视这一点则会导致很大的损失。

第二节 消防安全管理组织机构及其消防体系策略研究

一、消防安全管理组织机构

（一）消防管理机构的组建

消防安全管理的重点就是建立一个高效率的组织机构，将个人和部门之间的活动按照一定的方式联系起来，设置消防管理机构必须以工作为中心、统一指挥，具有合理的管理幅度和管理层次，发挥各级管理人员的特长，权利和责任保持一致。

消防管理机构的形式可以分为直线制组织形式、职能制组织形式、区域组织形式和矩阵组织形式。直线制组织形式不设专门的职能机构，命令从最高层次传达到最低层次，下属单位只听从一个上级的指挥。职能制组织形式设置管理的职能部门，各部门根据自己业务范围对下级发布命令和指示。区域组织形式根据管理对象的特点，按照区域对管理机构进行划分，这种方式具有直线制和职能制的优点，指挥集中，责任制度明确。矩阵组织形式存在纵、横两个系统，职责划分不明确，容易指挥混乱。

（二）消防管理组织机构的职能

公安部消防局主要负责全国消防工作方针和政策的制定，确定消防科研计划，组织消防宣传工作，统计全国的火灾情况，指导各地进行消防思想教育和警务管理。省自治区公安厅消防局的主要职能是负责在本辖区内贯彻和执行国家消防法规，制定地方消防管理办法，对本区内消防工作进行监督检查，组织、指挥预防和救火工作。公安派出所的主要职能是在群众中宣传消防法规知识，组织防火检查，督促消除安全隐患，在火灾时组织救火工作，保护火灾现场，协助调查事故原因，处理事后工作，等等。

机关企事业单位的主要职能是协助行政领导贯彻相关的消防法规，建立健全本单位的消防安全责任制，开展防火检查，消除事故隐患，经常组织演练，提高火灾应对能力。

二、组织消防体系策略研究

（一）社会化研究范式

社会化研究认为，组织消防管理的社会化是由消防安全管理的自然属性和社会属性所决定的，可以最大限度地调动全社会的资源，实现全社会参与"共同管理"消防安全。研究内容主要包括调整运行架构、建立问责体系和配备专业人员三个方面。调整运行架构主要采用经济学中的成本－效益理论分析社会消防管理，提出在政府和社会单位之间增加第三方服务机构。在我国，火灾保险与消防互动只在个别地方和区域进行，完全推行还需要在政策、管理、技术、经济等各个层面进行综合、系统的研究，主要是因为缺乏客观、可信、高效的社会消防安全信息系统，无法降低火灾保险运行成本。推行建立问责体系，强化社会单位的主体责任意识，也是消防管理社会化的主要研究内容。由于社会单位运行状况的复杂性，如何在全社会层面上及时发现并补齐火灾防控短板仍是一个棘手的问题。此外，加强消防值班人员培训和推行注册消防工程师制度也有利于提高社会单位的消防管理水平。

（二）系统化研究范式

系统化研究认为，组织的消防管理具有全方位性、全天候性、全过程性、全员性等特征。该范式将组织消防体系划分为行政区域层面和社会单位层面。以行政区域划分为基础，实施网格化管理，较大程度上消除了消防监管的死角，但网格化的管理需要较多的人力资源。在社会单位层面，从制度建设上参照相关标准，制定消防组织安全体系的标准化，但实践上缺乏配套适用的管理信息系统来定量分析和评估系统管理的效能。在过程控制方面提出了全寿命周期的火灾防控安全管理体系，包括社会各方参与立体化、动态的管理模式和隐患处理流程，划定了责任清单，但缺乏对这一体系进行监测和改进的办法。从技术手段方面提出了构建消防公众服务平台，解决消防监督管理工作还不够公开、透明的问题，但缺乏有效的技术与法理支撑。常见的有 5M 模型（所谓"5M"模型，就是"以价值创造为核心，以协同管理共创价值，以全面风险管理保护价值，以投资管理发现价值，以投后管理提升价值，以退出管理实现价值"涵盖股权全生命周期价值管理的管控模式）和 SHELL 模型（SHELL 模型是一种以人为因素为核心的分析系统其他要素与人相互影响的工具。SHELL 模型软件的设计应以人的使用为核心，通过各种信息传播方式持续与系统中的软件、硬件、环境及其他人员进行连接）。5M 模型从减少不确定性研究入手，认为部件失效、交互紊乱、环境扰动、适应性衰退和信息缺乏是造成复杂系统安全事故的五个一级原因；SHELL 模型根据传统人—机—环境系统发展而来，形象地描述了系统中人员、硬件、软件、环境之间的关系。

（三）性能化研究范式

性能化研究基于组织的消防安全目标和实际功能需求，运用消防安全工程学原理，采用先进适用的计算分析工具和方法，为改进组织的系统可靠性提供设计参数、方案，达到经济性、安全性和责权利的统一和平衡。有效性评估是性能化的主要研究内容，一般是预设火灾场景，以消防设施的失效情形构建事件树进行分析，按照设定生命安全标准、随机事件、期望的火灾损失构建系列火灾场景来评估防火体系的有效性。但这些评估存在着数学模型简单，参数的选取偏向主观，覆盖性、适用性差，需要有大量的实际数据和资料做基础等缺点。我国的建筑消防设施大都是近二三十年设置的，尚未形成完备、统一的消防系统可靠性数据库，国外消防设施的可靠性数据仅供参考，这使我国的火灾风险评估存在较大的不确定性。

第三节　消防安全教育与培训

一、消防宣传教育

（一）消防宣传教育的作用

消防安全教育以人为对象，研究生产、生活中人的不安全因素与规律，从而预防火灾、爆炸事故的发生。它以一定的教育理论为指导，结合防火安全技术、法律、法规、工作制度的研究成果，以防火安全教育实践经验为基础，通过吸收其他相关学科的基本原则和方法，揭示防火安全的规律性。

消防安全教育及培训包括消防法律、法规教育，劳动纪律教育，安全工作流程教育，防火经验教育，火灾教训教育，防火安全技术培训教育。通过严格的消防安全教育与培训，使广大职工群众建立起合理的消防安全知识结构，具备熟练的防火、灭火专业性技能，在消防安全管理中发挥积极的作用。

1. 消防宣传教育是消防安全管理的基本内容

在我国，消防安全管理的法律、法规都明确指出"必须广泛深入地开展群众性的防火宣传教育工作，提高广大群众的防火警惕性，普及消防知识"。各级应急管理部门应在各级党委和政府的领导下，将防火列为四防宣传的重要内容之一。消防管理部门要将防火宣传作为一项重要的工作，制订计划，广泛地开展这项工作，并且主动进行宣传、教育，取得共青团、工会以及民兵等组织的支持和帮助，以便做到人人皆知。

2. 消防宣传教育是消防安全管理的重要措施

从一定意义上说，消防安全管理做得如何取决于广大人民群众对消防安全管理的认识水平、事业心以及责任感。只有广大人民群众切实感到做好消防安全工作关系到他们的利益，是他们自己义不容辞的责任，他们才能够积极行动起来，自觉地参加消防安全管理工作，防才有基础，消才有力量。各级消防监督管理部门必须将消防宣传作为一项重要的基础工作，抓出成效来。机关、团体、企业以及事业单位，必须结合本单位消防安全管理的特点，采取有针对性的宣传、教育及培训，预防火灾，减少灾害。

在日常生产、生活中，火灾与人为因素有着密切的联系，尤其与人们缺乏防范意识、防范措施有直接的联系。一方面，要通过经常的宣传，向人们灌输安全意识及安全措施，使人们在生产、生活中自觉地遵守各项防火安全制度，从而减少火灾的发生；另一方面，要通过广泛地普及消防知识和消防措施，提高人们自防及联防的能力，从而落实防火责任制。同时，要依法揭露及批评各种违章行为，并惩处各种违法行为，进一步使人们防火的警钟长鸣。

（二）消防宣传教育的内容

消防宣传要面向社会、面向基层、面向职工群众，通过宣传提高广大干部、群众防火的警惕性及同火灾作斗争的自觉性，增强消防法治观念，提高基层单位及人民群众的自防、联防能力。同时，借助消防宣传，使群众理解和支持消防工作。

消防宣传工作的内容主要包括：宣传我国有关消防工作的方针、政策、消防法规、技术规范与技术标准；宣传消防管理部门为适应改革开放的新形势所采取的各项措施；宣传当前消防工作存在的主要问题及所要采取的基本对策，定期公布火灾情况，报道典型的火灾案例以及对有关责任者的处理结果；普及防火知识，介绍灭火的基本方法与消防器材的使用方法；表彰消防人员、基层单位以及广大人民群众抢险救灾的先进事迹。

消防宣传的具体内容如下。

第一，宣传消防安全管理的法律、法规以及党和政府关于消防工作的政策、方针，消防安全管理法律、法规和国家制定的消防工作的路线、方针是保障预防火灾、减少火灾体制顺利建立及运行的根本出路。为了确保各项消防措施的实施，惩治故意或者过失的行为，必须制定相应的法律、法规，依法进行消防安全管理。建立消防安全管理各个环节的法律、法规，进行全民消防法治教育，建立消防立法的执行与监督机构，只有这样，才能从根本上建立起全国统一的消防体制，并做到有法可依、依法行事，从而更好地推动消防安全管理的进行。

国家制定的消防工作的法律、法规、路线、方针、政策，对国家的消防安全管理起着调整、保障、规范以及监督的作用，体现了广大人民群众的意志，是社会长治久安、人民安居乐业的保障。因此，宣传消防工作的路线、方针、政策，使广大人民群众了解、掌握消防安全管理的法律、法规以及党和政府的路线、方针、政策，是贯彻落实消防工作方针、实现消防任务的前提条件及保障。

第二，普及消防安全管理的科技知识。消防安全管理是一门跨学科的边缘性科学，也是一项综合性的工作，既有很强的专业性，又有很强的社会性。消防安全管理的社会性要求全体公民掌握消防的基础知识及危机应对措施。长期以来，在消防安全管理上，我们还缺乏系统、有效的教育和知识普及，公民的消防安全意识不够，消防知识存在很大缺陷。因此在宣传中，要系统地讲授消防工作的方针、政策、法律、法规，灾害的致灾机制及形成要素，消防安全管理的性质和任务，风险分析和危机控制，消防安全防范措施，抗震与赈灾等知识；要重点结合机关、团体、企事业单位的不同特点和实际，加强物质燃烧知识、电气防火知识、建筑防火知识、易燃易爆物品防火防爆知识的讲授，在充分调查研究的基础之上，针对存在的实际问题做好宣传，以解决生产、生活中的实际防火问题。火灾的遏制和减少有赖于全体公民消防安全素质的提高，人们掌握了防火知识，就会提高同火灾作斗争的能力。另外，还要宣传好火场紧急处置知识，一旦发生火灾，广大群众就能够及时抢救生命、保护现场、疏散财物、自救与互救，最大限度地减少火灾带来的损失。

（三）消防宣传教育的基本形式

1. 消防宣传形式的特征

良好的宣传形式可以吸引群众、扩大教育等，使宣传工作产生巨大力量。因此，要加强宣传工作，就必须研究宣传形式，使其向科学性、群众性、艺术性的方向发展。

（1）科学性

将粗制滥造、华而不实、违背情理的宣传内容排除，坚持从实际出发，恰如其分地反映内容，增强教育效果。

（2）群众性

采取讨论、启发等灵活的方式方法，把人们吸引到消防管理方面来，以激发他们关心消防工作的热情，让他们积极参与消防管理活动，并能够自觉主动地找出生产、生活中存在的消防隐患，以减少火灾的发生。

（3）艺术性

具有艺术性的宣传教育可以使宣传更加生动、形象、活泼、直接，更容易被人们接受，使他们在接受宣传教育的同时，了解、领会以及掌握消防知识和补救措施方法。

宣传工作各种形式的运用要注意质、量、时间等因素；奖励与惩罚、批评与表扬要运用恰当；同时，宣传教育活动还要选准对象，选择良好的时机和场合。

2.消防宣传教育的对象类型

机关、团体、企业、事业单位在组织消防安全宣传教育时，只有按照所在单位人员的结构特征分类施教，才能使消防安全教育更加深入、具体，达到事半功倍的效果。

（1）各级领导干部的宣传教育

第一，要充分借助一切条件进行消防安全教育，营造一个全体员工关心消防安全、维护安全环境的氛围。

第二，进行有针对性的消防安全教育，使每一个员工对本系统的安全要求、安全规范有全面的认识并且能够遵守执行。

第三，组织、协调本系统内各部门在消防安全管理中的职责、权限以及任务，使消防安全管理在机构、职责以及措施等方面都有切实的内容。

（2）专、兼职消防干部的教育

第一，健全消防安全管理规章制度，限制单位人员的违法、违规行为，指导单位人员的操作、管理行动。

第二，经常性地组织开展消防安全活动，增强本单位消防安全管理的意识，提高消防安全管理的能力。

第三，严格火灾事故管理，对已经发生的事故要分清责任、吸取教训、总结经验、加强预防。

（3）工程技术人员的教育

工程技术人员与消防安全管理有着密切的关系，应组织他们学习、掌握消防安全管理知识。具体内容如下。

第一，加强新技术的开发应用，淘汰不适应安全管理的陈旧技术手段。

第二，提高系统装备水平，适时对系统的组成要素进行技术更新和改造。

第三，提高系统的监视、调控技术水平，使工艺过程始终处在安全状态。

（4）职工群众的教育

第一，了解及掌握消防安全管理的性质、任务、法律、法规、消防安全规章制度和劳动纪律。

第二，熟悉本职工作的概况，包括生产、使用、贮存物资的火险特点，危险场所及部位，消防安全管理制度，以及消防安全注意事项。

第三，熟悉本岗位工作流程，以及工作任务，岗位安全操作规程，重点防火部位和防火措施，以及紧急情况的应对措施和报警方法。

3.消防宣传教育的形式

（1）消防法制宣传

各级消防组织要结合消防工作的法律、法规的公布实施，采取各种方法，宣传讲解有关消防法律、法规以及消防安全制度的内容，使广大人民群众知法、守法，养成遵守消防法律、法规以及消防安全制度的意识。

（2）消防技术培训

消防监督部门要经常组织机关、团体、企业、事业单位的广大职工进行消防技术培训，使之能够正确掌握扑灭各种火灾的基本技能，在实践中能够充分发挥每一个参与人员的作用，最大限度地减少灾害造成的损失。

（3）火灾现场会

火灾危害国家及人民群众的生命财产。一旦发生火灾，就要及时召开火灾现场会，向基层单位、广大职工群众进行具体生动的消防安全教育，使大家认清火灾的严重危害性。若发生特大火灾，各级政府还要根据具体情况召开大规模的现场会或者新闻发布会，向社会发布火灾消息。电台、电视台以及报纸等新闻媒体要密切配合宣传报道，以引起广大职工群众对火灾的高度警惕性，使其消防法治观念增强，提高做好消防工作的自觉性。

二、消防知识咨询

（一）消防咨询是一种特殊服务

咨询指的是单位或个人就某些问题向特定社会组织或个人所进行的询问活动，其目的是获得某些信息或某一问题的解决意见和建议，以便进行决策。这种专门提供某一领域的信息或提出某一问题的解决意见及建议的社会活动，就是咨询服务。综上所述，消防咨询就是应急管理部门或本单位消防管理人员在日常的消防安全管理活动中，运用自己拥有的知识、信息、技能以及经验为广大职工群众或某个部门提供解决问题的建议性意见或方案的活动。

消防咨询服务是消防安全管理人员或机关为了维护社会主义经济秩序，社会治安秩序的稳定，以及所在单位正常的工作、生活秩序，确保国家利益、集体利益和职工群众利益不受侵犯，而对社会组织和公民个人提出的有关消防器材、消防安全防范措施、安全规章制度以及其他安全防范的问题，按照国家法律和其他有关规定进行解答或者提出建议和解决方案。

消防咨询的根本目的是利用消防安全管理维护社会主义经济秩序和社会治安秩序，保证国家、集体、个人财产不受损害，通过向社会、公民以及本单位的职工提供优质的消防安全咨询服务，使人们准确理解和把握国家政策及法律对消防工作的有关规定，维护国家的合法权益，更好地运用法律，加强各单位的安全防范工作，落实各项安全防范措施和安全规章制度，提高发现、控制、制止各种火灾事故的能力，为国家经济建设及人民群众的生活提供良好的消防安全环境。

1.消防咨询可以提供准确的消防信息服务

消防咨询的主要内容是向广大职工群众提供有关消防安全的建议、意见、信息以及方案。公安消防管理机关和机关团体、企业、事业单位，在开展消防宣传教育的活动中，要针对不同的单位、个人以及本单位职工提出的安全防范问题（如安全防范措施问题、消防专用器材问题、安全规定制度问题及其他安全方面的问题）提供有关信息，或提出看法、见解以及工作方案，以便人们在消防安全管理和防范、处理火灾事故时，能够做出正确的决策并采取相应的行为。

2. 消防咨询可以提供消防法律服务

消防咨询指的是消防管理人员向社会组织和公民提供的消防安全防范方面知识的服务活动，其服务的范围及内容主要是我国关于消防安全管理的法律、法规。在咨询过程中，消防安全管理人员必须依据国家的相关政策与法律规定，做出准确的解答，使单位和职工群众能够通过运用法律、法规来解决问题，维护自身的合法权益，并且指导他们运用法律找出问题的症结所在，防止用非法手段解决问题。

在消防咨询过程中，要根据单位与职工群众的需要，对应急管理部门管理的消防业务内容，尤其是事关应急管理部门审批的业务进行解释，告知群众及单位办理哪些事务需要哪些条件、手续，需要经过怎样的程序，需要多长的时间，并且指导他们到具体的应急管理部门去办理。

（二）消防咨询的特征

1. 针对性

消防咨询是消防管理机关和单位消防安全管理人员向社会组织、公民以及本单位职工群众提供的消防咨询服务，其目的是当好用户决策和行动的参谋。因此在进行消防咨询时，一定要针对询问者提出的问题，并根据单位和个人的周围环境及人力、物力、财力等内在因素，经过综合分析，依照国家政策及法律的有关规定，告知社会组织及公民应当制定的安全规章制度和应该采取的安全防范措施，以及必须安装的技术防范设施。另外，只有消防管理机关和单位消防安全管理人员针对现已制定的安全防范措施及技术防范设施提出建议和意见，才能使之形成非常有效的安全防范体系，避免或减少火灾事故的发生，发现并杜绝生产、生活中的火灾隐患和险情。

2.广泛性

消防咨询的广泛性指的是来咨询的人员中，有机关、团体、企事业单位等社会组织的成员，也有公民个人，所以其成员具有一定的广泛性。同时，询问的问题也具有广泛性，既可能涉及消防安全防范规章制度及国家的政策和法律法规，又可能涉及消防专用设备的性能、规格、使用方法等，还可能涉及火灾的一般防范知识、如何消灭火灾以及火灾事故的善后解决程序。

3.复杂性

消防咨询的广泛性决定了消防咨询的复杂性。询问者问及的问题既可能涉及消防器材的性能、种类和安全防范措施，又可能涉及国家法律、法规、政策。要准确回答这些问题，就需要消防安全管理人员根据单位及公民的需要，依照现行的政策、法律以及法规的有关精神提出建设性的意见和方案，同时又要依据国内外的有关消防安全管理情况对单位和公民提出的询问进行解答。

（三）消防咨询的形式

消防咨询作为消防宣传的特殊形式，无论是对于提高单位及公民的消防安全防范能力，还是对于检验消防宣传工作质量均具有重要的意义。

消防咨询是提高单位及公民消防安全防范能力的重要途径。借助消防安全管理人员针对单位和公民个人工作、生产、生活中存在的问题或者漏洞，提出综合分析意见及建设性方案，可以进一步强化单位的安全防范意识，避免和减少由于消防安全防范问题上的决策失误而导致的危害和损失。咨询服务可以使单位及公民个人有发现火灾隐患、火灾险情的能力，可以使他们及时扑灭火灾，减少火灾危害，减少人身财产损失，进而提高单位和公民个人的消防安全指数。同时，介绍消防器材可以使人们了解消防安全器材的特点、性能、使用方法、价格及注意事项等情况，准确选择并正确使用消防器材可以使他们的消防能力得到提高。

消防咨询是提高消防宣传质量的重要环节。借助消防咨询服务，公安消防管理机关可以了解到消防安全管理工作中存在的问题及人们对消防工作的各种反映和新的要求，便于消防安全管理机关改进工作，提高管理水平。同时，因为消防咨询活动接触社会、单位和群众，涉及的问题极为复杂，客观上要求消防机关团体、企事业单位管理人员具有很高的政治水平、业务水平、法律素质以及说理水平。只有这样，才能做好机关团体、企业、事业单位的消防安全管理工作。

三、消防业务培训

（一）培训的重要性

《单位消防安全管理规定》规定：单位应当通过多种形式开展经常性的消防安全宣传教育。消防安全重点单位对每名员工应当至少每年进行一次消防安全培训。消防安全管理人员直接担任着维护治安秩序，预防、查处或者协助查处消防事故，保护人民合法权益，保卫社会主义现代化建设的重任。而目前我们的消防安全管理人员还有一部分没有受过正规的、系统的培训，水平还需要进一步提高，尤其是大多数的兼职和义务消防人员的业务水平较低，与所面临的任务不相适应。因此必须通过培训这一有效途径，迅速使消防安全管理人员的业务水平得到提高，开发消防安全管理人才，调动消防安全管理人员的创造性、积极性，使我们的消防安全管理人员的能力得到有效提升。

（二）培训的人员

根据《单位消防安全管理规定》，以下人员应当接受消防安全专门培训。
第一，单位的消防安全责任人、消防安全管理人。
第二，专、兼职消防管理人员。
第三，消防控制室的值班、操作人员。
第四，其他依照规定应当接受消防安全专门培训的人员。
单位应当组织新上岗和进入新岗位的员工进行上岗前的消防安全培训。

（三）培训的原则

1.理论联系实际

理论联系实际的主要要求是，在教学中将理论学习和案例分析相结合，加强实践性教学环节，使学员自觉地将理论付诸实践，指导消防安全管理实践。

2.学用一致

培训的目的是提高消防安全管理人员的政治、法律以及专业素质，充分发挥其聪明才智。只有教育培训和使用一致起来，才能够使消防安全管理人员教育培训的效果充分发挥出来。反之，学用脱节，学非所用，与本系统、本单位的实际不符，不仅会造成人力、物力以及财力上的浪费，而且也会失去教育培训的实际意义。特别是对兼职和义务消防队员的短期岗位培训，由于时间短，必须精炼培训的内容，做到学以致用。

3.按需施教

消防教育培训工作，必须依据社会、经济发展对消防安全管理的需要和各个实际岗位情况的不同确定教育培训内容。其主要的要求就是从不同行业、部门的人员实际需要出发，本着"缺什么补什么，干什么学什么"的原则，精心组织、力求节约、讲求实效，避免单纯追求培训指标、培训数量的现象。

4.严格科学

提高消防安全管理人员的政治及业务素质是教育培训的根本目的。在教育培训工作中，应做好培训规划并严格执行，使教育培训循序渐进，逐步提高。要实现这个目标并确保取得实效应当做到以下两点：一要制订周密的教学计划，采取灵活方法，选择切合实际的内容，将培训效果与使用挂钩；二要注重培训场所和师资的选定，严格培训纪律，严格考核制度，将考核结果作为消防安全管理人员和职工上岗的重要依据之一。

（四）培训的内容

培训消防安全管理人员必须坚持面向现代化、面向世界、面向未来。面向现代化就是在制订培训规划、安排培训内容时要着眼于国家现代化建设的需要，着眼于提高消防安全管理素质的需要。面向世界就是在培训消防安全管理人员时要吸收借鉴世界各国消防安全管理的经验及先进的科学技术，开拓消防安全管理人员的眼界，敢于迎接挑战。面向未来就是在培训消防安全管理人员时要有战略眼光，不仅要看到目前消防安全管理工作的要求，还要看到将来的社会发展和变革对消防安全管理人员的要求。

依据《单位消防安全管理规定》，宣传教育与培训内容应当包括：有关消防法规、消防安全制度以及保障消防安全的操作规程；本单位、本岗位的火灾危险性及防火措施；有关消防设施的性能、灭火器材的使用方法；报火警、扑救初期火灾以及自救逃生的知识与技能。

公众聚集场所应当至少每半年进行一次对员工的消防安全培训，培训的内容还应当包括组织、引导在场群众疏散的知识及技能。具体分为以下几个方面。

1.思想政治教育培训

加强思想政治教育，就是要提高消防安全管理人员的政治素质与思想素质，具体如下。

第一，党和国家关于消防安全管理的方针及政策的教育。

第二，消防安全管理科学的理论教育。

第三，为人民服务宗旨及为消防安全管理事业的奉献教育。

第四，组织纪律及职业道德教育。

2.法治教育培训

法治教育要使消防安全管理人员牢固树立社会主义法治观念和增强遵纪守法的自觉性。

（1）传授法律知识

使消防安全管理人员全面并且系统地了解有关消防安全管理的法律、

法规，在消防安全管理中能够自觉、主动地去宣传消防安全管理的法律、法规。

（2）增强法律意识

使消防安全管理人员在理解法律知识的基础上，针对本系统、本单位员工的思想状况、工作实际，开展消防管理，检查执行消防安全管理执法情况，整改火险隐患，模范执行国家的法律法规，力争做到有法必依、执法必严、违法必究。

3.消防业务培训

消防业务培训就是要将消防安全管理人员的业务素质和执法水平提高。

第一，消防安全管理人员要全面掌握国家关于消防安全管理的法律、法规以及各项消防规章制度，同时，要兼学有关公安业务中的刑事侦查、治安管理、内部保安以及文物保护等专业知识，为做好消防安全管理奠定良好的基础。

第二，消防业务培训要全力推进全员实践技能。通过现代消防科学技术培训，消防安全管理人员要掌握各种现代化消防设施的使用和操作技能。尤其要通过培训提高消防管理人员处置紧急、复杂消防局面的能力和解决他们知识能力脱离消防实际、与现实工作不适应等问题。依据"向教育训练要素质、向实战技能培训要战斗力"的指导思想，利用培训，使消防安全管理人员的宗旨意识、服务意识得到强化，应变处置能力和实战本领得以增强，使专、兼职消防人员和员工的整体作战能力进一步提高，为完成消防安全管理任务提供强有力的保障。

第四节　消防设施、设备及器材分类

一、灭火器

灭火器是建筑施工现场最为常用的消防设施之一，大多在现场使用（如干粉灭火器）。灭火器方便快捷，适合扑灭初级火灾，所以消防安全管理人员对灭火器的使用、维护、检查和构造要有了解，并应对现场人员进行培训演练。

（一）灭火器的组成、适用范围及注意事项

灭火器主要由瓶体、压把、压力器、喷管、使用说明、合格证以及检验证组成。

适用范围：能扑灭纸张、木材、棉麻毛类固体、各种油类可燃液体、可燃气体以及电器类等多种初期火灾。

关于灭火器的注意事项具体如下。

第一，灭火器要定期进行检查，发现压力表指针低于绿色区域时，应及时将其送检验单位进行修理充装。

第二，防潮、防暴晒、防碰撞。

第三，灭火器一经开启必须送检验单位进行修理充装，充装之前筒体必须经水压试验。

（二）灭火器的分类及使用方法

灭火器的种类很多，按照其移动方式可分为手提式与移动式灭火器，按驱动灭火剂的动力来源可分为储压式、储气瓶式、化学反应式灭火器，按所充装的灭火剂则又可分为泡沫、干粉、二氧化碳、卤代烷、酸碱、清水等灭火器。

灭火器的使用方法：灭火时，操作者可手提或者肩扛灭火器迅速奔赴火场，在距燃烧处 5 m 左右放下灭火器。如在室外，应选择在上风方向喷射。使用的干粉灭火器如果是外挂储压式的，操作者应一手紧握喷枪，另一手提起储气瓶上的开启提环。如果储气瓶的开启是手轮式的，则向逆时针方向旋开，并旋至最高位置，随即提起灭火器。干粉喷出后，迅速对准火焰的根部扫射。使用的干粉灭火器如果是内置式储气瓶或是储压式，操作者应先拔下开启把上的保险销，一只手握住喷射软管前端的喷射嘴部，另一只手将开启压把压下，打开灭火器进行灭火。有喷射软管的灭火器或者储压式灭火器在使用时手应始终压下压把，不能将其放开，否则会中断喷射。

（三）灭火器的维护和管理

第一，使用单位必须加强对灭火器的日常管理和维护工作。

第二，使用单位要至少每季度检查一次灭火器的维护情况。

第三，使用单位应当至少每 12 个月自行组织或委托维修单位对所有灭火器进行一次功能性检查。

二、消防架

消防架是一种用于火灾发生时的消防工具，如消防斧、消防锹、消防桶、消防钩等。

三、消防泵

建筑高度大于 24 m 或者单体体积超过 30 000 m³ 的在建工程，应设置临时室内消防给水系统。

施工现场的消火栓泵应采用专用消防配电线路。专用消防配电线路应由施工现场总配电箱的总断路器上端接入，并且应保持不间断供电。消防泵应采用双泵，其中一台是备用泵。

四、消防立管

消防立管是连接消防干管和楼层供水管道的，一般是主管道，消防竖管指的是竖向的管道，一般说的是消火栓立管等。临时室外消防给水干管、室内消防竖管的管径，应参照施工现场临时消防用水量和干管内水流计算速度计算确定，并且不应小于 DN100 mm，配备水带和水枪。

五、消火栓

消火栓分为室内消火栓和室外消火栓。室外消火栓又分为地上消火栓与地下消火栓。

室外消火栓应沿在建工程、临时用房、可燃材料堆场及其加工厂均匀布置，与在建工程、临时用房、可燃材料堆场及其加工厂外边线的距离不应小于 5 m。消火栓的最大保护半径不应大于 150 m，消火栓的间距不应大于

120 m。

设置临时室内消防给水系统的在建工程，各结构层都应设置室内消火栓接口及消防软管接口，并应符合以下规定：消火栓接口及软管接口应设置在位置明显并且易于操作的部位；消火栓接口的前端应设置截止阀；消火栓接口或者软管接口的间距，多层建筑不应大于 50 m，高层建筑不应大于 30 m。

六、消防安全标志

消防安全标志分为火灾报警与手动控制装置的标志、火灾时疏散途径的标志、灭火设备的标志、具有火灾爆炸危险的地方或者物质的标志、方向辅助标志。

消防安全标志应设置在醒目和与消防安全有关的地方，并能使人们看到后有足够的时间注意它所表示的意义。消防安全标志不应设在本身移动后可能遮盖标志的物体上，同样也不应设在容易被移动的物体遮盖的地方。

七、防火布、石棉布和灭火毯

防火布、石棉布是用于电气焊施工围护，以避免焊花掉落引发火灾的防火材料；灭火毯用于扑灭油类物质燃烧引发的较小的火灾，比如食堂炒菜的油锅着火。

八、电气焊工安全操作确认单

电气焊工安全操作确认单是消防安全管理的一个有效措施。把好动火过程管理，由相关人员（电气焊工、工长、安全监督人员、看火人等）确认安全后，电气焊工才能动火，以保证动火安全。

九、看火人袖标

电气焊施工作业必须配备专人看护，并且佩戴看火人袖标，这些专人不得做其他工作。

十、标语宣传画

现场要大力开展消防安全教育，张贴宣传画及标语，营造消防安全氛围，以达到提高全员消防安全意识的目的。

十一、吸烟室

施工现场易燃物多，环境复杂，极易发生火灾事故。施工人员吸烟是引发施工现场火灾的重要因素。要规范现场吸烟现象，防止火灾事故发生，就要对现场吸烟加强管理，设置吸烟室，有措施，有制度，有专人管理。

十二、应急通道标志

施工现场应设置安全通道及消防车通道。无火险时施工人员走安全通道，发生火灾时施工人员应走消防车通道。消防车通道要设置应急照明和反光装置的消防安全标志，以利于人员安全快速撤离，确保人员安全。

十三、呼吸器

发生火灾时，大部分人员并不是被火烧死的，而是被烟熏窒息死亡，所以逃生时应佩戴呼吸器。

十四、应急器材

超高层建筑在施工阶段也应设置临时避险层，配备应急救援器材，一旦发生火灾可以立即启用，无火险时禁止使用。应急器材主要包括呼吸器、手电筒、救生绳、毛巾、矿泉水、水桶、对讲机、喇叭、手套、斧子、梯子等。

第三章　消防安全检查及火灾隐患的认定和整改

第一节　消防安全检查的目的和形式

一、消防安全检查的目的

单位消防安全检查的目的就是通过对本单位消防安全管理和消防设施的检查，了解单位消防安全制度、安全操作规程的落实和遵守情况，以及消防设施、设备的配置和运行情况，以督促规章制度、措施的贯彻落实，提高和警示员工的安全防范意识，发现火灾隐患并督促落实整改，减少火灾的发生，最大限度减少人员伤亡及其财产损失。

消防安全检查不仅要能发现问题，还要能说明问题，更要落实整改措施，督促有关部门及时整改火灾隐患，决不能有头无尾，检查完了就了事。在检查中，检查人员要认真观察，必须对问题进行合乎逻辑的、系统的、全面的、由此及彼、由表及里的分析，抓住问题的实质和主要方面，向被查部门、人员和在场员工说明火灾隐患在哪里、危险性有多大、依据是什么等。对于重大问题，检查人员应及时提出解决问题的办法和防止问题再发生的措施，并下发整改通知书，限期整改，做到"三定"，即定人、定时间、定措施，保证检查效果。对于重视不够、整改不力的单位和部门，检查人员应依照消防法规和内部规章制度进行通报，从严处理。这样既查明了火灾隐患，加大了整改力度，又教育了广大员工。此外，消防管理人员要经常深入生产第一线，倾听员工的意见，了解真实情况，掌握工作主动权，达到检查的目的。这既是单位自我管理、自我约束的一种重要手段，也是及时发现和消除火灾隐患、预防火灾发生的重要措施。

二、消防安全检查的形式

消防安全检查是一项长期性的工作，在组织形式上应采取经常性检查和定期性检查相结合、重点检查和普遍检查相结合的方式。具体检查形式主要有以下几种。

（一）一般日常性检查

一般日常性检查也称为常规检查，它是按照岗位防火安全责任制的要求，以班组长、安全员、消防员为主体，对所在单位的车间、装置、库房、堆场等处的防火安全情况进行的检查。这种检查通常是以班前、班后和交接班时为检查的重点时段，能够及时发现和消除火灾隐患，是一种行之有效的检查方式。

（二）定期防火检查

这种检查是按规定的频次进行，或者按照不同的季节特点进行，或者结合重大节日进行。这种检查通常由单位领导或有关职能部门组织，除了对所有部位进行检查外，还要对重点部位进行重点检查。这种检查对企事业单位应当至少每季度检查一次，对重点部位应至少每月检查一次。

（三）专项检查

专项检查是根据单位实际情况、当前主要任务以及消防安全薄弱环节开展的检查，如用电检查、用火检查、疏散设施检查、消防设施检查、危险品储存与使用检查等。专项检查应有专业技术人员参加。常见的专项检查有电气防火防爆检查、用火作业检查、安全疏散条件检查、消防设施设备的检查、危险化学品储存与使用检查、防雷防静电设施检查等。专项检查主要由专业技术人员参加，也可结合设备、装置的检修同步进行。对生产工艺设备、压力容器、消防设施设备、电气设施设备、危险化学品生产储存设施、用火动火设施等，应当由专业部门使用专门仪器对其功能状况和安全性能进行全方位的检查，以检查细微之处的火灾隐患，以便从源头上做到防患于未然。

（四）级检查

级检查对于推动和帮助基层单位落实防火安全措施、消除火灾隐患具有积极的促进作用。这种检查通常有互查、抽查和重点抽查三种形式。应于每季度对所属重点部位进行一次检查，并定期向当地公安消防机构报告检查情况。

（五）夜间检查

夜间检查是预防夜间发生火灾的有效措施，检查主要依靠夜间值班干部，警卫和专、兼职消防管理人员。重点是检查火源电源的管理、白天的动火部位、重要仓库以及其他可能发生异常情况的部位，及时堵塞漏洞、消除隐患。

（六）防火巡查

防火巡查是消防安全重点单位的一种必要的消防安全检查形式，也是《消防法》规定消防安全重点单位必须履行的一项职责。消防安全重点单位应当进行每日防火巡查，并确定巡查的人员、内容、部位和频次。公共娱乐场所在营业期间的防火巡查应当至少每 2 h 一次，营业结束时应当对营业现场进行检查，消除遗留火种。宾馆、饭店、医院、养老院、寄宿制的学校、托儿所、幼儿园应当加强夜间防火巡查。重要的仓库和劳动密集型企业也应当重视日常的防火巡查，其他消防安全重点单位可以结合实际需要组织防火巡查。

防火巡查人员应当及时纠正违章行为，妥善处置火灾危险，无法当场处置的，应当立即报告，发现初期火灾应当立即报警并及时扑救。

防火巡查应当填写巡查记录，巡查人员及其主管人员应当在巡查记录上签名。单位防火巡查的内容一般都是动态管理上的薄弱环节，而且一旦失查就可能造成重大事故，具体包括以下内容：用火、用电有无违章情况；安全出口、疏散通道是否畅通，安全疏散指示标志、应急照明是否完好；消防设施、器材和消防安全标志是否在位、完整；常闭式防火门是否处于关闭状态，防火卷帘下是否堆放物品影响使用；消防安全重点部位的人员在岗情况；其他消防安全情况。

（七）其他形式的检查

该检查指根据需要进行的其他形式检查，如重大活动前的检查、开业前的检查、季节性检查等。

第二节　消防安全检查的方法和内容

一、单位消防安全检查的方法

消防安全检查的方法是指单位为达到实施消防安全检查的目的所采取的技术措施和手段。消防安全检查手段直接影响检查的质量，单位消防安全管理人员在进行自身消防安全检查时应根据检查对象的情况，灵活运用以下各种手段，了解检查对象的消防安全管理情况。

（一）查阅消防档案

消防档案是单位履行消防安全职责、反映单位消防工作基本情况和消防管理情况的载体，查阅消防档案应注意以下问题。

第一，消防安全重点单位的消防档案应包括消防安全基本情况和消防安全管理情况。

第二，制定的消防安全制度和操作规程是否符合相关法规和技术规程。

第三，灭火和应急救援预案是否可靠，演练是否按计划进行。

第四，查阅公安机关消防机构填发的各种法律文书，尤其要注意责令改正或重大火灾隐患限期整改的相关内容是否得到落实。

第五，防火检查、防火巡查记录是否完善。

（二）询问员工

询问员工是消防安全管理人员实施消防安全检查时最常用的方法。为在有限的时间内获得对检查对象的大致了解，并通过这种了解掌握被检查对象的消防安全知识和能力状况，消防管理人员可以通过询问或测试的方法直接、快速地获得相关的信息。

第一，询问各部门、各岗位的消防安全管理人员，了解其实施和组织落实消防安全管理工作的概况，以及对消防安全工作的熟悉程度。

第二，询问消防安全重点部位的人员，了解单位对其培训的概况。

第三，询问消防控制室的值班、操作人员，了解其是否具备岗位资格。

第四，公众聚集场所应随机抽询数名员工，了解其组织引导在场群众疏散的知识和技能，以及报火警和扑救初起火灾的知识和技能。

（三）查看消防通道、安全出口等情况

消防通道、安全出口、消防设施、灭火器材、防火间距、防火防烟分区等是建筑物或场所消防安全的重要保障，国家的相关法律与技术规范对此都做了相应的规定。查看消防通道、消防设施、灭火器材、防火间距、防火分隔等，主要是通过眼看、耳听、手摸等方法，判断消防通道是否畅通、防火间距是否被占用、灭火器材是否配置得当并完好有效、消防设施各组件是否完整齐全无损、各组件阀门及开关等是否置于规定启闭状态、各种仪表显示位置是否处于正常允许范围、建筑装修材料是否符合耐火等级和燃烧性能要求，必要时再辅以仪器检测、鉴定等手段等，把检查落到实处。

（四）测试消防设施

按照《消防法》的要求，单位应每年对消防设施至少检测一次。这种检测一般由专业的检测公司进行。使用专用检测设备测试消防设施设备的情况，要求检测员具备相应的专业技术基础知识，熟悉各类消防设施的组成和工作原理，掌握检测方法以及操作中应注意的事项。对一些常规消防设施的测试，利用专用检测设备对火灾报警器报警、消防电梯强制性停靠、室内外消火栓压力、消火栓远程启泵、压力开关和水力警铃、末端试水装置、防火卷帘升降、防火阀启闭、防排烟设施启动等项目进行测试。

二、单位消防安全检查的内容

单位进行的消防安全检查应当包括以下内容。

第一，火灾隐患的整改情况及防范措施的落实情况。

第二，安全疏散通道、疏散指示标志、应急照明和安全出口情况。

第三，消防车通道、消防水源情况。

第四，灭火器材配置及有效情况。

第五，用火、用电有无违章情况。

第六，重点工种人员及其他员工消防知识的掌握情况。

第七，消防安全重点部位的管理情况。

第八，易燃易爆危险物品和场所防火防爆措施的落实情况，以及其他重要物资的防火安全情况。

第九，消防（控制室）值班情况和设施运行、记录情况。

第十，防火巡查情况。

第十一，消防安全标志的设置情况和完好、有效情况。

第十二，其他需要检查的内容。

第三节　消防安全检查的实施细则

一、一般单位内部的日常管理检查

（一）消防安全组织机构及管理制度的检查

第一是检查方法，即查看消防安全组织机构及管理制度的相关档案、文件。

第二是要求，具体包括：消防安全责任人及消防安全管理人的设置及职责明确；消防安全管理制度健全；相关火灾危险性较大岗位的操作规程和操作人员的岗位职责明确；义务消防队组成和灭火及疏散预案完善；消防档案包括单位基本情况、建筑消防审批验收资料、安全检查、巡查、隐患整改、教育培训、预案演练等日常消防管理记录在案。

（二）单位员工消防安全能力的检查

1.检查方法

任意选择几名员工，询问其消防基本知识的掌握情况，对于疏散通道和安全出口的位置及数量的了解情况，疏散程序和逃生技能的掌握情况；模拟一起火灾，检查现场疏散引导员的数量和位置，检查疏散引导员引导现场人员疏散逃生的基本技能，以及常用灭火器的选用和操作方法等。

2.要求

第一，员工应熟练掌握报警方法，发现起火能立即呼救、触发火灾报警按钮或使用消防专用电话通知消防控制室值班人员，并拨打"119"电话报警。

第二，员工熟悉自己在初期火灾处置中的岗位职责、疏散程序和逃生技能，以及引导人员疏散的方法要领。

第三，员工熟悉疏散通道和安全出口的位置及数量，按照灭火和应急疏散预案要求，通过喊话和广播等方式，引导火场人员通过疏散通道和安全出口正确逃生。

第四，宾馆、饭店的员工还应掌握逃生器械的操作方法，指导逃生人员正确使用缓降器、缓降袋、呼吸器等逃生器械。

第五，员工掌握室内消火栓和灭火器材的位置和使用的操作要领，能根据起火物类型选用对应的灭火器，并按操作要领正确扑救初期火灾。

（三）重点火灾危险源的检查

1.检查方法

查看厨房、配电室、锅炉房及柴油发电机房等火灾危险性较大的部位和使用明火部位的管理情况。

2.要求

第一，厨房排油烟机及管道的油污定期清洗；电气设备的除尘及检查等消防安全管理措施落实到位；燃油燃气设施消防安全管理等制度完备，燃油储量符合规定（不大于一天的使用量）。

第二，电气设备及其线路未超负荷装设，无乱拉乱接现象；隐蔽线路应当穿管保护；电气连接应当可靠；电气设备的保险丝未加粗或以其他金属代替；电气线路具有足够的绝缘强度和机械强度；未擅自架设临时线路；电气设备与周围可燃物保持一定的安全距离。

第三，使用明火的部位有专人管理，人员密集场所未使用明火取暖。

（四）建筑内、外保温材料及防火措施的检查

1.检查方法

现场观察和抽样做材料燃烧性能鉴定。

2.要求

第一，一类高层公共建筑和高度超过 100 m 的住宅建筑，保温材料的燃烧性能应为 A 级。

第二，二类高层公共建筑和高度大于 27 m 但小于 100 m 的住宅建筑，保温材料应采用低烟、低毒且燃烧性能不应低于 B_1 级。

第三，其他建筑保温材料的燃烧性能不应低于 B_2 级。

（五）消防控制室的检查

1.检查方法

查看消防控制室设置是否合理，内部设备布置是否符合规定，功能是否完善；查看值班员数量及上岗资格证书；任选火灾报警探测器，用专用测试工具向其发出模拟火灾报警信号，待火灾报警探测器确认灯启动后，检查消防控制室值班人员火灾信号确认情况；模拟火灾确认之后，检查消防控制室值班人员火灾应急处置情况；检查其他操作（如开机、关机、自检、消音、屏蔽、复位、信息记录查询、启动方式设置等）要领的掌握情况。

2.要求

第一，消防控制室的耐火等级应为一、二级，且应独立设置或设在一层或负一层并有直通室外的出口，内部设备布置合理，能满足受理火警、操控消防设施和检修的基本要求。

第二，同一时段值班员数量不少于两人，且持有消防控制室值班员（消防设施操作员）上岗资格证书。

第三，接到模拟火灾报警信号后，消防控制室值班人员以最快的方式确认是否发生火灾；模拟火灾确认之后，消防控制室值班人员立即将火灾报警联动控制开关转至自动状态（平时已处于自动状态的除外），启动单位内部应急灭火疏散预案，并按预案操作相关消防设施，如切换电源至消防电源，启动备用发电机，启动水泵、防排烟风机，关闭防火卷帘和常开式防火门，打开应急广播，引导人员疏散，同时拨打"119"火警电话报警并报告单位负责人，然后观察各个设备动作后的信号反馈情况，确认各项预案步骤是否落实到位。

（六）防火分区及建筑防火分隔措施的检查

1.防火分区的检查

（1）检查方法

防火分区的检查方法为实际观察和测量。

（2）要求

防火分区应按功能划分且分区面积符合规范要求，无擅自加盖增加建筑面积或拆除防火隔断、破坏防火分区的情况，无擅自改变建筑使用功能使原防火分区不能满足现功能要求的情况。

2.防火卷帘的检查

（1）外观检查

组件应齐全完好，紧固件无松动现象；门帘各接缝处、导轨、卷筒等缝隙应有防火密封措施，防止烟火窜入；防火卷帘上部、周围的缝隙应采用相同耐火极限的不燃材料填充、封堵。

（2）功能检查

分别操作机械手动、触发手动按钮、消防控制室手动输出遥控信号、分别触发两个相关的火灾探测器，查看卷帘的手动和自动控制运行情况及信号反馈情况。

（3）要求

第一，防火卷帘应运行平稳，无卡涩。远程信号控制，防火卷帘应按固定的程序自动下降。设置在非疏散通道位置的仅用于防火分隔用途的防火卷帘，在火灾报警探测器报警之后能一步直接下降至地面。

第二，当防火卷帘既用于防火分隔又作为疏散的补充通道时，防火卷帘应具有二步降的功能，即在感烟探测器报警之后下降至距地面 1.8 m 的位置停止，待感温探测器报警之后继续下降至地面。

第三，对设在通道位置和消防电梯前室的卷帘，还应有内外两侧手动控制按钮，保证消防员出入时和卷帘降落后尚有人员逃生时启动升降。

3. 防火门的检查

（1）外观检查
防火门设置合理，组件齐全完好，启闭灵活、关闭严密。

（2）功能检查
将常闭式防火门从任意一侧手动开启至最大开度之后放开，观察防火门的动作状态；对常开式防火门将消防控制室防火门控制按钮设置于自动状态，用专用测试工具向常开式防火门任意一侧的火灾报警探测器发出模拟火灾报警信号，观察防火门的动作状态。

（3）要求

第一，防火门应为向疏散方向开启的平开门，并在关闭后应能从任何一侧手动开启。

第二，常闭式防火门应能自行关闭，双扇防火门应能按顺序关闭；电动常开式防火门应能在火灾报警后按控制模块设定顺序关闭并将关闭信号反馈至消防控制室。设置在疏散通道上并设有出入口控制系统的防火门，应能自动和手动解除出入口控制系统。

4. 防火阀和排烟防火阀等管道分隔设施的检查

（1）检查方法

检查阀体安装是否合理、可靠，分别用手动、电动和远程信号方式控制开启和关闭阀门，观察其灵活性和信号反馈情况。

（2）要求

第一，阀门应当紧贴防火墙安装，并且安装牢固、可靠，铭牌清晰，品名与管道对应。

第二，阀门启闭应当灵活，无卡涩。电动启闭应当有信号反馈，且信号反馈正确。阀体无裂缝和明显锈蚀，管道保温符合特定要求。

第三，易熔片的熔断温度和火灾温度自动控制是否符合阀门动作温度要求。

5. 电梯井、管道井等横、竖向管道孔洞分隔的检查

（1）检查方法

查看电缆井、管道井等竖向井道以及管道穿越楼板和隔墙的孔洞的分隔及封堵情况。

（2）要求

第一，电缆井、管道井、排烟道、通风道等竖向井道，应分别独立设置。井壁的耐火极限不应低于 1.00 h，检查门应采用丙级防火门。

第二，电缆井、管道井等竖向井道在每层楼板处采用不低于楼板耐火极限的不燃烧体或防火封堵材料封堵；与房间相连通的孔洞采用防火封堵材料封堵；电缆井桥架内电缆空隙也应在每层封堵，且应满足耐火极限要求。

第三，电梯井应独立设置，井内严禁敷设可燃气体和甲、乙、丙类液体管道，不应敷设与电梯无关的电缆、电线等。电梯井的井壁除设置电梯门洞和通气孔洞外，不应设置其他洞口，电梯层门的耐火极限不应低于 1.00 h。

（七）安全疏散设施的检查

1.疏散走道和安全出口的检查

（1）检查方法

查看疏散走道和安全出口的通行情况。

（2）要求

第一，疏散走道和安全出口畅通，无堵塞、占用、锁闭及分隔现象，未安装栅栏门、卷帘门等影响安全疏散的设施。

第二，平时需要控制人员出入或设有门禁系统的疏散门具有保证火灾时人员疏散畅通的可靠措施；人员密集的公共建筑不宜在窗口、阳台等部位设置栅栏，当必须设置时，应设有易于从内部开启的装置；窗口、阳台等部位宜设置辅助疏散逃生设施。

第三，疏散走道、楼梯间应无可燃材料装修和杂物。

2.应急照明和疏散指示标志的检查

（1）检查方法

第一，查看外观、附件是否齐全、完整。

第二，应急照明灯的设置位置是否符合要求，疏散指示标志方向是否正确。

第三，断开非消防用电，用秒表测量应急工作状态的转换时间和持续时间。

第四，使用照度计测量两个应急照明灯之间距离地面中心的照度是否达到要求。

（2）要求

第一，应急照明灯能正常启动，电源转换时间应不大于5 s。

第二，应急照明灯和疏散指示灯的供电持续时间应符合相关要求，照度应符合设置场所的照度要求。

第三，消防应急灯具的应急工作时间应不小于灯具本身标称的应急工作时间。

3. 避难层（间）的检查

（1）检查方法

查看避难层（间）的设置和内部设施情况。

（2）要求

第一，保证避难层（间）的有效面积能满足疏散人员的要求（每平方米少于 5 人），不得设置办公场所和其他与疏散无关的用房。

第二，避难层（间）的通风系统应独立设置，建筑内的排烟管道和甲、乙类燃气管道不得穿越避难层（间），避难层（间）内不得有任何可燃材料装修和堆放可燃物品，通过避难层的楼梯间应错开设置。

第三，避难层（间）应设应急照明，地面照度不低于 3 lx，医院避难层（间）地面的照度不低于 10 lx。

（八）火灾自动报警系统的检查

1. 火灾报警功能的检查

（1）检查方法

观察各类探测器的型号选择、保护面积、安装位置是否符合规范要求，并任选一只火灾报警探测器，用专用测试工具向其发出模拟火灾报警信号，观察其动作状态。

（2）要求

第一，探测器选型准确，保护面积适当，安装位置正确。

第二，发出模拟火灾信号后，火灾报警确认灯启动，并将报警信号反馈至消防控制室，编码位置准确。

2. 故障报警功能的检查

（1）检查方法

任选一只火灾报警探测器，将其从底座上取下，观察其动作状态。

（2）要求

故障报警确认灯启动，并将报警信号反馈至消防控制室。

3. 火警优先功能的检查

（1）检查方法

任选一只火灾报警探测器，将其从底座上取下；同时，任选另外一只火灾报警探测器，用专用测试工具向其发出模拟火灾报警信号，观察其动作状态。

（2）要求

故障报警状态下，火灾报警控制器首先发出故障报警信号；火灾报警信号输出后，火灾报警控制器优先发出火灾报警信号。故障报警状态暂时中止，在处理完火灾报警信号（消音）后，故障信号还会出现，可以滞后处理，以保证火警优先。

4. 手报按钮和探测器安装位置的检查

（1）检查方法

目测或用工具测量。

（2）要求

第一，手报按钮应安装在楼梯口或疏散走廊的墙壁上，高度为 1.3 m～1.5 m，间隔距离不大于 20 m。

第二，感烟探测器应安装在楼板下，进烟口与楼板距离不大于 10 cm，斜坡屋面应安装在屋脊上，倾斜度不大于 45°；安装在走廊时，两个感烟探测器间距不大于 15 m，袋型走道间距不大于 8 m 且应居中布置；两个感温探测器的安装间距不大于 10 m；探测器的工作显示灯闪亮并面向出入口。

第三，探测器与侧墙或梁的距离不应小于 0.5 m，距送风口不小于 1.5 m；当梁的高度大于 0.6 m 时，两梁之间应作为独立探测区域。

（九）消防给水灭火设施的检查

1. 室内消火栓组件的检查

（1）检查方法

任选一个综合层和一个标准层，查看室内消火栓的数量和安装要求；任选几个消火栓箱，查看箱内组件，用带压力表的枪头测试消火栓的静压。

（2）要求

室内消火栓竖管直径不小于 100 mm，消火栓间距对多层建筑不大于 50 m，对于高层建筑不大于 30 m。室内消火栓箱内的水枪、水带等配件齐全，水带长度不小于 20 m，水带与接口绑扎牢固。出水口应与墙面垂直。消火栓出水口静压大于 0.3 MPa，但不宜大于 0.7 MPa。消火栓箱的手扳按钮按下后既能发出报警信号又能启动消防水泵。

2. 室内消火栓启泵和出水功能的检查

（1）检查方法

按照设计出水量的要求，开启相应数量的室内消火栓；将消防控制室联动控制设备设置在自动位置，按下消火栓箱内的启泵按钮，查看消火栓及消防水泵的动作情况，并目测充实水柱长度。

（2）要求

消火栓泵启动正常并将启泵信号反馈至消防控制室；水枪出水正常；充实水柱一般长度不应小于 10 m，而用于体积大于 25 000 m^3 的商店、体育馆、影剧院、会堂、展览建筑及车站、码头、机场建筑等的充实水柱，其长度不应小于 13 m。

3. 室外消火栓的检查

（1）检查方法

任选一个室外消火栓，检查出水情况。

（2）要求

室外消火栓不应被埋压、圈占、遮挡，标志应明显；安装位置距建筑外墙不宜小于 5 m，距消防车道不宜大于 2 m，两个消火栓之间的间距不应大于 60 m；有专用开启工具，阀门开启灵活、方便，消火栓出水正常；在冬季冻结区域还应有防冻措施；设置室外消火栓箱的，箱内水带、枪头等备件齐全。

4. 水泵接合器的检查

（1）检查方法

任选一个水泵接合器检查其供水范围。

（2）要求

水泵接合器不应被埋压、圈占、遮挡，应有明显标志，并标明供水系统的类型及供水范围，安装在墙壁的水泵接合器的安装高度距地面宜为 0.7 m，距建筑物外墙的门窗洞口不小于 2 m，且不应设置在玻璃幕墙下。设置在室外的水泵接合器应便于消防车取水，且距室外消火栓或消防水池不宜小于 15 m。

5. 消防水泵房、消防水池、消防水箱的检查

（1）检查方法

第一，消防水泵房设置是否合理，是否有直通室外地面的出口。

第二，储水池是否变形、损伤、漏水、严重腐蚀，水位标志是否清楚、储水量是否满足要求。寒冷地区消防水池（水箱）应有保温防冻措施。

第三，操作控制柜，检查水泵能否启动。

第四，水管是否锈蚀、损伤、漏水，管道上各阀门开闭位置是否正确。

第五，利用手动或减水检查浮球式补水装置动作状况，利用压力表测定屋顶高位水箱最远阀或试验阀的进水压力和出水压力是否在规定值以内。

第六，水质是否腐败、有无浮游物和沉淀。

（2）要求

第一，消防水泵房不应设置在地下三层及以下或埋深 10 m 以下，并有直通室外出口，单独建造耐火等级不应低于二级。

第二，配电柜上的消火栓泵、喷淋泵、稳压（增压）泵的开关设置在自动（接通）位置。

第三，消火栓泵和喷淋泵进、出水管阀门，高位消防水箱出水管上的阀门，以及自动喷水灭火系统、消火栓系统管道上的阀门保持常开。

第四，高位消防水箱、消防水池、气压水罐等消防储水设施的水量达到规定的水位。

第五，北方寒冷地区，高位消防水箱和室内外消防管道有防冻措施。

（十）自动灭火系统的检查（系统的功能检验一般应在消防专业人员指导下进行）

1.湿式喷水系统功能的检查

（1）检查方法

观察喷头安装的距离、位置、保护面积是否符合规范要求；将消防控制室的消防联动控制设备设置在自动位置，开启最不利点处的末端试水装置观察报警、各类控制器动作、信号反馈、测试压力等。

（2）要求

第一，闭式喷头易熔玻璃球的融化温度选择应符合场所的环境温度要求，两个喷头之间的距离应为 3 m～4.5 m，火灾荷载大的取大值，荷载小的取小值，一个喷头的最大保护面积不大于 20 m²。下垂式喷头的溅水盘与楼板的距离不大于 0.1 m，直立式喷头溅水盘与楼板的距离不大于 0.15 m 且不小于 0.075 m，喷头与梁的间距不小于 0.6 m，溅水盘与梁底面的高度差不大于 0.1 m 且不小于 0.025 m。宽度大于 1.2 m 的通风管道下应设喷头，走廊的喷头应居中布置。

第二，末端试水装置应设在消防给水管网的最不利点，出水压力不低于 0.05 MPa；报警阀、压力开关、水流指示器动作；末端试水装置出水时长在 5 min 内，消防水泵自动启动；水力警铃发出警报信号，且距水力警铃 3 m 远处的声压级不低于 70 dB；水流指示器、压力开关和消防水泵的动作信号反馈至消防控制室。

其他自动喷水灭火系统（如干式灭火系统、预作用灭火系统）的检查可参照湿式灭火系统的检查方法进行。

2.水幕、雨淋系统的检查

（1）检查方法

将消防控制室的消防联动控制设备设置在自动位置（不宜进行实际喷水的场所，应在实验前关闭雨淋阀出口控制阀）。先后触发防护区内部两个火灾探测器或触发传动管泄压，查看火灾探测器或传动管的动作情况。

（2）要求

火灾报警控制器确认火灾后，自动启动雨淋阀、压力开关及消防水泵；水力警铃发出警报信号，且距水力警铃 3 m 远处的声压级不低于 70 dB；水流指示器、压力开关、电动阀及消防水泵的动作信号反馈至消防控制室。

3.泡沫灭火系统的检查

泡沫灭火设备的检查除应参照上述供水系统的检查外，还应注意以下几点。

（1）灭火剂储罐的检查

灭火剂储罐各部分有无变形、损伤、泄漏，透气阀或通气管是否堵塞，外部有无锈蚀，通过液面计或计量杆检查储存量是否在规定量以上。

（2）泡沫灭火剂的检查

打开储罐排液口阀门，用烧杯或量筒从上、中、下三个位置采取泡沫液，目视检查有无变质和沉淀物；判定时注意，判断灭火剂的种类（蛋白、合成表面、轻水泡沫）及稀释容量浓度，最好与预先准备的试剂相比较。当难以判定能否使用时应同厂商联系。

（3）泡沫灭火剂混合装置检查

灭火剂混合方式有数种，按照有关说明资料，检查比例混合器、压力送液装置、比例混合调整机构及其连接的配管部分是否符合规定要求。

4.气体灭火设备的检查

（1）外观检查

第一，储气瓶周围温度、湿度是否过高（温度应低于 40 ℃），日光是否直射，是否会遭受雨淋，是否设于防护区外且不通过防护区可以进出的场所，是否有照明设备，操作和检查空间是否足够。

第二，目视检查储气瓶、固定架、附件有无变形、锈蚀，储气瓶固定是否牢靠，固定螺栓是否紧固；储气瓶数目是否符合规定，压力是否处于安全区域；驱动气瓶压力是否符合要求，电气连接是否可靠；瓶头阀启动头是否牢固地固定在瓶头阀体上；电动式的导线是否老化、断线、松动；气动式的导线与驱动气瓶输气管连接部是否松脱；手动操作机构是否锈蚀，安全销是否损伤、脱落；气瓶连接管及集合管有无变形、损伤，连接部是否松动；单向阀是否变形、损伤，连接部是否松动；管网中的阀门、管道之间的连接是否可靠。

第三，气瓶间是否有气瓶设置及高压容器警示、说明标志。

第四，无管网装置的气瓶箱是否变形、损伤、锈蚀，安装是否牢靠，门的开关是否灵活，箱面是否有防护区名称、防护对象名称及使用说明。

第五，选择阀及启动头是否有变形损伤，连接部是否松动；手动操作处有无盖子或锁销；选择阀是否设在防护区外的场所，有无使用方法的标志说明牌（板）。

第六，手动启动装置操作箱是否设于易观察防护区的进出口附近，设置高度是否合适（应离地 0.8 m～1.5 m），操作箱是否固定牢靠，周围有无影响操作的障碍物。在手动装置或其附近有无相应的防护区名称或防护对象名称、使用方法、安全注意问题等标志；启动装置处有无明显的"手动启动装置"标牌。

第七，在防护区进出口门头上是否设置声光报警装置和"施放灭火剂禁止入内"显示灯，防止灭火剂施放过程中或灭火后灭火剂未清除期间有人员误入。

第八，控制柜周围有无影响操作的障碍物，操作是否方便，设于室外时有无防止雨淋和无关人员胡乱触摸的措施；电源指示灯是否常亮；具有手动、自动切换开关的控制柜，自动、手动位置显示灯是否常亮；转换开关或其附件有无明显的使用方法说明标牌，转换状态的标志是否明显。

第九，防护区进出口所设的"施放灭火剂禁止入内"显示灯是否破损、脏污、脱落。

（2）功能检查

将消防控制室的消防联动控制开关设置在自动位置，关断有关灭火剂存储器上的驱动器，安上相适应的指示灯具、压力表和试验气瓶及其他相应装置，在实验防护区模拟两个独立的火灾信号进行施放功能测试。

（3）要求

第一，试验保护分区的启动装置及选择阀动作应正常；压力表测定的气压足以驱动容器阀和选择阀。

第二，声光报警装置应设于防护区门口且能发出符合设计要求的正常信号。

第三，有关的开口部位、通风空调设备以及有关的阀门等联动设备应关闭，换气装置应停止。

第四，延时阶段触发停止按钮，可终止气体灭火系统的自动控制。

第五，试验的防护分区的启动装置及选择阀应准确动作、喷射出试验气体，且管道无泄漏。

第六，检查结束后，把试验用气瓶卸下，重新安装好气瓶，其他均恢复原状。

第七，喷射分区门口应有"喷射正在进行"的提示标志，未完全换气前不得进入，必须进入时应佩戴空气呼吸器。

第八，无管网气体灭火装置的气体喷放口不得有任何影响气体施放的遮挡物。

二、其他重点场所的检查

（一）公共娱乐场所的检查

1. 设置部位

不应设在古建筑、博物馆、图书馆建筑内，不宜设置在砖木结构、木结构或未经防火处理的钢结构等耐火等级低于二级的建筑内，不应设置在袋形走道的两侧或尽头端（保龄球馆、旱冰场除外）。

不应在居民住宅楼内改建公共娱乐场所，不得毗连重要仓库或危险物品仓库。

2. 安全疏散

安全出口处不得设门槛，紧靠门口 1.4 m 以内不应设踏步；疏散门应采用平开门并向疏散方向开启，不得采用卷帘门、转门、吊门、侧拉门、屏风等影响疏散的遮挡物；走道不应设台阶。

营业时必须确保安全出口和疏散通道畅通无阻，严禁将门上锁、阻塞或用其他物品缠绕，影响开启；场所内容纳的最多人数不应超过公安机关核定的最多人数。

3. 疏散逃生措施

每间包房内应配备应急照明灯或应急手电筒，每个顾客配备一块湿手（毛）巾，在每间包房门的背后或靠近门口的醒目位置及公共走道交叉处设置疏散导向图。

卡拉 OK 厅及其包房内应设置声音或视像警报，保证在火灾发生初期将各卡拉 OK 房间的画面、音响消除，播送火灾警报，引导人们安全疏散。

4. 消防安全管理

严禁带入和存放易燃、易爆物品。在地下公共娱乐场所，严禁使用液化石油气。使用燃气的场所应按规范要求安装可燃气体浓度报警装置，规模较大的场所应安装气源自动切断装置。

严禁在营业时进行设备检修、电气焊、油漆粉刷等施工、维修作业。

不得封闭或封堵建筑物的外窗。因噪声污染影响居民等特殊原因确需封堵的应采用可开启窗，并安装自动喷水灭火装置、机械排烟设施等予以弥补。

电气线路不得乱拉乱接，严禁超负荷使用。

5. 内部装修防火措施的检查

（1）疏散通道、人员密集场所的房间、走道的顶棚、墙面和地面的装修材料的检查

检查方法为查看装修材料的燃烧性能。

具体检查要求为：防烟楼梯间，封闭楼梯间，无自然采光的楼梯间的顶棚、墙面以及门厅的顶棚装修材料的燃烧性能等级为 A 级；房间墙面、地面的装修材料的燃烧性能等级不低于 B_1 级；当墙面、吊顶确须使用部分可燃材料时，可燃材料的占用面积不得超过装修面积的 10%；严禁使用泡沫塑料、海绵等易燃软包材料；地下建筑的疏散走道、安全出口和有人员活动的

房间的顶棚、墙面和地面装修材料都应采用 A 级。

（2）电气安装防火措施的检查

检查方法为查看电气连接、线路保护、隔热措施、电器性能等。

具体检查要求为：电气连接应当可靠，不许搭接、虚接、铜铝线混接；设置在顶棚内和墙体内等隐蔽处的电线必须穿管保护，且管头要封堵；所有穿过或安装在可燃物上的电气产品（如开关、插座、镇流器和照明灯具等）要有隔热散热措施；卤钨灯和功率大于 100 W 的白炽灯的引入线应采用瓷管、矿棉作隔热保护；同一支线上连接的灯具不得超过 20 个，不许使用不符合有关安全标准规定的电气产品。

（二）建筑工地的检查

由于建筑工地内施工单位数量较多，规模参差不齐，外来务工人员的消防意识薄弱，人员流动性强，危险品数量、品种较多，各种建筑物资混放和缺少消防设施、器材，一旦发生火灾会很快蔓延，容易造成人员伤亡和经济损失，因此，建筑工地也是消防检查的重点场所之一。此类场所的消防检查，要以明火管理、危险品管理、电气线路以及住宿场所、消防水源、车道和灭火器材等作为检查重点。

1. 明火管理

第一，施工现场动火作业必须严格执行动火审批制度。

第二，动火（电焊、气割等）作业人员必须经专业培训后持证上岗。

第三，动火场地应配备灭火器材，落实消防监护人员。

第四，施工现场内禁止吸烟，危险品仓库、可燃材料堆场、废品集中站及施工作业区等应设置明显的禁烟警告标志。

2. 危险品管理

第一，工地内应按规范设置专用的危险品仓库（室），严禁乱堆、乱放。危险品仓库内应有良好的通风设施，仓库内电线应穿金属管保护并按相关规定采用防爆型电器。

第二，在建建筑内禁止设置易燃、易爆危险品仓库，禁止使用液化石油气。

第三，危险品仓库应派专人管理，危险品出库、入库应有记录。

3. 电气线路和设备

第一，施工现场采用的电气设备应符合现行国家标准的规定，动力线与照明线必须分开设置，并分别选择相应功率的保险装置，严禁乱接、乱拉电气线路，严禁采用不符合规定要求的熔体代替保险丝。

第二，使用中的电气设备应保持完好，严禁带故障运行；电气设备不得超负荷运行；配电箱、开关箱内安装的接触器、刀闸、开关等电气设备应动作灵活，接触良好可靠，触头没有氧化烧蚀现象。

4. 住宿场所

第一，在建工程的地下室、半地下室禁止设置施工和其他人员的住宿场所；禁止在库房内设置员工集体宿舍。在建工地内设置临时住宿、办公场所时，应在住宿、办公场所与施工作业区之间采取有效的防火分隔措施，落实安全疏散、应急照明等消防安全措施。

第二，住宿、办公场所的耐火等级不应低于三级，严禁搭建木板房和使用泡沫塑料板作夹层的彩钢板房作为住宿、办公场所。

第三，住宿场所内严禁乱接乱拉电线，严禁使用大功率电器设备（包括取暖设备、电加热设备），严禁存放、使用易燃、易爆物品。

5. 其他安全措施

第一，施工现场应设有消防车道，宽度不应小于 3.5 m，保证临警时消防车能停靠施救。

第二，建筑物的施工高度超过 24 m 时，施工单位必须落实临时消防水源和供水设备。

第三，住宿、办公场所、施工现场要根据实际情况，配备足够的灭火器材，并将其安置在醒目和便于取用的地方。灭火器材应保养完好。

（三）仓库的检查

仓库是集中储存和中转物资的场所，一旦发生火灾，经济损失比较惨重，所以仓库是消防安全的重点。消防安全检查要抓住人员培训、堆存物品、建筑防火、制度管理和消防设施等要素。

1. 一般物品的储存

第一，仓库内物品应当分类、分垛储存，每垛占地面积不宜大于100 m²。仓库内货物的堆放间距要符合有关仓库管理规定要求，仓库内货物进出通道宽度应不小于 1.5 m，垛与垛的间距不小于 1 m，垛与墙、垛与顶、垛与柱梁、垛与灯之间，各种水平间距要保证不小于 0.5 m，灯具下方不宜堆放可燃物品，以利于通风和方便人员通行并能进行安全巡查。

第二，物品堆垛应避开门、窗和消防器材等，以便于通行、通风和消防救援。

第三，库房内或危险品堆垛附近不得进行实验、分装、打包、易燃液体灌装或其他可能引起火灾的任何不安全操作。

第四，库房内不得乱堆、乱放包装残留物，特别是易自燃的油污包装箱、袋。

第五，露天堆场物品也应分类、分堆、分组、分垛堆放，并留出足够的防火间距。

2. 易燃、易爆物品的储存

第一，易燃易爆化学物品已超过存储期或因其他原因变质的要及时进行处理，防止变质物品因分解和氧化反应发生泄漏或产生热量引发火灾。

第二，凡包装、标志不符合国家标准，或破坏、残缺、渗漏、变形及变质、分解的货品，严禁入库。例如：压缩气体瓶没有戴安全帽；野蛮装卸造成阀门损坏；金属钾、钠容器破裂，致使液体渗漏；盛装易燃液体的玻璃容器瓶盖不严，瓶身上有气泡、疵点等。

第三，严禁将化学性质相抵触、消防施救方法不同的易燃、易爆物品违章混存。

3. 仓库建筑

第一，经过消防审核（验收）的仓库建筑不得随意改变使用性质。确需改变使用性质的，应重新报批。

第二，存放易燃、易爆化学物品的库房不得设置在高层建筑、地下室或半地下室，库房地面应采用防火花或防静电材料，高温季节应有通风降温措施。

第三，存放甲、乙类物品库房的泄爆面不得开向库区内的主要道路，库房内不准设办公室、休息室。存放丙类以下物品的库房需设置办公室时，可以贴邻库房一角设置无孔洞的一级、二级耐火等级的建筑，其门窗应能直通室外。

第四，钢结构仓库顶棚必须设置由易熔材料制成的可熔采光带。易熔材料指能在高温条件（一般大于 80 ℃）自行熔化且不产生熔滴的材料。可熔采光带的面积不应小于顶棚总面积的 25%。或者在建筑两个长边的外墙上方设置面积不小于仓库面积 5% 的外窗，以利于火灾情况下的排烟、排热和灭火行动。

第五，存放压缩气体和液化气体的仓库，应根据气体密度等性质，采取防止气体泄漏后积聚的措施。存放遇湿易燃物品的仓库应采取防火、防潮措施。

第六，库区内不得随意搭建影响防火间距的临时设施。

4. 电气设备

第一，所有库房内的电气设备都应为符合国家现行标准的产品。电气设计、安装、验收必须符合国家现行标准的有关规定。

第二，存放甲、乙类物品库区内的电气设备及铲车、电瓶车等提升、堆垛设备均应为防爆型。存放丙类物品的库房内应在上述机械设备易产生火花的部位设防护罩。

第三，库房内不准设置移动式照明灯具，不得随意拉接临时电线。

第四，库房内电气线路应穿管敷设或采用电缆，插座装在库房外，并避免被碰砸、撞击和车轮碾压。

第五，库房内不准使用电炉等电热器具和家用电器。

第六，存放丙类以上物品的库房内不得使用碘钨灯和超过 60 W 的白炽灯等高温照明灯具；库房内使用低温照明灯具和其他防燃型照明灯具时，应当对镇流器采取隔热、散热等防火保护措施。

第七，库区电源应设总闸，每个库房单独设分电闸。开关箱设在库房外，并设置防雨设施，人员离开即拉闸断电。

5.从业人员

第一，存放易燃、易爆物品仓库的保管员、装卸人员应参加消防安全知识、技能培训，并持证上岗，仓库管理人员同时也是义务消防队员。

第二，应建立24 h值班、定时巡逻制度，并做好记录。

6.火源

第一，库区内应设置最醒目的禁火标志。进入存放甲、乙类物品库区的人员，必须交出随身携带的火柴、火机等。进入甲、乙类液体储罐区的人员，还应交出手机。

第二，进入库区的机动车辆的排气管应加装火星熄灭装置。

第三，库区内动火须经单位防火负责人批准，办理动火手续。

第四，库区周围禁止燃放烟花爆竹。

第五，防雷、防静电设施必须定期维护保养，保持正常、好用。

7.消防设施

仓库的消防设施应按照建筑消防设施的检查要求，对其完好有效情况实施检查。

第四节　火灾隐患的认定和整改

一、火灾隐患的分级

根据不安全因素引发火灾的可能性大小和可能造成的危害程度的不同，火灾隐患可分为一般火灾隐患和重大火灾隐患。

二、一般火灾隐患的认定

一般火灾隐患是指存在的不安全因素有引发火灾的可能，且发生火灾会造成一定的危害后果，但危害后果不严重的情形。

具有下列情形之一的，应当确定为一般火灾隐患。

第一，影响人员安全疏散或者灭火救援行动，不能立即改正的。

第二，消防设施未保持完好、有效，影响防火、灭火功能的。

第三，擅自改变防火分区，容易导致火势蔓延、扩大的。

第四，在人员密集场所违反消防安全规定，使用、储存易燃、易爆物品，不能立即改正的。

第五，不符合城市消防安全布局要求，影响公共安全的。

第六，其他可能增加火灾实质危险性或者危害性的情形。

三、重大火灾隐患的判定

（一）重大火灾隐患的判定程序

第一，进行现场检查核实，并获取相关影像、文字资料。

第二，组织集体讨论判定，且参与人数不应少于 3 人。

第三，对于涉及复杂疑难的技术问题，按照本标准判定重大火灾隐患有困难的，应由公安消防机构组织专家成立专家组进行技术论证。专家组应由当地政府有关行业主管、监管部门和相关消防技术的专家组成，人数不应少于 7 人。

第四，集体讨论或专家技术论证时，建筑业主和管理、使用单位等涉及利害关系的人员可以参加讨论，但不应进入专家组。

第五，集体讨论或专家技术论证应形成结论性意见，作为判定重大火灾隐患的依据，判定为重大火灾隐患的结论性意见应有 2/3 以上的专家同意。

第六，集体讨论和专家技术论证应当提出合理可行的整改措施和期限。

（二）重大火灾隐患的直接判定

有以下情形可直接判定为重大火灾隐患有以下情形。

第一，生产、储存和装卸易燃、易爆化学物品的工厂、仓库和专用车站、码头、储罐区，未设置在城市的边缘或相对独立的安全地带。

第二，甲、乙类厂房设置在建筑的地下、半地下室。

第三，甲、乙类厂房、库房或丙类厂房与人员密集场所、住宅或宿舍混合设置在同一建筑内。

第四，公共娱乐场所、商店、地下人员密集场所的安全出口、楼梯间的设置形式及数量不符合规定。

第五，旅馆、公共娱乐场所、商店、地下人员密集场所未按规定设置自动喷水灭火系统或火灾自动报警系统。

第六，易燃可燃液体、可燃气体储罐（区）未按规定设置固定灭火、冷却设施。

（三）重大火灾隐患的综合判定

适用于重大隐患综合判定的因素主要有隐患存在的门类多，而某一项具体隐患又不够重大隐患的界定标准，因此需要考虑多方面的因素综合判定。需要综合判定的要素具体如下。

1.总平面布置

第一，未按规定设置消防车道或消防车道被堵塞、占用。

第二，建筑之间的既有防火间距被占用。

第三，城市建成区内的液化石油气加气站、加油加气合建站的储量达到或超过 GB 50156 对相应级别储量的规定。

第四，丙类厂房或丙类仓库与集体宿舍混合设置在同一建筑内。

第五，托儿所、幼儿园的儿童用房及儿童游乐厅等儿童活动场所，老年人建筑，医院、疗养院的住院部分等与其他建筑合建时，所在楼层位置不符合规定。

第六，地下车站的站厅乘客疏散区、站台及疏散通道内设置商业经营活动场所。

2.防火分隔

第一，擅自改变原有防火分区，造成防火分区面积超过规定的50%。

第二，防火门、防火卷帘等防火分隔设施损坏的数量超过该防火分区防火分隔设施数量的50%。

第三，丙、丁、戊类厂房内有火灾爆炸危险的部位未采取防火防爆措施，或现有措施不能满足防止火灾蔓延的要求。

3.安全疏散及灭火救援

第一，擅自改变建筑内的避难走道、避难间、避难层与其他区域的防火分隔设施，或避难走道、避难间、避难层被占用、堵塞而无法正常使用。

第二，建筑物的安全出口数量不符合规定，或安全出口被封堵。

第三，未按规定设置独立的安全出口、疏散楼梯。

第四，商店营业厅内的疏散距离超过规定距离的25%。

第五，高层建筑和地下建筑未按规定设置疏散指示标志、应急照明，或损坏率超过30%；其他建筑未按规定设置疏散指示标志、应急照明，或损坏率超过50%。

第六，设有人员密集场所的高层建筑的封闭楼梯间、防烟楼梯间门的损坏率超过20%，其他建筑的封闭楼梯间、防烟楼梯间门的损坏率超过50%。

第七，民用建筑内疏散走道、疏散楼梯间、前室室内的装修材料燃烧性能低于B_1级。

第八，人员密集场所的疏散走道、楼梯间、疏散门或安全出口设置栅栏、卷帘门及其安全出口、楼梯间的设置形式及数量不符合规定。

第九，人员密集场所的建筑外窗被封堵或被广告牌等遮挡，影响逃生和灭火救援。

第十，高层建筑的举高消防车作业场地被占用，影响消防扑救作业。

4.消防给水及灭火设施

第一，未按规定设置消防水池或无其他解决消防水源的设施。

第二，未按规定设置室外消防给水设施，或已设置但不能正常使用。

第三，未按规定设置室内消火栓系统，或已设置但不能正常使用。

第四，已设置的自动喷水灭火系统或其他固定灭火设施不能正常使用或运行。

5. 防烟排烟设施

人员密集场所未按规定设置防烟排烟设施，或防烟分区设置不当，或已设置但不能正常使用或运行。

6. 消防电源

第一，消防用电设备未按规定采用专用的供电回路，或不能实现双回路供电。

第二，未按规定设置消防用电设备末端自动切换装置，或已设置但不能正常使用。

7. 火灾自动报警系统

第一，火灾自动报警系统处于故障状态，不能恢复正常运行。

第二，自动消防设施不能正常联动控制。

8. 其他

第一，违反规定在可燃材料或可燃构件上直接敷设电气线路或安装电气设备。

第二，易燃、易爆物品场所未按规定设置防雷、防静电设施，或防雷、防静电设施失效。

第三，易燃、易爆物品或有粉尘爆炸危险的场所未按规定设置防爆电气设备，或防爆电气设备失效。

第四，违反规定在公共场所使用可燃材料装修。

四、火灾隐患的整改

单位对存在的火灾隐患应当及时予以消除，消除的方式可以视隐患的大小、整改难易程度等情况灵活处置。可以立即改正的，保卫人员应当责令当场改正；对一时改正不了的，保卫人员应责令限期整改。对于特别重大的情况，保卫人员应及时向有关领导汇报，必要时可以向当地公安消防部门请求协助。

（一）火灾隐患当场改正

对下列违反消防安全规定的行为，单位应当责令有关人员当场改正并督促落实。

第一，违章进入生产、储存易燃、易爆物品场所的。

第二，违章使用明火作业或者在具有火灾、爆炸危险的场所吸烟、使用明火等违反禁令的。

第三，将安全出口上锁、遮挡，或者占用、堆放物品影响疏散通道畅通的。

第四，消火栓、灭火器材被遮挡影响使用或者被挪作他用的。

第五，常闭式防火门处于开启状态，防火卷帘下堆放物品影响使用的。

第六，消防设施管理、值班人员和防火巡查人员脱岗的。

第七，违章关闭消防设施、切断消防电源的。

第八，其他可以当场改正的行为。

违反前款规定的情况以及改正情况应当有记录并存档备查。

（二）火灾隐患限期整改

对不能当场改正的火灾隐患，消防工作归口管理职能部门或者专、兼职消防管理人员应根据本单位的管理分工，及时将存在的火灾隐患向单位的消防安全管理人或者消防安全责任人报告，提出整改方案。消防安全管理人或者消防安全责任人应当确定整改的措施、期限以及负责整改的部门、人员，并落实整改资金。

在火灾隐患消除之前，单位应当落实防范措施，保障消防安全。对不能确保消防安全，随时可能引发火灾或者一旦发生火灾将严重危及人身安全的，应当将危险部位停产停业整改。火灾隐患整改完毕，负责整改的部门或者人员应当将整改情况记录报送消防安全责任人或者消防安全管理人签字确认后存档备查。

对于涉及城市规划布局而不能自身解决的重大火灾隐患，以及机关、团体、事业单位确无能力解决的重大火灾隐患，单位应当提出解决方案并及时向其上级主管部门或者当地人民政府报告。

对于对当地经济和社会生活影响较大的单位存在重大火灾隐患，需要停产、停业进行整改的，由公安机关消防机构提出意见，并由公安机关报请当地人民政府依法决定，由公安机关消防机构监督实施。

对公安机关消防机构责令限期改正的火灾隐患，应当及时提出整改方案报公安消防机构审查备案，单位应当在规定的期限内改正并写出火灾隐患整改复函，报送公安机关消防机构，由公安消防机构验收。对于政府挂牌的重大火灾隐患，公安消防机构验收后应确认隐患整改是否完成，验收不合格的应当责令隐患单位继续整改，对验收合格的应将验收情况报当地人民政府，以确定是否摘牌，恢复单位正常的生产经营。

第四章　消防监督检查

第一节　室外检查

一、消防车道

消防车道是供消防车灭火时通行的道路。设置消防车道的目的在于一旦发生火灾时确保消防车畅通无阻，迅速到达火场，为及时扑灭火灾创造条件。消防车道可以利用交通道路，但在通行的净高、净宽、地面承载力、转弯半径等方面应满足通行与停靠的要求，并保证畅通。街区内的道路应考虑消防车的通行，消防车道的设置应根据当地消防部队使用的消防车辆的外形尺寸、载重、转弯半径等消防技术参数，以及建筑物的体量大小、周围通行条件等因素确定。

（一）设置范围

第一，街区内的道路应考虑消防车的通行，其道路中心线间的距离不宜大于160 m。当建筑物沿街道部分的长度大于150 m或总长度大于220 m时，应设置穿过建筑物的消防车道。确有困难时，应设置环形消防车道。

第二，高层民用建筑，超过3 000个座位的体育馆，超过2 000个座位的会堂，占地面积大于3 000 m²的商店建筑、展览建筑等单、多层公共建筑应设置环形消防车道，确有困难时，可沿建筑的两个长边设置消防车道。对于高层住宅建筑和山坡地或河道边临空建造的高层民用建筑，可沿建筑的一个长边设置消防车道，但该长边所在建筑立面应为消防车登高操作面。

第三，工厂、仓库区内应设置消防车道。高层厂房占地面积大于 3 000 m^2 的甲、乙、丙类厂房和占地面积大于 1 500 m^2 的乙、丙类仓库，应设置环形消防车道，确有困难时，应沿建筑物的两个长边设置消防车道。

第四，有封闭内院或天井的建筑物，当内院或天井的短边长度大于 24 m 时，宜设置进入内院或天井的消防车道；当该建筑物沿街时，应设置连通街道和内院的人行通道（可利用楼梯间），其间距不宜大于 80 m。

第五，在穿过建筑物或进入建筑物内院的消防车道两侧，不应设置影响消防车通行或人员安全疏散的设施。

第六，可燃材料露天堆场区，液化石油气储罐区，甲、乙、丙类液体储罐区以及可燃气体储罐区应设置消防车道。

（二）设置要求

第一，车道的净宽度和净空高度均不应小于 4 m。

第二，消防车道与建筑之间不应设置妨碍消防车操作的树木、架空管线等障碍物。

第三，消防车道靠建筑外墙一侧的边缘距离建筑外墙不宜小于 5 m。

第四，消防车道的边缘距离可燃材料堆垛不应小于 5 m。

第五，消防车道的坡度不宜大于 8%。

第六，环形消防车道至少应有两处与其他车道连通。尽头式消防车道应设置回车道或回车场，回车场的面积不应小于 12 m × 12 m；对于高层建筑，回车场的面积不宜小于 15 m × 15 m；供重型消防车使用时，回车场的面积不宜小于 18 m × 18 m。

消防车道的路面、救援操作场地、消防车道和救援操作场地下面的管道和暗沟等，应能承受重型消防车的压力。

消防车道可利用城乡、厂区道路等，但该道路应满足消防车通行、转弯和停靠的要求。

第七，在穿过建筑物或进入建筑物内院的消防车道两侧，不应设置影响消防车通行或人员安全疏散的设施。

第八，消防车道不宜与铁路正线平交，确实需要平交时，应设置备用车道，且两车道的距离不应小于一列火车的长度。

（三）检查方法

第一，通过查阅消防设计文件、总平面图等资料，根据建筑高度、沿街长度、规模、使用性质等，确定是否需要设置消防车道。

第二，沿消防车道全程检查消防车道的路面情况，与建筑之间不得设置妨碍消防车作业的树木、架空线等障碍物。

第三，对消防车道进行测量，净宽、净高、转弯半径、荷载和回车场面积等应符合要求，不应占用、堵塞消防车道。

第四，消防车道应设置醒目的提示和警示性标志。

二、防火间距

防火间距是防止着火建筑在一定时间内引燃相邻建筑，便于消防扑救的间隔距离。

（一）设置范围

厂房、仓库、储罐（区）、可燃材料堆场、民用建筑之间应保持一定的防火间距。

（二）设置要求

第一，相邻两座单、多层建筑，当相邻外墙为不燃烧体，且无外露的燃烧体屋檐时，如果每面外墙上无防火保护的门窗洞口不正对开设且面积之和不大于该外墙面积的 5% 时，则其防火间距可按规定减少 25%。

第二，两座建筑相邻较高一面外墙为防火墙，或高出相邻较低一座一、二级耐火等级建筑的屋面 15 m 及以下范围内的外墙为防火墙时，其防火间距不限。

第三，相邻两座高度相同的一、二级耐火等级建筑中相邻任一侧外墙为防火墙，屋顶的耐火极限不低于 1.00 h 时，其防火间距不限。

第四，相邻两座建筑中较低一座建筑的耐火等级不低于二级，相邻较低一面外墙为防火墙且屋顶无天窗，屋顶的耐火极限不低于 1.00 h 时，其防火间距不应小于 3.5 m，对于高层建筑，不应小于 4 m。

第五，相邻两座建筑中较低一座建筑的耐火等级不低于二级，且屋顶无天窗；相邻较高一面外墙高出较低一座建筑的屋面 15 m 及以下范围内的开口部位设置甲级防火门、窗，或设置符合现行国家标准《自动喷水灭火系统设计规范》（GB 50084）规定的防火分隔水幕或符合规定的防火卷帘时，其防火间距不应小于 3.5 m；对于高层建筑，不应小于 4 m。

第六，耐火等级低于四级的既有建筑，其耐火等级可按四级确定。

（三）检查方法

第一，对于厂房和仓库，应按照《建筑设计防火规范》对其火灾危险性进行分类，确定其使用性质和耐火等级。

第二，对于民用建筑，按照单多层、二类高层、一类高层，住宅建筑、公共建筑等进行分类，确定其耐火等级。

第三，对于可燃液体储罐，对其危险性进行分类，确定储存形式、单罐储量和总储量。

第四，对于液化石油气，确定其储存形式、单罐储量和总储量。

第五，按照各类建筑物的性质、耐火等级，储罐的储存形式、储量等，对照有关规范要求确定最小的防火间距。

第六，使用测距仪等对防火间距进行实地测量，判断测量结果是否符合要求。

三、建筑外保温

建筑外保温系统是采用规定的构造方式将多种材料安装在建筑外墙表面上，具有一定保温性能的完整结构系统，主要包括墙体和屋面的外保温。

（一）设置范围

居住建筑，国家机关办公建筑，商业、服务业、教育、卫生等其他公共建筑，应按照有关国家节能规定设置外墙保温。

（二）设置要求

第一，建筑的内、外保温系统，宜采用燃烧性能为 A 级的保温材料，

不宜采用 B_3 级保温材料，严禁采用压级保温材料。

第二，建筑外墙采用内保温系统时，保温系统应符合下列规定。

对于人员密集场所，用火、燃油、燃气等具有火灾危险性的场所以及各类建筑内的疏散楼梯间、避难走道、避难间、避难层等场所或部位，应采用燃烧性能为 A 级的保温材料。对于其他场所，应采用低烟、低毒且燃烧性能不低于 B_1 级的保温材料。保温系统应采用不燃材料做防护层，采用燃烧性能为 B_1 级的保温材料时，防护层的厚度不应小于 10 mm。

第三，建筑外墙采用保温材料与两侧墙体构成无空腔复合保温结构体时，该结构体的耐火极限应符合《建筑设计防火规范》的有关规定；当保温材料的燃烧性能为 B_1、B_2 时，保温材料两侧的墙体应采用不燃材料且厚度均不应小于 50 mm。

第四，设置人员密集场所的建筑，其外墙外保温材料的燃烧性能应为 A 级。

第五，与基层墙体、装饰层之间无空腔的建筑外墙外保温系统，其保温材料应符合下列规定：建筑高度大于 100 m 时，保温材料的燃烧性能应为 A 级；筑高度大于 27 m、但不大于 100 m 时，保温材料的燃烧性能不应低于 B 级；建筑高度不大于 27 m，保温材料的燃烧性能不应低于 B_1 级；建筑高度大于 50 m 时，保温材料的燃烧性能应为 A 级；建筑高度大于 24 m、但不大于 50 m 时，保温材料的燃烧性能不应低于 B 级；建筑高度不大于 24 m 时，保温材料的燃烧性能不应低于 B_2 级。

第六，除设置人员密集场所的建筑外，与基层墙体、装饰层之间有空腔的建筑外墙外保温系统，其保温材料应符合下列规定：建筑高度大于 24 m 时，保温材料的燃烧性能应为 A 级；建筑高度不大于 24 m 时，保温材料的燃烧性能不应低于 B_1 级。

第七，当建筑外墙保温系统采用燃烧性能为 B_1、B_2 级的保温材料时，应符合下列规定：除采用 3 级保温材料且建筑高度不大于 24 m 的公共建筑或采用 B 级保温材料且建筑高度不大于 27 m 的住宅建筑外，建筑外墙上门、窗的耐火完整性不应低于 0.50 h。应在保温系统中每层设置水平防火隔离带。防火隔离带应采用燃烧性能为 A 级的材料，防火隔离带的高度不应小于 300 m。

第八，建筑的外墙外保温系统应采用不燃材料在其表面设置防护层，防护层应将保温材料完全包覆。当采用 B_1、B_2 级保温材料时，防护层厚度首层不应小于 15 mm，其他层不应小于 5 mm。

第九，建筑外墙外保温系统与基层墙体、装饰层之间的空腔，应在每层楼板处采用防火封堵材料封堵。

第十，建筑的屋面外保温系统，当屋面板的耐火极限不低于 1.00 h 时，保温材料的燃烧性能不应低于 B_2 级；当屋面板的耐火极限低于 1.00 h 时，不应低于 B_1 级。采用 B_1、B_2 级保温材料的外保温系统应采用不燃材料作防护层，防护层的厚度不应小于 10 mm。当建筑的屋面和外墙外保温系统均采用 B_1、B_2 级保温材料时，屋面与外墙之间应采用宽度不小于 500 mm 的不燃材料设置防火隔离带进行分隔。

第十一，建筑外墙的装饰层应采用燃烧性能为 A 级的材料，但建筑高度不大于 50 m 时，可采用 B_1 级。

第十二，电气线路不应穿越或敷设在燃烧性能为 B_1、B_2 级的保温材料中；确须穿越或敷设时，应采用穿金属管并在金属管周围采用不燃材料进行防火隔离。设置开关、插座等电器配件的部位周围，应采用不燃隔热材料进行防火隔离。

（三）检查方法

通过查阅消防设计文件中节能设计专篇、建筑剖面图、建筑外墙节点大样、施工记录、隐蔽工程验收记录、相关材料（保温材料、防护层、防火隔离带等）质量证明文件和性能检测报告或型式检验报告等资料，了解建筑高度、建筑类别及是否为幕墙式建筑、外保温体系类型等基础数据后，开展现场检查。现场采用钢针插入或剖开尺测量防护层的厚度、水平防火隔离带的高度或宽度时，不允许有负偏差。

1. 保温材料的燃烧性能

用于建筑保温系统的保温材料主要包括有机高分子类、有机无机复合类和无机类三大类，根据燃烧性能等级的不同，主要有 A 级、B_1 级、B_2 级三个等级。屋面、地下室外墙面不得使用岩棉、玻璃棉等吸水率高的保温材料。

2.防护层的设置

当外墙体保温材料选用非 A 级材料时，检查其外侧是否按要求设置不燃材料制作的防护层，并将保温材料完全覆盖。不同使用性质、建筑高度和外墙材质的民用建筑，其防护层的设置厚度也有所不同。需要注意的是，首层防护层的厚度一般是其他楼层防护厚度的 2 倍。

3.防火隔离带的设置

当外墙体采用 B_2 级保温材料时，检查是否每层沿楼板位置设置不燃材料制作的水平防火隔离带，隔离带的设置高度不得小于 300 mm，且应与建筑外墙体全面积粘贴密实。当屋面和外墙体均采用非 A 级保温材料时，还须检查外墙和屋面分隔处是否按要求设置不燃材料制作的防火隔离带，隔离带的宽度不得小于 500 mm。

4.每层的防火封堵

当外墙外保温系统与基层墙体、装饰层之间有空腔时，检查保温系统与基层墙体、装饰层之间的空腔，是否在每层楼板处采用防火封堵材料封堵，以防因烟囱效应造成火势快速发展。

5.电气线路和电器配件

电气线路不得穿越或敷设在非 A 级保温材料中；对确需穿越或敷设的，应检查是否采取穿金属导管等防火保护措施。开关、插座等电器配件，不得直接安装在难燃或可燃的保温材料上，以防因电器使用年限长、绝缘老化或过负荷运行发热等引发火灾。

四、室外消火栓系统

（一）设置范围

第一，城镇（包括居住区、商业区、开发区、工业区等）应沿可通行消防车的街道设市政消火栓。

第二，民用建筑、厂房、仓库、储罐（区）和堆场周围应设室外消火栓系统。

第三，用于消防救援和消防车停靠的屋面上，应设置室外消火栓系统。

第四，耐火等级不低于二级，且建筑物体积小于等于 3 000 m³ 的戊类厂房、居住区人数不超过 500 人且建筑物层数不超过两层的居住区，可不设室外消防给水系统。

（二）设置要求

第一，人防工程、地下工程等建筑应在出入口附近设置室外消火栓，且距出入口的距离不宜小于 5 m，同时不宜大于 40 m。

第二，工艺装置区等采用高压或临时高压消防给水系统的场所，数量应根据设计流量经计算确定，且间距不应大于 60 m。当工艺装置区宽度大于 120 m 时，宜在该装置区内的路边设置室外消火栓。

第三，建筑室外消火栓的数量应根据室外消火栓设计流量和保护半径经计算确定，保护半径不应大于 150 m，每个室外消火栓的出流量宜按 10 ～ 15 L/s 计算。

第四，室外消火栓宜沿建筑周围均匀布置，且不宜集中布置在建筑一侧；建筑消防扑救面一侧的室外消火栓数量不宜少于 2 个。

第二节　室内检查

室内消防监督检查涉及面广，是整个检查活动的重点。其主要包括安全出口、疏散楼梯及走道、疏散指示标志、应急照明、中庭、防火墙、防火门、防火卷帘、防火窗、防烟分区、防火分区、防排烟系统、自动喷水灭火系统、火灾自动报警系统、室内消火栓系统、消防电梯、室内装修、消防水泵房、消防控制室等。

一、安全出口

安全出口是供人员安全疏散用的楼梯间和室外楼梯的出入口或直通室内外安全区域的出口。

(一)设置范围

厂房、仓库等工业建筑和民用建筑应根据其使用性质、建筑高度、规模、使用功能和耐火极限等因素合理设置安全出口。

(二)设置要求

1.厂房

第一,厂房的安全出口应分散布置,每个防火分区或一个防火分区的每个楼层,其相邻两个安全出口最近边缘之间的水平距离不应小于 5 m。

第二,厂房内每个防火分区或一个防火分区内的每个楼层,其安全出口的数量应经计算确定,且不应少于两个。当符合下列条件时,可设置 1 个安全出口:甲类厂房的每层建筑面积不大于 100 m,且同一时间的作业人数不超过 5 人;乙类厂房的每层建筑面积不大于 150 m^2,且同一时间的作业人数不超过 10 人;丙类厂房的每层建筑面积不大于 250 m^2,且同一时间的作业人数不超过 20 人;丁、戊类厂房的每层建筑面积不大于 400 m,且同一时间的作业人数不超过 30 人;地下或半地下厂房(包括地下或半地下室)的每层建筑面积不大于 50 m,且同一时间的作业人数不超过 15 人。

第三,当有多个防火分区相邻布置并采用防火墙分隔时,地下或半地下厂房(包括地下或半地下室)每个防火分区可利用防火墙上通向相邻防火分区的甲级防火门作为第二安全出口,但每个防火分区必须至少有 1 个直通室外的独立安全出口。

第四,厂房内任一点至最近安全出口的直线距离不应大于相关规定。

第五,厂房内疏散楼梯、走道、门的各自总宽度,应根据疏散人数按每100 人的最小疏散净宽度不小于规定经计算确定。但疏散楼梯的最小净宽度不宜小于 1.10 m,疏散走道的最小净宽度不宜小于 1.40 m,门的最小净宽度不宜小于 0.90 m。当每层疏散人数不相等时，疏散楼梯的总净宽度应分层计算，下层楼梯总净宽度应按该层及以上疏散人数最多一层的疏散人数计算。首层外门的总净宽度应按该层及以上疏散人数最多一层的疏散人数计算，且该门的最小净宽度不应小于 1.20 m。

第六，员工宿舍严禁设置在厂房内。

第七，办公室、休息室等不应设置在甲、乙类厂房内，确须贴邻本厂房时，其耐火等级不应低于二级，并应采用耐火极限不低于 3.00 h 的防爆墙与厂房分隔，同时应设置独立的安全出口。

第八，办公室、休息室设置在丙类厂房内时，应采用耐火极限不低于 2.50 h 的防火隔墙和 1.00 h 的楼板与其他部位分隔，并应至少设置 1 个独立的安全出口。如隔墙上须开设相互连通的门时，应采用乙级防火门。

2. 仓库

第一，仓库的安全出口应分散布置。每个防火分区或一个防火分区的每个楼层，其相邻 2 个安全出口最近边缘之间的水平距离不应小于 5 m。

第二，每座仓库的安全出口不应少于 2 个，当一座仓库的占地面积不大于 300 m² 时，可设置 1 个安全出口。仓库内每个防火分区通向疏散走道、楼梯或室外的出口不宜少于 2 个，当防火分区的建筑面积不大于 100 m² 时，可设置 1 个出口。通向疏散走道或楼梯的门应为乙级防火门。

第三，地下或半地下仓库（包括地下或半地下室）的安全出口不应少于 2 个；当建筑面积不大于 100 m² 时，可设置 1 个安全出口。

地下或半地下仓库（包括地下或半地下室），当有多个防火分区相邻布置并采用防火墙分隔时，每个防火分区可利用防火墙上通向相邻防火分区的甲级防火门作为第二安全出口，但每个防火分区必须至少有 1 个直通室外的独立安全出口。

第四，粮食筒仓上层面积小于 1 000 m²，且作业人数不超过 2 人时，可设置 1 个安全出口。

3. 民用建筑

第一，建筑内的安全出口和疏散门应分散布置，且建筑内每个防火分区或一个防火分区的每个楼层、每个住宅单元每层相邻两个安全出口以及每个房间相邻两个疏散门最近边缘之间的水平距离不应小于 5 m。

第二，公共建筑内每个防火分区或一个防火分区的每个楼层，其安全出口的数量应经计算确定，且不应少于两个。符合下列条件之一的公共建筑，可设置 1 个安全出口或 1 部疏散楼梯：除托儿所、幼儿园外，建筑面积不大于 200 m²、人数不超过 50 人的单层建筑或多层建筑的首层；除医疗建筑，老年人建筑，托儿所、幼儿园的儿童用房，儿童游乐厅等儿童活动场所和歌舞娱乐放映游艺场所外的部分公共建筑。

第三，设置不少于两部疏散楼梯的一、二级耐火等级公共建筑，如顶层局部升高，当高出部分的层数不超过两层、人数之和不超过 50 人且每层建筑面积不大于 200 m² 时，高出部分可设置 1 部疏散楼梯，但至少应另外设置 1 个直通建筑主体上人平屋面的安全出口，且上人屋面应符合人员安全疏散的要求。

第四，一、二级耐火等级公共建筑内的安全出口全部直通室外确有困难的防火分区，当符合有关规定时，可利用通向相邻防火分区的甲级防火门作为安全出口。

第五，公共建筑内房间的疏散门数量应经计算确定且不应少于两个。

（三）检查方法

第一，安全出口和疏散门设置符合要求，通过查阅消防设计文件、建筑平面图，根据建筑高度、使用功能和耐火等级等，检查安全出口的数量、疏散宽度是否满足要求。安全出口应保持畅通，各类提示性、警示性、禁止性标志齐全。不得锁闭、封堵、占有和遮挡安全出口。

第二，民用建筑和厂房的疏散用门，应为向疏散方向开启的平开门，不应采用侧拉门、转门、卷帘门、吊门和折叠门。除甲、乙类生产车间外，人数不超过 60 人且每樘门的平均疏散人数不超过 30 人的房间，其疏散门的开启方向不限。

第三，仓库的疏散门应采用向疏散方向开启的平开门，但丙、丁、戊类仓库的首层靠墙的外侧可采用推拉门或卷帘门。

第四，人员密集场所内平时需要控制人员随意出入的疏散门和设置门禁系统的住宅、宿舍、公寓建筑的外门，应保证火灾时不需要使用钥匙等任何工具即能从内部轻易打开，并应在显著位置设置使用提示的标志。

二、消防电梯

（一）设置范围

第一，建筑高度大于 33 m 的住宅建筑。

第二，一类高层公共建筑和高度大于 32 m 的二楼高层公共建筑。

第三，设置消防电梯的建筑的地下或半地下室，埋深大于 10 m 且总建筑面积大于 3 000 m² 的其他地下或半地下建筑。

第四，符合下列条件的建筑可不设置消防电梯：建筑高度大于 32 m 且设置电梯，任一层工作平台上的人数不超过 2 人的高层塔架；局部建筑高度大于 32 m，且局部高出部分的每层建筑面积不大于 50 m² 的丁、戊类厂房。

（二）设置要求

第一，消防电梯应分别设置在不同的防火分区内，且每个防火分区不应少于 1 台。

第二，建筑高度大于 32 m 且设置电梯的高层厂房（仓库），每个防火分区内宜设置 1 台消防电梯。

第三，消防电梯应具有防火、防烟、防水功能。

第四，消防电梯应设置前室或与防烟楼梯间合用前室。设置在仓库连廊、冷库穿堂或谷物筒仓工作塔内的消防电梯可不设置前室。前室应符合以下要求：前室宜靠外墙设置，并应在首层直通室外或经过长度不大于 30 m 的通道通向室外；前室的使用面积公共建筑不应小于 6 m²，住宅建筑不应小于 4.5 m²，与防烟楼梯间合用的前室，公共建筑不应小于 10 m²，住宅建筑不应小于 6 m²；前室或合用前室的门应为乙级防火门，不应设置卷帘。

第五，消防电梯井、机房与相邻电梯井、机房之间应设置耐火极限不低于 2.00 h 的防火隔墙，隔墙上的门应采用甲级防火门。

第六，消防电梯的井底应设置排水设施，排水井的容量不应小于 2 m³，排水泵的排水量不应小于 10 L/s，且消防电梯间前室的门口宜设置挡水设施。

第七，消防电梯的载重量不应小于 800 kg，轿厢尺寸不宜小于 1.5 m×
2 m，从首层运行至顶层的时间不宜大于 60 s，应能每层停靠。

第八，消防电梯的供电应为消防电源并且是设备用电源，在最末级配电
箱自动切换，动力与控制电缆、电线、控制面板应采取防水措施。在首层的
消防电梯入口处应设置消防队员专用的操作按钮，轿厢内应设置消防电话。

第九，电梯轿厢的内部装修应采用不燃材料。

（三）检查方法

第一，核查消防电梯设置的数量，是否每个防火分区均设置了消防
电梯。

第二，测量消防电梯前室的面积，首层通向室外出口的距离。

第三，检查井底排水井的容积和排水泵的排水量是否符合要求。

第四，检查轿厢内部的装修材料和消防电话设置是否符合要求。

第五，现场手动和远程控制测试消防电梯迫降至首层，测试是否每层都
能停靠，并将信号反馈至消防控制室。测量从首层至顶层的运行时间。

第六，测试双电源的切换功能，应能手动和自动切换。

第五章　灭火器

第一节　灭火器的基础知识

灭火器是扑救初期火灾较方便、经济、有效的消防器材。灭火器不是消防设备，也不是消防设施。器材是指器械和材料，如照相机器材、铁路器材；设备是指进行某项工作或工艺供应某种需要所必需的成套建筑和器物；设施是指为某种需要而建立的机构、组织、建筑等。

在《建筑设计防火规范》（GB 50016—2014）中，消防设施指的是室内消火栓系统、自动灭火系统、火灾自动报警系统、防烟和排烟系统。同时，高层住宅建筑的公共部分和公共建筑内应设置灭火器，其他住宅建筑的公共部位宜设置灭火器，厂房、仓库、储罐（区）和场堆等应设置灭火器。人员发现火情后，首先应考虑采用灭火器等器材进行处置与扑救。因而在众多消防器材中（如消防水桶、消防斧、灭火器等），灭火器是唯一与消防设施同等重要的器材。

灭火器的配置要根据建筑物内可燃物的燃烧特点和火灾危险性、不同场所中工作人员的特点、建筑物的内外环境等因素，按照现行国家标准和其他相关规定，经计算设定。

灭火器配置的设计计算是工程计算，计算所采用的每个条件、考虑的各个因素都是日后灭火器在实际使用中须检查的项目，如上文所述的可燃物燃烧特点、不同场所工作人员的特点、建筑物的内外环境等。因此，灭火器的设置点是极为科学、严谨的。

火灾种类和危险等级对灭火器配置场所的影响如下。

（一）火灾场所的种类

按照消防研究的理论火灾种类划分为五类，即 A 类火灾（固体物质火灾）、B 类火灾（液体火灾或可熔化固体物质火灾）、C 类火灾（气体火灾）、D 类火灾（金属火灾）、E 类火灾（物体带电燃烧的火灾）。灭火器的配置需考虑该场所以哪类火为主，根据火的种类考虑配置哪种灭火剂的灭火器。原则上该场所需只配置同一种灭火剂的灭火器。

（二）火灾场所的危险等级

工业建筑、民用建筑的火灾危险等级都划分为三级，即严重危险级、中危险级、轻危险级。划分是按照生产、使用、储存物品的火灾危险性，人员密集程度，可燃物数量，用电用火情况，火灾蔓延速度，扑救难度等因素来划定的。

确定配置场所火灾危险性，在设计计算时就选定了用什么灭火级别的灭火器（灭火级别直接确定了在什么危险等级单具灭火器的最大保护面积，并间接确定了配置灭火器的质量）。

确定了场所的火灾种类和火灾危险性，该场所须配置什么种类的灭火剂和多大质量灭火器就确定了。在实际使用时需对所配置场所的使用性质（包括可燃物的种类和物态等）进行检查，上述项目如有变化，则需重新进行计算，并对配置灭火器进行调整。

（三）灭火器放置的位置确定

在确定火灾种类和火灾危险性后，按照水平建筑和防火分区的原则确定保护面积，在灭火器设计计算术语中叫确定"计算单元"。在计算单元中要以单具灭火器最大保护面积和最大保护距离（又叫单具灭火器最小配置灭火级别）对计算单元进行全覆盖。在实际使用中的意义就是灭火器有效保护建筑各个点，不留死角。同时考虑计算单元内是否有消火栓和灭火设施等，有其他设施可以降低灭火器配置级别的要求。

通过各个条件进行最后计算，确定相同种类的灭火剂、相同质量的灭火器在建筑内的位置，以及在每个位置上放置灭火器的数量。在初期施工时放置灭火器的位置应用有明确标志，并不得改变；如果配置点在光线不良的位置，标志还须具有发光指示。在实际使用检查时须检查灭火器是否放置在配置图（建筑施工消防图册）的设置点位置上，标志是否明显。

对于临建建筑需设计部门提供消防（含灭火器）配置图，没有提供的需要按照临建的性能请专业人士进行计算。

通过相关参数的引入最终计算出相同危险等级和火灾种类的水平建筑内设置几个灭火器放置点，每个配置点灭火器的类型、规格与数量。在实际使用中检查时须检查灭火器的类型、规格、灭火级别和配置数量是否符合配置设计要求。

第二节　灭火器类型

一、灭火器分类

第一，按操作使用方法不同，灭火器可分为手提式灭火器和推车式灭火器。

第二，按充装的灭火剂类型不同，灭火器可分为水基型灭火器、干粉灭火器、二氧化碳灭火器、洁净气体灭火器。

第三，按驱动灭火器的压力形式分类，灭火器可分为贮气瓶式灭火器、贮压式灭火器。贮气瓶式灭火器另有气瓶贮存驱动气体与灭火剂分别容装（气瓶外挂或在灭火器瓶体内），灭火剂由贮气瓶释放的压缩气体或液化气体的压力驱动喷出。贮压式灭火器的灭火剂由贮于同一容器内的压缩气体或灭火剂蒸汽压力驱动喷出。

二、手提式灭火器和推车式灭火器

（一）手提式灭火器

手提式灭火器是指能在其内部压力作用下，将所装的灭火剂喷出以扑救火灾，并可手提移动的灭火器具，其充装的灭火剂有以下几个方面。

第一，水基型灭火器：水型包括清洁水、带添加剂的水，如湿润剂、增稠剂、阻燃剂、发泡剂等。该类灭火器多为贮压式，带有指示器指示内部压力值的区域。灭火剂充装量用升（L）表示，最大 9 L。

第二，干粉型灭火器：干粉灭火剂分为 BC 型（以碳酸类为基料）、ABC 型（以磷酸盐、磷酸铵和硫酸铵混合物、聚磷酸铵为基料）以及为 D 类火特别配制的灭 D 类火灾的灭火剂（在实际使用中非常少见）。

第三，二氧化碳灭火器：内装具有一定压力的二氧化碳气体，因压力较高，该类灭火器外形特征无压力指示器。二氧化碳灭火器的检修需有压力容器资质的机构进行。灭火剂充装量用公斤（kg）表示，最大 7 kg。

第四，洁净气体灭火器：内装非导电的气体或汽化液体的灭火剂，喷射在物质表面不留残余物。灭火剂为七氟丙烷、IG541 等。灭火剂充装量用公斤（kg）表示，最大 6 kg。

（二）推车式灭火器

推车式灭火器是指装有轮子可由一人推（或拉）至火场，并能在其内部压力作用下，将所装的灭火剂喷出以扑救火灾的灭火器具。总质量大于 25 kg，但不大于 450 kg。按驱动灭火器的压力形式分为贮气瓶式和贮压式两种；按灭火剂分为水基型、干粉（BC 型、ABC 型）、二氧化碳、洁净气体等。

推车式水基型灭火器的规格为 20 L、45 L、60 L、125 L；推车式干粉灭火器的规格为 20 kg、50 kg、100 kg、125 kg；推车式二氧化碳灭火器和洁净气体灭火器的规格为 10 kg、20 kg、30 kg、50 kg。推车式灭火器器头阀门有操作杆、压把杆、冲击突头、阀轮或球阀，目前常见的有压把杆和阀轮或球阀形式的，其中又以压把杆最多。

三、灭火剂代号和充装量

各种手提灭火器与推车式灭火器的灭火剂代号、充装量见表 6-1。

表6-1　各种手提灭火器与推车式灭火器的灭火剂代号、充装量

分类	灭火剂代号	灭火剂代号含义	充装量（手提式，推车式）	特定灭火剂特征代号	特征代号含义
水基型灭火器	S	清水或带添加剂的水，但不具有发泡倍数和25%析液时间	2 L，3 L，6 L，9 L；20 L，45 L，60 L，125 L	Q 清水灭火剂	具有扑灭水溶性液体燃料火灾的能力
	P	泡沫灭火剂，具有发泡倍数和25%析液要求	3 L，4 L，6 L，9 L；20 L，45 L，60 L，125 L		具有扑灭水溶性液体燃料火灾的能力
干粉灭火器	F	干粉灭火剂。包括BC型和ABC型干粉灭火剂	1 kg，2 kg，3 kg，4 kg，5 kg，6 kg，8 kg，9 kg，12 kg；20 kg，50 kg，100 kg，125 kg	BC 干粉灭火剂	具有扑灭A类火灾的能力
二氧化碳灭火器	T	二氧化碳灭火剂	2 kg，3 kg，5 kg，7 kg，10 kg，20 kg，30 kg，50 kg		
洁净气体灭火器	J	洁净气体灭火剂，包括：卤代烷炷类气体灭火剂、惰性气体灭火剂和混合气体灭火剂等	1 kg，2 kg，4 kg，6 kg；10 kg，20 kg，30 kg，50 kg		

四、灭火器的结构及外观

第一，推车式灭火器（贮气瓶式）的铅封、保险销、产品说明、合格证等与手提式相同，其内置瓶为启动灭火剂的气体瓶。

第二，水基型灭火器外观与干粉相同，区别在产品说明及灭火器瓶体标志上。现在大多数公司将水基型灭火器变为绿色瓶体颜色，以示区别（国标仍然规定瓶体为红色）。

第三，推车式二氧化碳灭火器和手提式二氧化碳灭火器，与其他灭火器（如干粉灭火器、水基灭火器等）类似，它们共同的外观特征是不包含压力指示器。除了这一点，它们的其他特征与干粉灭火器、水基灭火器等灭火器

基本相同。

所有灭火器外观的共同点是统一标志瓶体钢印、消防标识、产品说明（又俗称贴花）、合格证。

瓶体钢印为新造钢瓶时打印，手提式干粉与水基灭火器一般钢印均打印在下部，内容包括水压试验压力、生产连续序号、生产日期。二氧化碳一般在瓶体的肩部，显示内容有二氧化碳化学符号、最大工作压力、水压试验压力、瓶体设计厚度、瓶体内容积、空瓶质量、制造日期、瓶体编号、制造厂代号或商标、产品标准号。贮气瓶式灭火器钢印内容有驱动气体的名称或代号、驱动气体质量或 20 ℃时压力、贮气瓶总质量（包括阀门）、水压试验压力、贮气瓶制造日期、制造厂名或代号。

推车式干粉或水基灭火器需要标志的信息与手提式相同，永久性标志可采用蚀刻金属铭牌、箍带或压敏铭牌的形式系（或贴）在推车式灭火器的筒体上。推车式二氧化碳灭火器与手提式相同，推车式贮气瓶式灭火器须标志的内容与手提式灭火器相同，但是外装瓶式可以用移画印花法转印到贮气瓶上，内装式的贮气瓶可以用模板印刷或打印在贮气瓶上。

手提式灭火器消防识别和产品说明标志显示有灭火器规格型号、生产厂各种信息、适用范围、简易的使用图例、该灭火器的性能参数等，是该灭火器进行追踪和日常检查的必备印记。目前除该标志外，还有一个电子标签，贴在该标志的右上部，须用专业的电子扫描笔进行扫描，内存信息涵盖了钢印与上述标志内全部信息。推车式的贴花也显示相同内容。合格证是每次消防服务机构对该具灭火器进行维修留下的印记。

第三节　灭火器的配置与检查使用

一、灭火器的配置

（一）一般规定

灭火器配置场所按照火灾种类配置灭火器。A 类火灾场所应选择 ABC

干粉灭火器、水基灭火器或卤代烷灭火器。B 类火灾场所应选择 BC 类干粉灭火器、二氧化碳灭火器、灭 B 类火灾的水基灭火器或卤代烷灭火器。C 类火灾场所使用 ABC 或 BC 干粉灭火器、二氧化碳灭火器、卤代烷灭火器。D 类火灾场所应选择扑灭金属火灾的专用灭火器。E 类火灾场所应选用 ABC 或 BC 干粉灭火器、卤代烷灭火器、二氧化碳灭火器（但不得选用带金属喇叭喷筒的灭火器）。ABC 干粉灭火器与 BC 干粉灭火器不能同时在一个场所混合配置使用。同时，对于碱金属（钾、钠）、电石类火灾，不能用水型灭火器去扑灭。

（二）灭火器配置中需要注意的问题

1. 灭火器使用后的影响因素

图纸档案资料、高精尖电子设备（如大型集中控制的机房、精密仪器仪表等）不适于用干粉灭火器，因为用干粉灭火器会留下残渣。

2 灭火器设置点的环境温度

灭火器设置点的环境温度主要考虑到储存的环境温度。对于温度较高的环境温度要考虑采取措施，例如：室外须放置在阴凉处，避免阳光直接烤晒；对于接近高温的工作环境要考虑将灭火器放置在尽可能的通风处；对于冬季室外放置的灭火器，除采取一定保温措施外还须配置一定的抗低温灭火器，如 −20 ℃或 −40 ℃的干粉灭火器，以及加入防冻剂的水型灭火器。

3. 使用灭火器人员的体能

根据工作场所主要员工的体能进行灭火器的配置，以男员工为主的场所可以配置大中型规格的手提式灭火器，对于以女员工或老年人为主的场所可以配置中小规格的手提式灭火器（该种配置也是经过计算后，根据计算结果进行选配的，在建筑施工图确定后不能再进行改变）。

二、灭火器的现场检查

综合上述灭火器配置设计计算的引用条件和计算结果（计算方法本书

略），按照灭火器结构的特点和具体要求，得出日常使用管理中的必须检查项，这些项目是《建筑灭火器配置验收及检查规范》（GB 50444—2008）所述的主要内容。灭火器用户（灭火器配置场所所有权人或使用权人）应按《建筑灭火器配置验收及检查规范》（GB 50444—2008）的规定对在用的灭火器进行定期检查，发现符合维修要求的灭火器应及时送生产企业维修部门或其授权的维修机构进行维修。该规定明确灭火器用户是场地灭火器的第一检查人。

（一）现场放置检查

灭火器是否放置在配置图表规定的位置点；灭火器稳固安装在便于取用且不影响人员安全疏散的位置，铭牌朝外，灭火器的器头向上，其配置点的环境温度不得超出灭火器使用温度范围；灭火器安装装置包括灭火器箱、挂钩、托架和发光指示标志等；灭火器箱箱体正面或者灭火器设置点附近的墙面上，设有指示灭火器位置的发光标志；有碍视线障碍的设置点，在其醒目部位设置指示灭火器位置的发光标志。

1. 手提式灭火器的安装设置要求

手提式灭火器设置在灭火器箱或者挂钩、托架上，环境干燥、洁净的灭火器箱不得被遮挡、上锁或者拴系。箱门开启方便灵活，开启后不得阻碍人员安全疏散。开门型的箱门开启角度不得小于175°，翻盖型箱门开启角度不得小于100°。

挂钩、托架安装后，能够承受5倍的手提式灭火器（当5倍的手提式灭火器质量小于45 kg时，按45 kg设计）的静载荷，承载5 min不出现松动、脱落、断裂和明显变形等现象。

2. 推车式灭火器的设置

推车式灭火器应设置在平坦的地面上，不得设置在台阶坡道等地方，其位置设置按照消防设计文件和说明实施。在没有外力的作用下，推车式灭火器不得自行滑动，推车式灭火器的设置和防止自行滑动的固定措施等均不得影响其操作使用和正常行驶移动。

（二）外观检查

第一，灭火器铭牌上关于灭火剂、驱动气体的种类、充装压力、总质量、灭火级别、制造厂名、生产日期、维修日期等标志及操作说明是否齐全。

第二，灭火器器头外观是否完好无损，器头的铅封、销栓等保险装置是否损坏或遗失。二氧化碳灭火器的阀门能够手动开启、自动关闭，其器头设有超压保护装置，保护装置应完好有效。

第三，灭火器喷射软管是否完好、无明显龟裂，喷嘴不堵塞。

第四，灭火器的驱动气体压力是否在压力范围内（贮压式灭火器查看压力指示器是否指示在绿区范围内，二氧化碳灭火器须用称重法检查）。

第五，灭火器的零部件是否齐全，并且无松动或损伤现象。

第六，灭火器是否已开启（安全铅封破损、遗失）、喷射过。

（三）报废判定

有下列情况之一的灭火器应报废。

第一，达到报废年限。

第二，永久性标志模糊，无法识别。

第三，灭火器气瓶（或筒体）被火烧过。

第四，气瓶（或筒体）外表面、连接部位、底座有腐蚀的凹坑。

第五，气瓶（或筒体）有锡焊、铜焊或补缀等修补痕迹。

第六，不符合消防产品市场准入制度的灭火器。

第七，法律和法规明令禁止使用的灭火器。

第八，由非法维修机构维修的灭火器。

（四）检查频次

除候车室等人员密集场所、罐场（区）、加油站、锅炉房、地下室等场所需每半月检查一次外，其他场所每月检查一次，并保留检查记录。

三、灭火器的操作使用

（一）干粉（水基）手提式灭火器的操作使用

从墙上取下灭火器的正确姿势为：右手（左手）握牢灭火器提把，左手（右手）托住灭火器底部，如从灭火器箱中提取，直接提灭火器提把；然后，手提灭火器提把至火场，拆除安全销铅封拔出安全销，再手握软管头部，对准火源的根部，将提把的上压把下压，此时应距火源 2 m。

（二）二氧化碳灭火器的操作使用

取拿灭火器参照干粉灭火器，去除铅封，拔出安全销，压下压把，手握橡胶喇叭筒对准火源根部喷射。

注意事项如下。

第一，使用二氧化碳灭火器灭火须站在上风处，顺风喷射。

第二，手握部分注意：手提式一定是喇叭筒部位，推车式一定握木质把手部位，不得手握金属管，以免冻伤。

（三）推车式灭火器的操作使用

如果一个人因力量原因不能拖动，可以两个人合作拖动。拖动灭火器正确姿势具体为：一只手顺势展开喷粉胶，用手掌使劲按下阀门（还有旋动阀门式，需逆时针快速旋动手轮至最大位置）。左手把持喷粉枪管托，右手把持枪把，用手指扳动喷粉开关，对准火焰根部喷射。不断靠前左右摆动喷粉枪，用干粉笼罩住燃烧区。

第六章　消防安全技术

第一节　防火、防烟分区与安全疏散

一、防火分区和防烟分区

（一）防火分区

从广义上来讲，防火分区是把具有较高耐火极限的墙体和楼板等构件，作为一个区域的边界构件划分出来的，能在一定时间内将火势控制在一个特定范围内，从而阻止火势向同一建筑的其他区域蔓延的防火单元。如果建筑物内某一个房间失火，那么燃烧产生的对流热、辐射热和传导热会使火灾很快蔓延到周围区域，最终造成整个建筑物起火。因此，在建筑设计中合理地进行防火分区，不仅能有效控制火势的蔓延以便于人员的疏散和扑灭火灾，还可以减少火灾造成的损失，保护国家和人民的财产安全。

防火分区根据其功能可以划分为水平防火分区与竖向防火分区两类。水平防火分区是指在同一水平面内，依靠防火分隔物（防火墙或防火门、防火卷帘）将建筑平面分为若干防火分区或防火单元，目的是预防火灾在水平方向上扩大蔓延；而竖向防火分区则是指上、下层分别用耐火极限不低于1.50 h 或 1.00 h 的楼板或窗间墙等构件进行防火分隔，目的是预防多层或高层建筑的层与层之间发生竖向火灾蔓延。

1.水平防火分区

水平防火分区是指在同一水平面内,利用防火分隔物将建筑平面分为若干防火分区或防火单元。水平防火分区通常是由防火墙壁、防火卷帘、防火门及防火水幕等防火耐火非燃烧分隔物来达到防止火焰蔓延的目的。在实际设计中,当某些建筑的使用空间要求较大时,可以通过采用防火卷帘加水幕的方式,或者增设自动报警、自动灭火设备来满足防火安全要求。无论是对一般民用建筑、高层建筑、公共建筑,还是对厂房、仓库,水平防火分区都是非常有效的防火措施。

2.竖向防火分区

建筑物室内火灾不仅可以在水平方向上蔓延,而且还可以通过建筑物楼板缝隙、楼梯间等各种竖向通道向上部楼层蔓延,可以采用竖向防火分区方法阻止火势竖向蔓延。竖向防火分区指上、下层分别用耐火极限不低于1.50 h 或 1.00 h 的楼板等构件进行防火分隔。一般来说,竖向防火将每一楼层作为一个防火分区。对住宅建筑而言,上下楼板大多为非燃烧体的钢筋混凝土板,它完全可以阻止火灾的蔓延,可以起到防火分区的作用。

(二)防烟分区

防烟分区就是指采用挡烟垂壁、隔墙或从顶棚下突出不小于 50 cm 的梁而划分的防烟空间。

人们可以从烟气的危害及扩散规律中清楚地认识到,发生火灾时首要任务是把火场上产生的高温烟气控制在一定的区域范围之内,并迅速将其排除到室外。为了完成这项任务,在特定条件下必须要设置防烟分区。防烟分区主要是确保在一定时间内使火场上产生的高温烟气不致随意扩散,并加以排除,从而达到控制火势蔓延及减少火灾损失的目的。

1.防烟分区的设置原则

设置防烟分区应遵循以下原则。

第一,未设排烟设施的房间(包括地下室)及走道,不划分防烟分区;

走道和房间（包括地下室）按规定需要设置排烟设施时可根据具体情况划分防烟分区；一座建筑物中的某几层需要设置排烟设施，并且采用垂直排烟道（竖井）进行排烟时，其余各层（不需要设置排烟设施的楼层）若投资增加不多，也宜设置排烟设施，并划分防烟分区。

第二，防烟分区均不应跨越防火分区。

第三，每个防烟分区所占的建筑面积一般应控制在 500 m² 之内。

第四，防烟分区不宜跨越楼层，一些特殊情况（如低层建筑且面积又过小时）允许包括一个以上的楼层，但要以不超过三个楼层为宜。

2. 防烟分区的划分方法

第一，按用途划分建筑物是由具有各种不同使用功能的建筑空间所构成的，所以按照建筑空间的不同用途来划分防烟分区也是比较合适的。值得注意的是，在按照不同的用途把房间划分成各个不同的防烟分区时，对通风空调管道、电气配线管、给排水管道及采暖系统管道等穿越墙壁和楼板处，应妥善采取防火分隔措施，以保证防烟分区的严密性。

第二，在某些情况下，疏散走道也应单独划分防烟分区。此时，面向走道的房间与走道之间的分隔门应该使用防火门，而不是普通的门。这是因为普通门在火灾中容易被火烧毁，难以阻挡烟气扩散，进而将房间和走道连成一体，对人员安全和逃生造成威胁。因此，防火门是必要的分隔门。

第三，按面积划分高层民用建筑，当每层建筑面积超过 500 m² 时，应按照每个烟气控制区不超过 500 m² 的原则划分防烟分区。设置在各个标准层上的防烟分区，形状相同、尺寸相同、用途相同。对不同形状及用途的防烟分区，其面积亦应尽可能一样。每个楼层上的防烟分区也可采用同一套防、排烟设施。

第四，按楼层划分还可分别按照楼层划分防烟分区。在现代高层建筑中，底层部分与高层部分的用途往往不同，比如高层旅馆建筑，底层多布置餐厅、接待室、商店以及小卖部等房间，而主体高层多为客房。火灾统计数据资料表明，底层发生火灾的机会较多，火灾概率大，而高层主体发生火灾的机会则较少，火灾概率低，所以应尽可能按照房间的不同用途沿垂直方向按照楼层划分防烟分区。

从防、排烟的观点看，在进行建筑设计时应注意的是垂直防烟分区，特别是对于建筑高度超过 100 m 的超高层建筑，可以把一座高层建筑按照 15～20 层分段，通常是利用不连续的电梯竖井在分段处错开，楼梯间也做成不连续的，这样的设计能有效地防止烟气无限制地向上蔓延，对超高层建筑的消防安全十分有益。

（三）安全疏散

1. 安全疏散设计的原则及主要影响因素

建筑物发生火灾时，为了防止建筑物内部人员由于火烧、烟气中毒和房屋倒塌而受到伤害，为了保证内部人员能尽快撤离，同时，消防人员也可以迅速接近起火部位，扑救火灾，在建筑设计时需要认真考虑安全疏散问题。安全疏散设计的主要任务就是设定作为疏散及避难所使用的空间，争取疏散行动与避难的时间，保证人员伤亡和财物损失达到最小。

（1）保证安全疏散的基本条件

为了确保建筑物内人员在火灾引发的各种潜在危险中能够安全撤离，所有建筑物都必须满足以下基本的安全疏散要求。

第一，布置合理的安全疏散路线。在发生火灾、人们紧急疏散时，应确保一个阶段比一个阶段安全性高，即人们从着火房间或部位跑到公共走道，再由公共走道到达疏散楼梯间，然后转向室外或其他安全处所，一步比一步安全，这样的疏散路线即为安全疏散路线。所以，在布置疏散路线时，要力求简捷，便于寻找、辨认，疏散楼梯位置要明显。通常来说，靠近楼梯间布置疏散楼梯是较为有利的，因为当火灾发生时，人们习惯跑向经常使用的电梯作为逃生的通道，当靠近电梯设置疏散楼梯时，就能使经常使用的路线与火灾时紧急使用的路线有机地结合起来，有利于迅速而安全地疏散人员。

第二，保证安全的疏散通道。在有起火可能性的任何场所发生火灾时，建筑物都必须确保至少有一条能够使全部人员安全疏散的通道。虽然很多建筑物设有两条安全通道，却并不能保证全部人员的安全疏散。所以，从本质上讲，最重要的是采取接近万无一失的措施，即使只有单方向疏散通道，也要能够保证安全。从建筑物内人员的具体情况考虑，疏散通道必须具有足以使这些人疏散出去的容量、尺寸和形状，同时必须确保疏散中的安全，在疏散过程中不受到火灾烟气、火和其他危险的干扰。

第三，保证安全的避难场所。安全避难场所被认为是只要避难者到达这个地方，安全就得到保证。为了在火灾时确保楼内人员的安全疏散，避难场所必须没有烟气、火焰、破损及其他各种火灾的危险。原则上，避难场所应设在建筑物公共空间，即外面的自由空间中。但是在大规模的建筑物中，与火灾扩展速度相比，疏散需要更多的时间，把楼内全部人员一下子疏散到外面去，时间不允许，还不如在建筑物内部设立一个避难空间更为安全。因此，建筑物内部避难场所的合理设置十分重要。常见的避难场所或安全区域有封闭楼梯间和防烟楼梯间、消防电梯、屋顶直升机停机坪、建筑中火灾楼层下面两层以下的楼层、高层建筑或超高层建筑中为安全避难特设的"避难层""避难间"等。

（2）安全疏散的设计原则

第一，安全疏散设计是以建筑内的所有人员应该能够脱离火灾危险并独立步行到安全地带为原则的。

第二，安全疏散方法应确保在任何时间、任何位置的人都能自由地、无阻碍地进行疏散。在设计和实施安全疏散方法时，需要考虑到不同人群的能力和需求，特别是行动不便的人。

第三，疏散路线应力求短捷通畅、安全可靠。避免出现人流、物流相互交叉的现象，防止出现逆流和通道堵塞等情况。这样可以减少群集事故的发生，确保人员的生命安全。

第四，建筑物内的任意一个区域，宜同时有两个或两个以上的疏散方向可供疏散。安全疏散方法应提供多种疏散方式，因为任何一种单一的疏散方式都会由于人为或机械原因而失败。

2.安全疏散时间和距离

（1）安全疏散时间

安全疏散时间指的是需要疏散的人员自疏散开始到疏散结束所需要的时间，是疏散开始时间与疏散行动时间之和。

疏散开始时间指的是自火灾发生到楼内人员开始疏散为止的时间。当发现起火时，只靠火灾警报，人们不会立即开始疏散，一般是先查看情况是否属实。如果是小范围起火，人们会立即去救火，涉及整个建筑物的疏散活动的决定是很难在短时间内做出的，所以疏散开始时间包含着相当不确定的因素。

疏散行动时间受建筑物中疏散设施的形式、布局以及人员密集程度等的限制。

第一，疏散设施条件。楼梯的形式是影响疏散行动时间的一个重要因素。据测定，螺旋步和扇形步的楼梯，其上、下行的速度要慢于普通踏步的楼梯，而且在紧急情况下容易摔跤。楼梯踏步宽度和高度尺寸比例应适当，一般楼梯的踏步高采用宜 15 cm ～ 18 cm。

疏散走道的宽窄、弯直以及门的宽窄等对疏散时间均有影响，疏散走道地面的粗糙度对时间也有影响。在过于光滑的地面上，人容易跌倒，所以地面的粗糙程度要适当。

第二，人员的密集程度。如果楼内人员密度低，居室之间没有联系，则人们无法通过人员的嘈杂声觉察火灾。如果楼内人员密度高，则火灾区的嘈杂声和在走廊内的奔跑声会使在非火灾室的人们察觉火灾。但是人越密集，步行速度则越慢，需要的疏散时间也就越长。有统计表明：当人群密度为 1.5 人 /m^2 时，步行速度为 1 m/s；当人群密度为 3 人 /m^2 时，步行速度为 0.5 m/s；当人群密度为 5.38 人 /m^2 以上时，步行速度几乎为 0。

第三，室内装修材料。在发生火灾时，装修材料产生大量浓烟，且伴有大量有毒气体，影响了安全疏散时间，所以在设计时应高度重视。

（2）安全疏散距离

安全疏散距离主要包括两方面的要求：一是由房间内最远点到房门的安全疏散距离；二是由房门到疏散楼梯间或建筑物外部出口的安全疏散距离。

第一，房间内最远点到房门的距离。若房间面积过大，则有可能导致集中的人员过多。火灾发生时，人群易集中在房间有限的出口处，这会使疏散时间延长，甚至可能导致人员伤亡事故。为了保障房间内的人员能够顺利而迅速地疏散到门口，再通过走道疏散到安全区，一般规定从房间内最远点到房门的距离不要超过 15 m，若达不到这个要求，则要增设房间或户门。对于商场营业厅、影剧院、多功能厅以及大会议室等，一般说来，聚集的人员多，通常安全出口总宽度能满足要求，但出口数量较少，这样的设计也是很不安全的，所以，对于这类面积大、人员集中的房间，从房间最远点到安全出口的距离应控制在 25 m 以内，每个安全出口距离也控制在 25 m 以内，这样均匀地、分散地设置一些数量及宽度适当的出口，有利于安全疏散。

第二，从房门到安全出口的疏散距离。在允许疏散的时间内，人员利用走道迅速疏散，从房门到安全出口的疏散距离以透过烟雾能看到安全出口或者疏散标志为依据。

疏散距离的确定受一些因素的影响会发生变化，比如建筑物内人员的密集程度、人员的情况、烟气的影响以及人员对疏散路线的熟悉程度等。人员的情况主要是针对人员行走困难或慢的情况，如普通医院中的病房楼、妇产医院以及儿童医院等，这类建筑的安全疏散距离应短些。烟气对人的视力有影响，有资料表明，人在烟雾中可视的极限距离为 30 m 左右，在通常情况下，从房门到安全出口的安全距离不宜大于 30 m。

3.疏散出口

（1）民用建筑安全出口的设置

第一，公共建筑内每个防火分区或一个防火分区的每个楼层，其安全出口的数量应经计算确定，且不应少于两个。符合下列条件之一的公共建筑可设置一个安全出口或一部疏散楼梯。

第二，一、二级耐火等级公共建筑内的安全出口全部直通室外确有困难的防火分区，可利用通向相邻防火分区的甲级防火门作为安全出口。

第三，高层公共建筑的疏散楼梯，当分散设置确有困难且从任一疏散门至最近疏散楼梯间入口的距离不大于 10 m 时，可采用剪刀楼梯间。

第四，设置不少于两部疏散楼梯的一、二级耐火等级多层公共建筑，如顶层局部升高，当高出部分的层数不超过 2 层、人数之和不超过 50 人以及每层建筑面积不大于 200 m 时，高出部分可设置一部疏散楼梯，但至少应另外设置一个直通建筑主体上人平屋面的安全出口，且上人屋面应符合人员安全疏散的要求。

第五，一类高层公共建筑和建筑高度大于 32 m 的二类高层公共建筑，其疏散楼梯应采用防烟楼梯间。

第六，一般多层公共建筑的疏散楼梯，除与敞开式外廊直接相连的楼梯间外，均应采用封闭楼梯间。

第七，公共建筑内的客、货电梯宜设置电梯候梯厅，不宜直接设置在营业厅、展览厅、多功能厅等场所内。

（2）厂房安全出口的设置

第一，厂房的安全出口应分散布置。每个防火分区或一个防火分区的每个楼层，其相邻两个安全出口最近边缘之间的水平距离不应小于 5 m。

第二，厂房内每个防火分区或一个防火分区内的每个楼层，其安全出口的数量应经计算确定，且不应少于两个；当符合一定的规定条件时，可设置 1 个安全出口。

第三，地下或半地下厂房（包括地下或半地下室），当有多个防火分区相邻布置，并采用防火墙分隔时，每个防火分区可利用防火墙上通向相邻防火分区的甲级防火门作为第二安全出口，但每个防火分区必须至少有一个直通室外的独立安全出口。

（3）仓库安全出口的设置

第一，仓库的安全出口应分散布置。每个防火分区或一个防火分区的每个楼层，其相邻两个安全出口最近边缘之间的水平距离不应小于 5 m。

第二，每座仓库的安全出口不应少于两个，当一座仓库的占地面积不大于 300 m² 时，可设置 1 个安全出口，仓库内每个防火分区通向疏散走道、楼梯，或室外的出口不宜少于两个，当防火分区的建筑面积不大于 100 m² 时，可设置 1 个出口。通向疏散走道或楼梯的门应为乙级防火门。

第三，地下或半地下仓库（包括地下或半地下室）的安全出口不应少于两个，当建筑面积不大于 100 m² 时，可设置 1 个安全出口。

第四，高层仓库的疏散楼梯应采用封闭楼梯间。

（4）汽车库、修车库安全出口的设置

汽车库、修车库安全出口的设置要求如下。

第一，汽车库、修车库的每个防火分区内的人员安全出口，汽车库、修车库的汽车疏散出口，汽车停车场的汽车疏散出口，均不应少于两个。

第二，Ⅱ类地上汽车库和停放车辆大于 100 辆的地下汽车库，当采用错层或斜楼板式，且车道、坡道为双车道时，其首层或地下一层至室外的汽车疏散出口不应少于两个，汽车库内的其他楼层汽车疏散坡道可设 1 个。

第三，除机械立体汽车库外，Ⅳ类的汽车库在设置汽车坡道困难时，可采用垂直升降梯作汽车疏散出口，但升降梯的数量不应少于两台，停车数少于 1 辆的可设 1 台。

汽车库、修车库可设置 1 个安全出口的条件如下。

第一，汽车库的停车数不超过 50 辆或同一时间的人数不超过 25 人时。

第二，汽车库的停车数不超过 50 辆，或汽车疏散坡度为双车道的Ⅲ类地上汽车库和停车数小于 100 辆的地下汽车库，以及Ⅱ、Ⅲ、Ⅳ类修车库。

4.疏散楼梯和楼梯间

（1）基本要求

第一，楼梯间的布置，应满足安全疏散距离的要求，并尽量避免形成袋形走道。

第二，楼梯间应靠近标准层或防火分区的两端布置，以便于双向疏散。

第三，宜靠外墙设置，便于自然采光、通风和消防人员的援救行动。

第四，除与地下室连通的楼梯和超高层建筑中通向避难层的错位楼梯外，疏散楼梯间在各层的位置不应改变，要上下直通，不变动位置。首层应有直通室外的出口。若楼梯间位置变更，遇到紧急情况时人员不易找到楼梯，延误疏散时间，造成不应有的伤亡，特别是宾馆、饭店、商业楼等公共建筑。

（2）敞开楼梯间

敞开楼梯间除应满足疏散楼梯间的一般要求外，还应符合下列要求。

第一，房间门至最近的楼梯间的距离应满足安全疏散距离的要求。

第二，楼梯间在首层处应设直接对外的出口。当一般建筑层数不超过 4 层时，可将对外出口设置在距楼梯间不超过 15 m 处。

第三，公共建筑的疏散楼梯两段之间的水平净距不宜小于 150 mm。

（3）封闭楼梯间

为了确保人员的安全疏散，根据建筑物的危险性大小和重要程度，下列建筑物应当设置封闭楼梯间（包括首层扩大的封闭楼梯间）或室外疏散楼梯。

建筑高度不超过 24 m 的医院、疗养院的病房楼和旅馆，超过两层的商店等人员密集的公共建筑；设置有歌舞娱乐放映游艺场所且建筑层数超过两层的建筑；超过 5 层的其他公共建筑的室内疏散楼梯。建筑层数超过两层的通廊式居住建筑、任一层建筑面积大于 500 m² 或层数超过 6 层的其他形式的居住建筑；住宅中，电梯井与疏散楼梯相邻布置时的疏散楼梯。

（4）防烟楼梯间

第一，设置防烟楼梯间的楼梯可根据建筑物的危险性大小和重要程度确定。

第二，防烟楼梯间的设置要求分为以下几方面：楼梯间入口处应设前室、阳台或凹廊；楼梯间及前室的内墙上，除开设通向公共走道的疏散门和规范规定的户门外，不应开设其他门窗洞口；楼梯间及前室内不应敷设可燃的气体和液体管道，同时不应有影响疏散的突出物。

（5）室外疏散楼梯

第一，楼梯及每层出口平台应用不燃材料制作。平台的耐火极限不应低于 1.00 h。

第二，在楼梯周围 2 m 范围内的墙上（除疏散门外），不应开设其他门窗洞口。疏散门应采用乙级防火门，且不应正对梯段。

5. 安全疏散的其他设施

（1）疏散走道和避难走道

第一，走道要简明直接，尽量避免弯曲，尤其不要往返转折，否则会造成疏散困难和产生不安全感。

第二，疏散走道内不应设置阶梯、门槛、门垛、管道等突出物，以免影响人员疏散。

第三，走道是火灾时的必经之路，所以必须保证它的耐火性能。走道中墙面、顶棚、地面的装修应符合《建筑内部装修设计防火规范》的要求。同时，走道与房间隔墙应砌至梁、楼板底部，并全部填实所有空隙。

（2）人防工程的避难走道、地下街、疏散楼梯和前室的设置要求

第一，避难走道直通地面出口不应少于两个，并应设置在不同方向，出口的疏散人数不限。

第二，当通向避难走道的各防火分区人数不等时，避难走道的净宽度不应小于设计容纳人数最多的一个防火分区通向避难走道各安全出口最小净宽度之和。

第三，避难走道的装修材料的燃烧性能等级必须为 A 级。

（3）地下街防火分区内疏散走道的最小净宽度

地下街防火分区内疏散走道的最小净宽度应符合下列要求之一。

第一，疏散走道最小净宽度应为通过人数乘以疏散宽度指标，疏散宽度指标和通过人数应相符。

第二，疏散走道最小净宽应为疏散走道两端的疏散出口最小净宽之和的较大者。

第三，疏散楼梯间在各层的位置不应改变，当各层人数不等时，其宽度应按该层及以下层中通过人数最多的一层计算。

（4）疏散门

第一，疏散门应向疏散方向开启，但如果房间内人数不超过 60 人，且每扇门和平均通行人数不超过 30 人时，门的开启方向可不限。

第二，对于高层建筑内人员密集的观众厅、会议厅等的入场门和太平门等，不应设置门槛，且其宽度不应小于 1.4 m。门内、门外 1.4 m 范围内不设置台阶、踏步，防止人员摔倒。在室内应设置明显的标志和事故照明。

第二节　施工现场安全防火

一、施工现场防火基本要求

（一）防火防爆的基本规定

第一，重点工程及高层建筑应编制防火防爆技术措施并履行报批手续，一般工程在拟定施工组织设计的同时，还要拟定现场防火防爆措施。

第二，按照规定施工现场配置消防器材、设施和用品，并设立消防组织。

第三，施工现场明确划分用火和禁火区域，并设置明显安全标志。

（二）施工现场防火的规定

第一，施工单位的负责人应全面负责施工现场的防火安全工作，履行《中华人民共和国消防法》规定的主要职责。

第二，施工现场都要建立、健全防火检查制度，发现火险隐患，必须立即将其消除；一时难以消除的隐患要定项目、定人员、定措施，限期进行整改。

第三，施工现场发生火灾，应立即报告公安消防部门，并组织力量扑救。

第四，依据"四不放过"的原则（事故原因未查清不放过，事故责任人未受到处理不放过，事故责任人和相关人员没有受到教育不放过，未采取防范措施不放过），在火灾事故发生后，施工单位和建设单位应共同做好现场保护及会同消防部门进行现场勘察。对火灾事故的处理提出建议，并积极落实防范措施。

第五，施工单位在承建工程项目签订的"工程合同"或者安全协议中，必须要有防火安全的内容，会同建设单位搞好防火工作。

第六，各单位在编制施工组织设计时，施工总平面图、施工方法以及施工技术都要符合消防安全要求。

（三）防止火灾的基本技术措施

第一，消除火源。防火的基本原则主要建立在消除火源的基础上。建筑施工现场随处都是可燃物质，而且不缺乏助燃的空气，只有将火源消除，才能有效地预防火灾的发生。火灾发生后的原因调查，重点也是查清是哪种火源引发的火灾。

第二，控制可燃物。对于工地上容易燃烧的可燃物，进行严格控制和管理，是避免火灾发生的重要措施。具体措施分为及时清理运走、库存以及隔离三种。对易燃的木屑、刨花、木模板等应及时清理运走或运到安全地点存放；对煤油、汽油以及炸药等危险品应存放到安全防燃、防爆的专用库房内，严格控制和管理；对于那些相互作用能产生可燃气体的物品，应加以隔离分开存放，各存放点之间的距离应满足安全要求。

第三，隔绝空气。将可燃物与周围的空气隔开，就能马上使燃烧停止。常用的措施为：将灭火剂（四氯化碳、二氧化碳等）、泡沫等不燃气体或者液体覆盖、喷洒在燃烧物体表面，使之与空气隔绝，达到灭火的目的。

（四）施工区和非施工区的防火要求

第一，施工区和非施工区之间应采用不开设门、窗、洞口的耐火极限不低于 3.00 h 的不燃烧体隔墙进行防火分隔。

第二，非施工区内的消防设施应完好和有效，应保持疏散通道畅通，应落实日常值班及消防安全管理制度。

第三，施工区的消防安全应配有专人值守，发生火情应能立即处置。

（五）防火检查的内容

从施工单位来说，防火检查的内容主要有下列几个方面。

第一，检查用火、用电和易燃易爆物品及其他重点部位生产储存、运输过程中的防火安全情况和建筑结构、平面布局、水源以及道路是否符合防火要求。

第二，检查火险隐患整改情况。

第三，检查义务和专职消防队组织及活动情况。

第四，检查各级防火责任制、岗位责任制、八大工种责任书以及各项防火安全制度执行情况。

二、施工现场重点部位防火

（一）料场仓库的防火要求

第一，易着火的仓库应设在工地下风方向、水源充足以及消防车能驶到的地方。

第二，易燃露天仓库四周应设有 6 m 宽平坦空地的消防通道，严禁堆放障碍物。

第三，贮存量大的易燃仓库应设两个以上的大门，并将堆放区与有明火的生活区、生活辅助区分开布置，至少应保持 30 m 的防火距离，有飞火的烟囱应布置在仓库的下风方向。

第四，易燃仓库和堆料场应分组设置堆垛，堆垛之间应有 3 m 宽的消防通道，每个堆垛的面积要求为：稻草应不超过 150 m²，木材（板材）应不超过 300 m²，锯木应不超过 200 m²。

第五，库存物品应分类分堆储存编号，对危险物品应加强入库检验，易燃易爆物品应使用不发火的工具设备搬运及装卸。

第六，库房内防火设施齐全，应分组布置种类适合的灭火器，每组不少于 4 个，组间距不超过 30 m，重点防火区应每 25 m² 布置 1 个灭火器。

（二）乙炔站的防火要求

第一，乙炔属于甲类易燃易爆物品，乙炔站的建筑物应采用一、二级耐火等级，通常应为单层建筑，与有明火的操作场所应保持 30 m ～ 50 m 的间距。

第二，乙炔站泄压面积与乙炔站容积的比值应为 0.05 m²/m³ ～ 0.22 m²/m³。房间及乙炔发生器操作平台应有安全出口，应安装百叶窗和出气口，门应向外开启。

第三，乙炔房与其他建筑物及临时设施的防火间距应符合《建筑设计防火规范》（GB 50016—2014）的要求。

第四，乙炔房宜采用不发生火花的地面，金属平台应铺设橡皮垫层。

（三）电石库的防火要求

第一，电石库属于甲类物品储存仓库。电石库的建筑应采用一、二级耐火等级。

第二，电石库应建在长年风向的下风方向，同其他建筑及临时设施的防火间距应符合《建筑设计防火规范》（GB 50016—2014）的有关规定。

第三，电石库不应建在低洼处，库内地面应高于库外地面 20 cm，同时不能采用易发火花的地面，可用木板或橡胶等铺垫。

（四）油漆料库和调料间的防火要求

第一，油漆料库与调料间应分开设置，油漆料库及调料间应与散发火花的场所保持一定的防火间距。

第二，性质相抵触、灭火方法不同的品种，应分库进行存放。

第三，油漆和稀释剂的存放及管理，应符合相关规定。

（五）木工操作间的防火要求

第一，操作间建筑应采用阻燃材料搭建。

第二，操作间冬季宜采用暖气（水暖）供暖，如用火炉取暖时，必须在四周采取挡火措施。不应用燃烧刨花、柴禾代煤取暖。

第三，每个火炉均要有专人负责，下班时要将余火彻底熄灭。

（六）易燃易爆物品的仓库的设置

对易引起火灾的仓库，应将库房内、外按 500 m^2 的区域分段设立防火墙，将建筑平面划分为若干个防火单元，方便在失火后能阻止火势的扩散。仓库应设在水源充足、消防车能驶到的地方，同时，根据季节风向的变化，应设在下风方向。

储量大的易燃仓库，应将生活区、生活辅助区与堆场分开布置，仓库应设至少 3 个大门，大门应向外开启。固体易燃物品应当与易燃易爆液体分间存放，在一个仓库内不得混合储存不同性质的物品。

三、施工现场重点工种防火

（一）电焊工的防火要求

第一，电焊工在操作前，要严格检查所用工具（包括电焊机设备、线路敷设以及电缆线的接点等），使用的工具均应符合标准，保持完好状态。

第二，电焊机应有单独开关，装在防火、防雨的闸箱内，电焊机应设防雨棚（罩）；开关的保险丝容量应为该机的 1.5 倍；保险丝不准用铜丝或者铁丝代替。

第三，焊割部位必须与氧气瓶、乙炔瓶、乙炔发生器及各种易燃、可燃材料隔离，两瓶之间的距离不得小于 5 m，同明火之间的距离不得小于 10 m。

（二）气焊工的防火要求

第一，乙炔发生器、乙炔瓶、氧气瓶以及焊割具的安全设备必须齐全有效。

第二，乙炔发生器、乙炔瓶、液化石油气罐和氧气瓶在新建、维修工程内存放，应设置专用房间单独分开存放并有专人管理，要有灭火器材及防火标志。

第三，乙炔发生器和乙炔瓶等与氧气瓶应保持距离。在乙炔发生器旁禁止一切火源。夜间添加电石时，应使用防爆手电筒照明，禁止用明火照明。

第四，不准将乙炔发生器、乙炔瓶和氧气瓶放在高低压架空线路下方或变压器旁。在高空焊割时，也不要放在焊割部位的下方，应保持一定的水平距离。

第五，乙炔瓶、氧气瓶应直立使用，严禁平放卧倒使用，以防止油类落在氧气瓶上。油脂或沾油的物品不要接触氧气瓶、导管及其零部件。

（三）涂漆、喷漆和油漆工的防火要求

第一，喷漆、涂漆的场所应有良好的通风条件，以防形成爆炸极限浓度，造成火灾和爆炸。

第二，喷漆、涂漆的场所内严禁一切火源，应采用防爆的电气设备。

第三，禁止与焊工同时间、同部位的上下交叉作业。

第四，油漆工不能穿易产生静电的工作服。接触油漆、稀释剂的工具应采用防火花型工具。

（四）电工的防火要求

第一，电工应经过专门培训，掌握安装及维修的安全技术，考试合格后，才能够独立操作。

第二，施工现场暂设线路、电气设备的安装与维修应执行《施工现场临时用电安全技术规范》（JGJ 46—2005）。

第三，新设、增设的电气设备，必须经主管部门或者人员检查合格后，方可通电使用。

第四，各种电气设备或线路，不应超过安全负荷，且要牢靠。绝缘良好和安装合格的保险设备，禁止用铜丝、铁丝等代替保险丝。

第五，放置及使用易燃气体、液体的场所，应采用防爆型电气设备及照明灯具。

（五）木工的防火要求

第一，操作间只能存放当班的用料，成品及半成品要及时运走。木工应做到活完场地清，刨花和锯末每班都打扫干净，倒在指定地点。

第二，严格遵守操作规程，旧木料一定要经过检查，起出铁钉等金属之后，方可上锯锯料。

（六）喷灯操作工的防火要求

1.操作注意事项

第一，喷灯加油时要选择好安全地点，并认真检查喷灯有无漏油或渗油的地方，若发现有漏油或渗油现象，应禁止使用。由于汽油的渗透性和流散性极好，一旦加油不慎倒出油或喷灯渗油，点火时极易着火。

第二，喷灯加油时应将加油防爆盖旋开，用漏斗灌入汽油。若加油不慎，油洒在灯体上，则应将油擦干净，同时放置在通风良好的地方，使汽油挥发掉再点火使用。加油不能过满，加至灯体容积的 3/4 即可。

第三，喷灯在使用过程中需要添油时，应首先熄灭灯的火焰，随后慢慢地旋松加油防爆盖放气，待放尽气和灯体冷却后再添油，严禁带火加油。

2.作业现场的防火安全管理

实践证明，如果选择不好安全用火的作业地点，不认真检查清理作业现场的易燃、可燃物，不采取隔热、降温、熄灭火星、冷却熔珠等安全措施，喷灯作业现场极易造成人员伤亡和火灾事故。因此，对喷灯作业的现场，务必加强防火安全管理，落实防火措施。

第一，作业开始前，要将作业现场下方及周围的易燃、可燃物清理干净，清除不了的易燃、可燃物要采取浇湿、隔离等可靠的安全措施。作业结束后，要认真检查现场，在确认没有余热引起燃烧危险后才能离开。

第二，电话电缆常常需要干燥芯线，禁止用喷灯直接烘烤芯线，应在蜡中去潮，熔蜡不应在工程车上进行，烘烤蜡锅的喷灯周围应设三面挡风板，控制温度不要过高。熔蜡时，容器内放入的蜡不要超过容积的 3/4，禁止熔蜡渗漏，避免蜡液外溢遇火燃烧。

四、不同工况施工现场防火

（一）地下工程施工的防火要求

第一，不宜将施工现场的临时电源直接敷设在墙壁或土墙上，应用绝缘材料架空安装。配电箱应采用防水措施，潮湿地段或渗水部位的照明灯具应采取相应防潮措施或安装防潮灯具。

第二，施工现场应至少有两个出入口或坡道，施工距离长，应适当增加出入口的数量。当施工区面积不超过 50 m^2 且施工人员不超过 20 人时，可只设一个直通地上的安全出口。

第三，安全出入口、疏散走道和楼梯的宽度应按其通过人数每 100 人不小于 1 m 的净宽计算。每个出入口的疏散人数不宜多于 250 人。安全出入口、疏散走道以及楼梯的最小净宽度不应小于 1 m。

（二）高层建筑施工的防火要求

第一，不得封堵已建成的建筑物楼梯。施工脚手架内的作业层应畅通，并搭设至少两处与主体建筑内相衔接的通道口。

第二，建筑施工脚手架外挂的密目式安全网，必须满足阻燃标准要求，严禁使用不阻燃的安全网。

第三，超过 30 m 的高层建筑施工，应当设置加压水泵和消防水源管道，管道的大管直径不得小于 50 mm、每层应设出水管口，并配备一定长度的消防水管。

（三）古建筑修缮施工的防火要求

第一，不应将电源线、照明灯具直接敷设在古建筑的梁、柱上。照明灯具应吊装或安装在支架上，同时加装防护罩。

第二，古建筑的修缮如果在雨期（季）施工，应考虑安装避雷设备（由于修缮时原有的避雷设备拆除）对古建筑及架子进行保护。

第三，加强用火管理，对电、气焊实施一次动焊的审批制度和管理。

第四，在室内油漆彩画时，应逐项进行，每次安排油漆画量不宜过大，以不达到局部形成爆炸极限为前提。油漆彩画时应严禁一切火源。夏季时剩下的油皮子要及时处理，以防因高温造成自燃。施工中的油棉丝、油手套以及油抹布等不要乱扔，应集中处理。

（四）设备安装与调试施工的防火要求

第一，在设备安装与调试施工之前，应进行详细的调查，根据设备安装与调试施工中的火灾危险性及特点，制定消防保卫工作方案，规定必要的制度和措施，判定调试进行过程中整体的和单项的调试进行工作计划或方案，做到定人、定岗、定要求。

第二，在有易燃、易爆液体与气体附近进行用火作业前，应先用测量仪器测试可燃气体的爆炸浓度，然后再进行动火作业。动火作业时间长，应设专人随时进行测试。

第三，调试过的可燃、易燃液体和气体的管道、设备、塔、容器等，在进行修理时，必须使用惰性气体或蒸汽进行置换与吹扫，用测量仪器测定爆炸浓度后，方可进行修理。

第三节　电气防火

一、电气防火基础知识

由于电气方面原因产生火源而引起的火灾称为电气火灾；为了抑制电气火灾的产生而采取的各种技术措施和安全管理措施称为电气防火。

（一）电气防火检查的目的

电气防火检查的目的是发现和消除电气火灾隐患，超前控制电气火灾事故的发生。其本质是针对各行业和居民的电气防火现状，以有关法规、规范、规定为依据进行实地检验。

电气防火检查一般采取群众性的自检，企事业单位内部的自检、抽查和重点检查，消防监督机关的例行、季节性、专项、重点和夜间突击检查，以及各级政府和各级防火委员会组织的联合检查等组织形式督促火灾隐患的整改。

（二）电气防火检查的内容

第一，电能生产、配合使用中的电气火灾隐患。如发电机、变压器、用电设备（电动机、照明灯具、电热器具等）、家用电器、开关保护装置、电线电缆等的安装敷设位置、耐火等级、防火间距、运行状况（过负荷、异常现象、故障史等）、绝缘老化情况、导线连接接触状况、保护装置完好状况等。

第二，电气防火工程是否完整有效。如消防电源系统的电源数量、电源种类、配电方式、电源切换点、配线耐火性能及措施，火灾应急照明与疏散指示标志灯的位置、照明、亮度、装置耐火性等。

第三，爆炸和火灾危险电气设备防火防爆措施包括危险区域划分，易燃易爆物品的危险性，防爆电气设备的类型、性能、防护形式，配线防爆措施和接地、防雷、防静电装置，等等。

（三）电气火灾的原因

1.过载

过载是指电气设备或导线的功率或电流值超过其额定值。设计、安装时选型不正确，使电气设备的额定容量小于实际负载容量，设备或导线随意装接，增加负荷，造成超载运行，检修、维护不及时，使设备或导线长期处于带病运行状态。

2. 短路

电弧和火花短路是电气设备最严重的一种故障状态，短路时，在短路点或导线连接松动的电气接头处会产生电弧或火花。

电弧温度很高，可达 6 000 ℃以上，不但可以引燃它本身的绝缘材料，还可以将它附近的可燃材料、蒸气和粉尘引燃。电弧还可能是由于接地装置不良或电气设备与接地装置间距过小，过电压时击穿空气引起。切断或接通大电流电路或大截面熔断器熔断时，也能产生电弧。

短路主要是载流部分绝缘破坏而致，具体分为以下几方面：电气设备使用时间过长，绝缘老化，耐压与机构强度下降；使用维护不当，长期带病运行，扩大了故障范围；过电压使绝缘击穿。

3. 接触不良

接触不良，实际上是接触电阻过大，会导致局部过热，也会出现电弧、电火花，造成潜在的点火源。接触电阻过大的基本原因是连接质量不好。

接触不良主要发生在导线与导线或导线与电气设备连接处，常见的原因有以下几方面：电气接头表面污损，接触电阻增加；电气接头长期运行，产生导电不良的氧化膜，而又未及时清除；电气接头因震动或热的作用，而使连接处发生松动、氧化。

二、消防用电防火

（一）安全电压

以下特殊场所必须采用安全电压供电照明：一般潮湿作业场所（地下室，潮湿室内，人防工程，潮湿楼梯，隧道以及高温、有导电灰尘的室内等），手持照明灯具电源电压应不大于 36 V；在潮湿和易触及带电体场所的照明电源电压，应不大于 24 V；在特别潮湿的场所，锅炉、金属容器内或导电良好的地面等，使用手持照明灯具，照明电源电压不得超过 12 V。

（二）施工现场临时用电档案管理

施工现场临时用电必须建立安全技术档案，安全技术档案应由主管该现场的电气技术人员负责建立与管理，临时用电工程应定期检查。

（三）架空线路的安全管理

第一，架空线必须采用绝缘导线。

第二，架空线必须架设在专用电杆上，禁止架设在树木、脚手架及其他设施上。

第三，架空线导线截面的选择应符合以下要求：线路末端电压偏移不大于其额定电压的5%；导线中的计算负荷电流不大于其长期连续负荷允许载流量；三相四线制线路的N线与PE线截面不小于相线截面的50%，单相线路的零线截面与相线截面相同。

第四，架空线在一个档距内，每层导线的接头数不得超过该层导线条数的50%，并且一条导线应只有一个接头，在跨越铁路、公路、河流、电力线路档距内，架空线不得有接头。

第五，架空线路的线间距不得小于0.3 m，靠近电杆的两导线的间距不得小于0.5 m。

（四）电缆线路安全消防管理

第一，电缆中必须包含全部工作芯线与用作保护零线或保护线的芯线。需要三相四线制配电的电缆线路必须采用五芯电缆。五芯电缆必须包含淡蓝、绿/黄两种芯线。淡蓝色芯线必须用作N线；绿/黄双色芯线必须用作PE线，禁止混用。

第二，电缆截面的选择应符合《施工现场临时用电安全技术规范》（JGJ 46—2005）的有关规定，根据其长期连续负荷允许载流量和允许电压偏移确定。

第三，电缆线路应采用埋地或架空敷设，严禁沿地面明设，并应防止机械损伤和介质腐蚀。埋地电缆路径应设方位标志。

第四，电缆类型应依据敷设方式、环境条件选择。埋地敷设宜选用铠装电缆。当选用无铠装电缆时，应能防水、防腐。架空敷设宜选用无铠装电缆。

三、施工现场电气设备防火

（一）电动机的防火要求

第一，要根据电动机使用环境的特征，同时考虑防潮、防尘以及防腐蚀等情况，选择相应的电动机。

第二，对电动机要经常做好保养工作，暂时不用的，要放置于干燥、清洁的场所；重新使用前，要测量绝缘电阻，若低于标准阻值，则不能投入使用。对转轴等要勤加润滑油，轴承磨损要及时更换以保持运转灵活。

第三，电动机的功率应略高于被拖动的机械设备，使其匹配相当，避免超负荷。

第四，要保持三相线路上的用电量均衡，电源线上的三只熔断器必须采用相同规格的熔丝。

第五，大功率电动机应在电源线上分别安装指示灯，以便于及时发现缺相。

第六，要安装合适的保护装置，由于电动机的启动电流比额定电流要大5～7倍，因此，安装保护装置要考虑到这种情况，运行开关的熔丝要根据大于额定电流的要求来选定，有些电动机还可采用双保险接线。

（二）电气设备的防火要求

第一，不得在电气设备现场周围存放易燃易爆物、污源和腐蚀介质，否则应予以清除或做防护处置，其防护等级必须与环境条件相适应。

第二，电气设备设置场所应能避免物体打击及机械损伤，否则应做防护处置。

（三）电热设备引起火灾的原因

第一，加热温度过高或时间过长。加热温度过高或时间过长都会引起可燃物料燃烧，甚至爆炸。例如：赛璐珞在高温下能气化、分解，放出大量热，引起燃烧爆炸；油浴炉的炉温如果超过油的自燃点，也会燃烧，甚至爆炸；木材如果长期高温烘烤，则会炭化、燃烧。

第二，导线过载。当导线中通过的电流量超过了安全载流量时，导线的温度将会超过最高允许温度，使绝缘层加速老化，引燃绝缘层，甚至导致短路着火。

第三，绝热材料损坏或安置不当。电热设备的温度很高，尤其是大型电炉，如炉口密封不好或绝热材料损坏，炉口及炉壁都会温度过高，可能会引燃附近可燃物。但也可能由于某些器具功率较小，容易被人们忽视，以致操作时粗心大意，随便放置，最终导致火灾。

（四）电热设备的防火要求

为防止过负荷，选择电热器具的连接导线时，必须要考虑导线足够的横截面积。工业用电热器应采用单独线路；民用的电热器不宜直接接在灯座上，最好单独安装线路。为防止电炉、电熨斗长时间作用烤着可燃物，应将电热器具安装在离可燃物较远的地方，将其放在台板上或可燃物件上时，下边应垫有耐火砖等不燃材料。还应防止绝缘导线芯裸露、插头破损形成短路，引起火灾。对有可燃气体、蒸气和粉尘的车间不得装设电热器。无论工业用或者民用电热器，接通电源后一定要有专人看管，较大的电热器还应安装温度控制或温度调节器，避免温度过高。要严格遵守安全操作规程和制度，如遇停电，应及时将电源切断，防止恢复供电时电热器过热发生危险。

第四节　化学危险品防火

一、化学危险品的定义

危险品是指有爆炸、易燃、毒害、感染、腐蚀、放射性等危险特性，在运输、储存、生产、经营、使用和处置中，容易造成人身伤亡、财产损毁或环境污染而需要特别防护的物品。

一般认为，只要危险品为化学品，那么它就是化学危险品。

二、化学危险品的分类

（一）爆炸品

爆炸品是指在外界条件作用下（如受热、摩擦、撞击等）能发生剧烈的化学反应，瞬间产生大量的气体和热量，使周围的压力急剧上升，发生爆炸，对周围环境、设备、人员造成破坏和伤害的物品。爆炸品包括爆炸性物质、爆炸性物品以及为产生爆炸或烟火效果而制造的其他未提及的物质或物品。

（二）易燃气体

气体是指在温度为 50 ℃时，压力大于 300 kPa 的物质以及在温度为 20 ℃时压力为 101.3 kPa 的条件下完全是气态的物质，气体包括压缩气体、液化气体、溶解气体和冷冻液化气体以及一种或多种气体与一种或多种其他类别物质的蒸汽的混合物、充有气体的物品和烟雾剂。

易燃气体是指温度在温度为 20 ℃和压力为 101.3 kPa 的条件下与空气的混合物按体积分数占 13% 或更少时可点燃的气体，如石油气、氢气等。

（三）易燃液体

易燃液体是指在其闪点温度（其闭杯试验闪点温度不高于 60.5 ℃，或其开杯试验闪点温度不高于 65.6 ℃）时放出易燃蒸汽的液体或液体混合物，或是在溶液或悬浮液中含有固体的液体，如汽油、柴油、煤油、甲醇、乙醇等。

（四）毒性物质和感染性物质

毒性物质是指经吞食、吸入或皮肤接触后可能造成死亡、严重受伤或健康受损的物质，如各种氰化物、砷化物、化学农药等。

感染性物质是指含有病原体的物质，包括生物制品、诊断样品、基因突变的微生物、生物体和其他媒介（如病毒蛋白）等。

（五）腐蚀性物品

腐蚀性物品是指通过化学作用使生物组织接触时会造成严重损伤，或在渗漏时会严重损害甚至毁坏其他货物或运载工具的物质，如强酸、强碱等。

（六）杂项危险物质和物品

杂项危险物质和物品是指具有其他类别未包括的危险的物质和物品，如危害环境物质、高温物质和经过基因修改的微生物或组织等。

三、化学危险品的危险特性

（一）爆炸物的危险特性

爆炸物的危险特性主要表现在当它受到摩擦、撞击、振动、高热或其他能量激发后，不仅能发生激烈的化学反应，在极短的时间内释放出大量热量和气体导致爆炸性燃烧，而且燃爆突然，破坏作用强，同时释放出的气体还具有一定的毒害性。

（二）易燃气体的危险特性

1.易燃易爆性

处于燃烧浓度范围之内的易燃气体，遇着火源都能着火或爆炸，有的甚至只需极微小的能量就可燃爆。易燃气体与易燃液体、固体相比，更容易燃烧，且燃烧速度快，一燃即尽。简单组分的气体比复杂组分的气体易燃、燃速快、着火爆炸危险性大。

2.扩散性

因为气体分子间距大，相互作用力小，所以非常容易扩散，能自行充满任何容器。气体的扩散与气体对空气的相对密度和气体的扩散系数有关。比空气轻的易燃气体容易扩散并与空气形成爆炸性混合物，遇火源则发生爆炸燃烧；比空气重的易燃气体，泄露时往往聚集在地表、沟渠、隧道、房屋死角等处，长时间不散，易与空气在局部形成爆炸性混合物，遇到火源即发生燃烧或爆炸。相对密度大的可燃性气体，一般都有较大的发热量，在火灾条件下容易造成火势扩大。

3. 物理爆炸性

易燃、可燃气体有很大的压缩性，在压力和温度的影响下，易于改变自身的体积。储存于容器内的压缩气体（特别是液化气体）压力会升高，当超过容器的耐压强度时，即会引起容器爆裂或爆炸。

（三）易燃液体的危险特性

1. 易燃性

由于易燃液体的沸点都很低，很容易挥发出易燃蒸气，其闪点低，自燃点也低，而且着火所需的能量极小，因此易燃液体都具有高度的易燃易爆性，这是易燃液体的主要特征。

2. 蒸发性

易燃液体由于自身分子的运动，都具有一定的挥发性，挥发的蒸气易与空气形成爆炸性混合物，因此易燃液体存在爆炸的危险性。易燃液体的挥发性越强，爆炸的危险性就越大。

3. 热膨胀性

易燃液体的膨胀系数一般都较大，储存在密闭容器中的易燃液体受热后在本身体积膨胀的同时，会使蒸气压力增加，容器内部压力增大，若超过了容器所能承受的压力限度，就会造成容器的膨胀，甚至破裂。而容器突然破裂，大量液体在涌出时极易产生静电火花，从而导致火灾、爆炸事故。

此外，对于沸程较宽的重质油品，由于其黏度大，油品中含有乳化水、悬浮状态的水或者在油层下有水层，发生火灾后，在热波作用下产生的高温层作用可能导致油品发生沸溢或喷溅。

4. 流动性

液体流动性的强弱主要取决于液体本身的黏度。液体的黏度越小，其流动性就越强。黏度大的液体随着温度升高，其流动性也会增强。易燃液体大都是黏度较小的液体，一旦泄漏，便会很快向四周流动扩散和渗透，扩大其表面积，加快蒸发速度，使空气中的蒸气浓度增加，火灾爆炸危险性增大。

5. 静电性

多数易燃液体在灌注、输送、流动过程中能够产生静电，静电积聚到一定程度时就会放电，从而引起着火或爆炸。

6. 毒害性

易燃液体本身或蒸气大多具有毒害性。不饱和芳香族碳氢化合物和石油产品比饱和的碳氢化合物、不易挥发的石油产品的毒性大。

（四）易燃固体的危险特性

易燃固体的危险特性主要表现在三个方面。

1. 燃点低，易点燃

易燃固体由于其熔点低，受热时容易溶解蒸发或汽化，因此易着火，燃烧速度也较快。某些低熔点的易燃固体还有闪燃现象，由于其燃点低，在能量较小的热源作用下或受撞击、摩擦后，会很快受热达到燃点而着火，而且着火后燃烧速度快，极易蔓延扩大。

2. 遇酸、氧化剂易燃易爆

绝大多数易燃固体与无机酸性腐蚀品、氧化剂等接触能够立即引起燃烧或爆炸。例如：萘与发烟硫酸接触反应非常剧烈，甚至会引起爆炸；红磷与氯酸钾，硫黄粉与过氧化钠或氯酸钾，稍经摩擦或撞击，都会引起燃烧或爆炸。

3. 自燃性

易燃固体的自燃点一般都低于易燃液体和气体的自燃点。由于易燃固体热解温度都较低，有的物质在热解过程中，能放出大量的热使温度上升到自燃点而引起自燃，甚至在绝氧条件下也能分解燃烧，一旦着火，燃烧猛烈，蔓延迅速。

（五）自燃固体与自燃液体的危险特性

自燃物品的危险特性主要表现在三个方面。

1. 遇空气自燃性

自燃物质大部分化学性质非常活泼，具有极强的还原性，接触空气后能迅速与空气中的氧发生反应，并产生大量热量达到自燃点而着火。接触氧化剂和其他氧化性物质，则反应会更加剧烈，甚至爆炸。

2. 遇湿易燃易爆性

硼、锌、镑、铝的烷基化合物类的自燃物品，除在空气中能自燃外，遇水或受潮还能分解自燃或爆炸。

3. 积热分解自燃性

硝化纤维及其制品，不但由于本身含有硝酸根，化学性质很不稳定，在常温下就能缓慢分解放热，当堆积在一起或仓库通风不良时，分解产生的热量越积越多，当温度达到其自燃点就会引起自燃，火焰温度可达 1 200 ℃，并伴有有毒或刺激性气体放出；由于其分子中含有 NO_2 吸电子基团，具有较强的氧化性，一旦发生分解，在空气不足的条件下也会发生自燃，在高温下，即使没有空气也会因自身含有氧而分解燃烧。

（六）遇水放出易燃气体物质的危险特性

遇水放出易燃气体的物质的危险特性主要表现在三个方面。

1. 遇水易燃易爆性

遇湿易燃物品遇水或受潮后，发生剧烈的化学反应使水分解，夺取水中的氧与之化合，放出可燃气体和热量。当可燃气体在空气中接触明火或反应放出的热量达到引燃温度时，就会发生燃烧或爆炸。这是遇湿易燃物品的共性。

2. 遇氧化剂、酸着火爆炸性

遇湿易燃物品遇氧化剂、酸性溶剂时，反应更剧烈，更易引起燃烧或爆炸。

3. 自燃危险性

有些遇湿易燃物品不仅有遇湿易燃性，而且还有自燃性。例如：金属粉末类的锌粉、铝、镁粉等，在潮湿空气中能自燃，与水接触，特别是在高温下反应剧烈，能放出氢气和热量；碱金属、硼氢化物等放置于空气中即具有自燃性；有的物品（如氢化钾）遇水能生成易燃气体并放出大量的热量而具有自燃性。

四、化学危险品仓储防火

（一）化学危险品仓库类型

1. 大型仓库

这类仓库占地面积较大，建筑设施也多，存放物品的品种多、数量大。这种专业仓库必须设在城市的郊区，不得设在城镇人口密集的地区，而且应选在当地主导风向的下风方向。

在规划布局时，这类仓库与邻近居住区和公共建筑物的距离至少保持150 m的距离；与邻近工矿企业、铁路干线的距离至少保持100 m的距离；与公路至少保持50 m的距离。

仓库的行政管理区和生活区应设在库区之外。库区应用高度不低于2 m

的实体围墙隔开。仓库应配备企业专职消防队，队站应设在生活区内，配备一定数量的消防车辆和人员，还应与就近的公安消防队之间装设直通的火灾报警电话。

2.厂矿企业的生产附属仓库

这类仓库的特点是：周围环境和建筑条件比较差，管理不严；物品和人员车辆进出频繁，临时人员多；在生产旺季时，往往出现超量储存和混放的现象。从火灾实例来看，事故大都发生在这类仓库。因此，生产和使用化学危险品的工厂及其附属仓库不应设在城市的住宅区和公共建筑区。库址选择及建筑间距应根据规模大小及火灾危险程度确定。

3.小型仓库

许多工厂企业、学校、科研单位、商店等，或多或少都会使用化学危险物品，一般都设有小型仓库。这类仓库的特点是：使用面较广，存放地点分散，有的甚至附设在其他仓库之中，领取频繁，容易发生事故。

有些单位在规划建设时，没有考虑危险品仓库的位置，后来随着生产的发展，需要设置危险品仓库，但因场地条件的限制，往往达不到规定的防火间距要求。在这种情况下，单独建造一座耐火建筑物来存放危险品是比较安全的做法。实践证明，这样做既有利于生产，又保证了安全。

有些单位使用少量的危险品并且无法建创仓库来单独存放这些危险品，如酸类、油漆、试剂、少量的汽油以及几个氧气瓶等。在不影响周围单位安全的情况下，这些单位可以在其周围边角设置简易的储存室（柜），以避免这些危险品被分散或露天存放，从而降低发生事故的风险。

（二）化学危险品仓库的火灾危险性及起火原因

化学危险品仓库常见的火灾原因有下列几种。

1.接触明火

在危险物品仓库中，明火主要有两种：一是外来火种，如烟囱飞火、汽车排气管的火星、仓库周围的明火作业、吸烟的烟头等；二是仓库内部的设备不良、操作不当而引起的火花，如电气设备不防爆，使用铁制工具在装卸搬运时撞击摩擦等。

2. 混放性质相抵触的物品

出现混放性质相抵触的化学危险物品，往往是由于保管人员缺乏知识或者是有些化学危险物品出厂时缺少鉴定，在产品说明书上没有说清楚而造成的，也有一些单位因储存场地缺少而任意临时混放。

3. 产品变质

有些危险物品由于长期不用，被废弃在仓库中，如硝化甘油。尽管其安全储存期为 8 个月，但过期后有自燃的风险，尤其在低温时容易析出结晶。当固、液两相共存时，硝化甘油的敏感度特别高，微小的外力作用就可能使其分解进而发生爆炸。

4. 受热、受潮、接触空气而起火

如果仓库的条件差，不采取隔热降温措施，则会使物品受热，保管不善；仓库漏雨进水会使物品受潮；盛装的容器破损，使物品接触空气等，均会引起燃烧爆炸事故。这是许多化学物品的危险特性。

5. 雷击起火

化学危险物品的仓库一般都是单独的建筑，特别是建在阴湿山谷和空旷地带中的化学危险品仓库，有时会遭受雷击而燃烧爆炸。

五、化学危险品生产防火

（一）化学危险品生产企业的火灾危险性

第一，化学危险品企业在生产过程中其生产原料和产品大多涉及化学危险品，例如石油化工企业的生产原料——原油，以及终端产品——汽油、柴油、煤油等，都属于甲、乙类易燃易爆物品，因此具有极大的火灾危险性。

第二，生产过程中的催化、裂化等流程大多是在高温高压密闭的釜、

罐、塔等容器中进行的，稍有不慎造成泄漏或进入空气都可能酿成起火或爆炸，其他流程也都存在一定的火灾危险性。

第三，生产作业区管道纵横、阀门接点比比皆是，"跑冒滴漏"往往难以杜绝，再加上温度、压力的变化对过道、容器的应力作用产生蠕变，在高温高压条件下很容易产生疲劳裂纹。另外，管道容器的腐蚀（化学腐蚀和应力腐蚀）、阀门密封材料老化等，这些潜在隐患随时可能造成化学危险品大量泄漏进而引发事故。

（二）化学危险品生产火灾预防

第一，化学危险品生产企业宜设置在城市边缘和城市常年主导风向的下风向，避开易受水涝灾害的低洼和地震断裂带区域，如此才能保证满足生产和消防用水的需求。

第二，甲、乙类厂房应为一、二级耐火等级的单层或多层建筑（甲类宜为单层），不应设置在地下或半地下，而且要符合防火分区面积要求，具有符合规定的卸爆、泄压面积和通风降温措施。

第二，实施严格的生产工艺流程管理，强化岗位责任制度，并确保各项操作规程的准确执行。预防混料、不按顺序和配料比加料、超（欠）温、超（欠）压、超（欠）时等可能导致不安全操作现象的发生。建立事故应急处理预案，一旦有误操作的情况发生，能及时通过调整工艺流程控制事故的发展，最大程度地减小事故危害，避免造成严重后果。

第四，加强安全检查和防火巡查，建立事故远程监控系统，及时发现隐患和问题，以便能及时整改和修补。

第五节　石油库防火

一、石油产品的火灾危险性

石油是原油及其成品油的总称。原油是一种呈黑褐色的黏性易燃液体，主要由碳和氢两种元素组成，其中碳占 83% ~ 87%，氢占 11% ~ 14%。从地下开采出来的石油叫天然石油，从煤和油母页岩中经干馏、高压、加氢合成反应而获得的石油叫作人造石油。汽油、煤油、柴油以及各种润滑油都是石油产品，由原油经过蒸馏和精制加工而成。

石油产品的火灾危险性主要有下列几个方面。

（一）容易燃烧

石油产品具有易燃特性，因而也就潜藏着很大的火灾危险性。这种危险性主要通过其闪点、燃点、自燃点进行衡量。从消防角度来看，闪燃就是着火的前兆，闪点越低的油品，其火灾的危险性越大，反之，则危险性越小。油品的闪点是指在规定的试验条件下，油品蒸气与空气的混合气体在接近火焰时闪出火花并立即熄灭时的最低温度。例如，汽油的闪点一般为 –50 ℃～ –30 ℃，这意味着任何大气温度下，汽油均能挥发出大量的油蒸气，只要遇上极小点燃能量（一般只需 0.2 mJ～0.25 mJ）的火花就能点燃，因此，汽油的火灾危险性很大。煤油的闪点一般为 45 ℃左右；–35 号轻柴油的闪点一般为 50 ℃左右，外部温度有可能达到或接近，因此，这类油品火灾危险性也较大。其他轻柴油和重柴油的闪点一般在 60 ℃～120 ℃，在正常情况下，环境温度不可能达到，但如果油品被加热或者在附近出现有足够温度的火源时，也存在被点燃而发生火灾的危险。润滑油类和润滑脂类的闪点均在 120 ℃以上，一般来讲，不易着火，但在附近发生具有高热辐射燃烧时，即可迅速传播燃烧，同样具有火灾危险性。

石油产品的闪点与燃点相差 1 ℃～5 ℃，即使闪点在 100 ℃以上的油品，其燃点也仅比闪点高 30 ℃左右。根据油品被引燃的难易程度，将油品按其闪点划分为易燃液体和可燃液体两个部分，并划分为甲、乙、丙三类。由于闪点高于 120 ℃的润滑油和有些重油在一般情况下较难起火，因此又将丙类油品分为丙 A 和丙 B 两类。

（二）容易爆炸

石油产品的蒸气和空气的混合比达到一定浓度范围时，遇火即能爆炸。爆炸浓度范围越大、下限越低的油品，发生火灾或爆炸的危险性越大。这是衡量易燃气体火灾危险性的重要指标，一般所说的爆炸极限就是指浓度极限。

爆炸极限除用油品气体浓度来表示外，也可以用油品温度来表示，因为液体的蒸气浓度是在一定的温度下形成的，因此，液体的爆炸浓度极限就体现着一定的温度极限，如汽油和煤油的爆炸温度极限分别为 –38 ℃～ –8 ℃ 和 40 ℃～ 86 ℃。

石油产品在着火过程中，容器内气体空间的油蒸气浓度是随着燃烧状况而不断变化的。因此，燃烧和爆炸也往往是互相转变交替进行的。

（三）容易蒸发

石油产品（尤其是轻质油品）具有容易蒸发的特性。汽油在任何气温下都能蒸发，1 kg 汽油大约可以蒸发为 0.4 m³ 的油蒸气，煤油和柴油在常温常压下蒸发得慢一些，润滑油的蒸发量则比较小。油品密度越小，蒸发得越快；油品闪点越低，火灾危险性就越大。

石油产品的蒸发有静止蒸发和流动蒸发两种情况。静止蒸发是指储存在比较严密的容器内的油在空气不太流通的情况下，液面发生蒸发的现象。流动蒸发是指油品在进行泵送或灌装时，油品或周围的空气处在流动情况下或二者都处在流动情况下所发生的蒸发现象。这些蒸发出来的油气，因其相对密度较大，一般都在 1.59 ～ 4（相对于空气）之间，不易扩散，往往在储存处或作业场地的空间、地面弥漫飘荡，在低洼处积聚不散，这就大大增加了火灾危险因素。

石油产品的蒸发速度同下列因素有关。

第一是温度。温度高，蒸发快；温度低，蒸发慢。

第二是蒸发面积。面积大，蒸发量大；面积小，蒸发量小。

第三是液体表面空气流动速度。流动速度快，蒸发快；流动速度慢，蒸发慢。

第四是液面承受的压力。压力大，蒸发慢；压力小，蒸发快。

第五是密度。密度小，蒸发快；密度大，蒸发慢。

第六是油品的蒸发速度。凡是蒸发速度较快的油品，其蒸发的油气在空气中的浓度容易超过爆炸下限而形成爆炸性混合物。在运输、装卸、储存、灌注石油产品（特别是轻质石油产品）时，应采取相应的技术措施，减少油气蒸发。

（四）容易产生静电

石油产品的电阻率一般在 1 012 $\Omega \cdot cm$ 左右，当沿管道流动与管壁摩擦和在运输过程中因受到震荡与车、船、罐壁冲击时，都会产生静电。

静电的主要危害是静电放电。当静电放电所产生的电火花能量达到或大于油品蒸气的最小着火能量时，就会立刻引起燃烧或爆炸。汽油的最低着火能量为 0.2 mJ ～ 0.25 mJ。而石油产品在装卸、灌装、泵送等作业过程中，由于流动、喷射、过滤、冲击等所产生的静电电场强度和油面电位，往往能高达 20 kV ～ 30 kV。

容器内石油产品放电有电晕放电和火花放电两种形式。电晕放电往往发生在靠近油面的突出接地金属与油面之间。这种形式的放电能量是极微小的，一般不会点燃液面蒸气，但也有可能发展成为火花放电。

火花放电大都发生在两金属体之间，如油面上的金属与容器壁之间（如偶然落入容器内而又飘浮在液面上的金属采样器等）。这种放电能量较大，很可能点燃液面蒸气。至于油面之间存在的电位差放电以及油面与容器顶内壁突出物之间的放电，由于需要很大的电位差，因此发生的可能性很小。

静电放电引起火灾必须具备四个条件：①存在可燃性物质；②存在静电；③存在火源；④存在助燃剂。为了防止静电引起火灾，我们可以采取以下措施：①限制液体流量；②控制液体流速；③减少液体撞击摩擦；④加强导电接地。

油品静电电荷量的多少与下列因素有关。

第一，油品带电与输油管内壁粗糙程度成正比，油管内壁越粗糙，油品带电越多。

第二，空气的相对湿度（大气中所含水蒸气量）越大，产生的静电荷越少，空气越干燥，静电荷越不容易消散。

第三，油品在管内流动速度越快，流动的时间越长，产生的静电荷越多。

第四，油品的温度越高，产生的静电荷越多（柴油的特性相反，温度越低，产生的静电荷越多）。

第五，油品中含有杂质、油与水混合泵送或不同油品相混合时，静电荷显著增加。

第六，油品通过的过滤网越密，产生的静电荷越多。

（五）容易受热膨胀

一方面，石油产品受热后体积膨胀，蒸气压同时升高，若储存在密闭容器中，就会造成容器的膨胀，甚至爆裂。有些储油的铁桶出现的顶、底鼓凸现象，就是受热膨胀所致。另一方面，当容器内灌入热油冷却时，油品体积又会收缩而造成桶内负压，使容器被大气压瘪。这种热胀冷缩现象往往会损坏储油容器，从而增加火灾危险因素。

二、油库的分类和选址

（一）油库的类型

油库有两大类型：一类为专门接收、储存和发放油品的独立油库；另一类为工业、交通或其他企业为满足本身生产需要而设置的附属油库。各类油库又分为以下几种：将储油罐设置在地面上的称为地上油库。将储油罐部分或全部埋于地下，上面覆土的，称为半地下油库或地下油库；将储油罐建筑在人工挖的洞室或天然山洞内的，称为山洞油库。利用稳定的地下水位，将油品直接封存于地下水位的岩体里开挖的人工洞室中的，称为水封石洞油库。为了适应海上采油，将储油罐建设在水下的，称为水下油库。

（二）油库的选址

石油库的库址选择应符合以下要求。

第一，油库作为易燃易爆单位（特别是大型油库），宜选在城市的边缘或远离主城区，且处于城市常年主导风向的下风向或侧风向。

第二，库址应具备良好的地质条件，不得选择在有土崩、断层、滑坡、沼泽、流沙及泥石流的地区和地下矿藏开采后有可能塌陷的地区。

第三，一、二、三级石油库不得选在地震烈度为9级及以上的地区。

第四，库址应选在不受洪水、潮水或内涝威胁的地区。

第五，库址应具备满足生产、消防、生活所需的水源，还应具备污水排放的条件。

（三）散装油品储存场地的选择

在场地储存时，应采用以下防火措施。

第一，露天油桶堆放场不应设在铁路、公路干线附近，但应有专用的道路，也不宜设在有陡壁的山脚下。场地应坚实平整并高出地面 0.2 m，场地四周应有经水封的排水设施。桶堆应用土堤或围墙保护，其高度在 0.5 m 左右，为避免阳光照射，可在堆场周围种植阔叶树木（不能种植针叶树木）。

第二，场地上的润滑油桶应卧放，双行并列，桶底相对，桶口朝外，大口向上，卧放垛高不得超过三层，层间加垫木；桶装轻质油品应使桶身与地面成 75° 斜放，与邻相靠，下加垫木。不论卧放、斜放均应分堆放置，各堆垛之间应保持一定的防火间距，堆垛长度不超过 25 m，宽度不超过 15 m，堆与堆的间距不小于 3 m，每个围堤内最多四堆，堆与围堤应有不小于 5 m 的间距，以防油品流散和便于扑救。堆中油桶应排列整齐，两行一排，排与排间应留有不小于 1 m 的检修通道，便于发现油桶渗漏并进行处理。

三、油库的防火管理

（一）日常管理

1.开展经常性安全教育

第一，运用各种形式对职工加强防火安全和守职尽责的教育，做到开会经常讲，逢年过节重点讲，冬防夏防定期讲，发现隐患及时讲，新进职工专门讲。

第二，油库环境应有浓厚的防火安全气氛。如油库大门外设置醒目的"油库重地，严禁烟火""严禁火种入库"等警示牌，库内张贴各种防火安全警句、标语，作业场所设置的消防设备颜色规范、醒目。

2.加强安全管理措施

第一，库区严禁烟火进入，外来车辆必须戴防火罩，方可进入。

第二，栈台、泵房等收发油作业场所都属于高危险爆炸区域，严禁接入非防爆电器设备。

第三，操作中应严格操作规程、流程，防止混油、抽空、溢罐，严格控制压力、流速，工艺装置中应设置事故紧急切断阀。

（二）油库的动火检修

油罐和输油管道等设备在检修时，往往要动火焊割。这对严禁明火的油库来说是一个很大的威胁。因此必须十分注意，确保安全。

1.检修动火的原则和一般要求

储罐、油管或其他火灾危险性较大的部位的检修动火，必须从严掌握，按照下列原则办理。

第一，有条件拆卸的构件（如油管、法兰等）应拆下来移至安全场所，检修动火后再安装。

第二，可以采用不动火的方法代替而同样能达到预期效果的，应尽量采用代替的方法处理，如用螺栓连接代替焊接施工、用轧箍加垫片代替焊补油管渗漏、用手锯方法代替气割作业等。

第三，必须就地检修动火的，应经过批准，尽可能把动火的时间和范围压缩到最低限度，同时落实各项防火安全措施。

第四，油罐和输油管道检修是最易造成火灾危险的作业，必须十分重视。事先应对现场情况详细了解，并组织专门小组进行研究，制定施工方案，施工前要将动火场所周围的杂草、可燃物质和油脚污泥等清除干净，施工时应指派熟练技工操作，明确专人负责现场检查监护，除配置轻便灭火工具外，罐区内消防设备和灭火装置均要保证可靠，以防万一。

2.油罐动火检修的安全措施（步骤）

第一，在油罐入孔口用消防水枪冲洗罐壁油垢，并将罐内含油积水用泵抽到其他罐内，清除出来的油泥、锈屑，应在罐区外安全地方埋入地下或作无害化处理。含硫油品的沉积污垢，必须在潮湿状态下及时埋入库外地下，防止自燃引起火灾。

第二，用蒸汽蒸洗。一般油罐连续蒸洗时间不少于 24 h，5 000 m³ 以上油罐应不少于 48 h；蒸汽应缓慢放入，压力不宜过高，控制在 0.25 MPa，输蒸汽的管子应良好接地，并外接在油罐壁上，以免发生静电事故。不要将装有能够撞击出火花的金属输气管道伸入罐内，以防蒸汽压力使输气管跳动时，由于金属的摩擦撞击产生火花引燃油气爆炸。储存柴油和润滑油的油罐可以考虑不用蒸汽蒸洗。

第三，对不具备蒸洗条件的地上金属油罐，先进行自然通风，时间一般不少于 10 d，然后向罐内充水，直到油污从罐顶各个孔口溢出。排水后测定罐内油气含量小于 0.3 mg/L，方可进入油罐，排除积污，并在动火之前再做测爆试验。禁止利用输油管线向罐内注水，以防带入油液。

3. 输油管道动火检修的安全措施

第一，输油管线动火前，应排除管内存油，将管线拆下，用水彻底清洗干净，敞开管口通风，移到指定安全地点用火。

第二，对拆下的油管，在排除管内存油后，根据管线的输油品种危险程度，分别采取相应的安全用火措施，如全焊接管道，应将距离该管道焊接处 20 m 以内油罐中的轻质油品移离，并在罐内充水，被修管段两端接头均应拆离，保持敞口，不进行修理的管段拆离后，端头应用盲板封闭。

第三，若管段两端无法拆离或管段较长，则尽可能带水操作，并用泥团将焊接点的管内两端堵塞严密。完工后泥塞可用高压水冲除，或者结合焊修割断该处管体，改装成法兰连接并将泥塞取出。

第七章　建筑消防设施

第一节　火灾自动报警系统

一、火灾自动报警系统的作用

火灾自动报警系统是一种设置在建、构筑物中，用以实现火灾早期探测和报警，向各类消防设备发出控制信号，进而实现预定消防功能的一种自动消防设施。火灾自动报警系统对早期发现和通报火灾，及时通知人员疏散并进行灭火，预防和减少人员伤亡，以及控制火灾损失等方面起着至关重要的作用。

二、火灾自动报警系统的构成及工作原理

（一）火灾自动报警系统的构成

1. 火灾探测报警系统

火灾探测报警系统由触发器件、火灾报警装置、火灾警报装置等设备组成，这些设备协助工作，共同完成火灾探测报警功能。

2. 消防联动控制系统

消防联动控制系统由消防联动控制器、模块、消防电气控制装置、消防电动装置等设备组成，它的主要功能是完成消防联动控制，并且能接收和显

示消防应急广播系统、消防应急照明和疏散指示系统、防排烟系统、防火门及卷帘系统、消火栓系统、各类灭火系统、消防电梯等消防系统或设备的动态信息。

3. 可燃气体探测报警系统

可燃气体探测报警系统由可燃气体报警控制器和可燃气体探测器组成。

4. 电气火灾监控系统

电气火灾监控系统由电气火灾监控设备和电气火灾监控探测器组成。

（二）火灾自动报警系统的工作原理

火灾自动报警系统的工作原理是指平时安装在建、构筑物内的火灾探测器长年累月地实时监测被警戒的现场或对象，当建、构筑物内某一被监视现场发生火灾时，火灾探测器探测到火灾产生的烟雾、高温、火焰及火灾特有的气体等信号并转换成电信号，立即传送到火灾报警控制器，控制器接收到火警信号，经过与正常状态阈值或参数模型分析比较，若确认着火，则输出两回路信号：一路指令声光报警显示装置动作，显示火灾现场地址（楼层、房号等），记录下发生火灾的时间，同时启动警报装置发出音响报警，告诫火场现场人员投入灭火操作或从火灾现场疏散；另一路指令启动消防控制设备，自动联动启动断电控制装置、防排烟设施、防火卷帘、消防电梯、火灾应急照明、消火栓、自动灭火系统等消防设施，防止火灾蔓延、控制火势，及时扑救火灾。一旦火灾被扑灭，火灾自动报警系统又回到正常监控状态。

另外，为了防止系统失控或执行器中组件、阀门故障而贻误救火时间，现场附近还设有手动报警按钮，用于手动触发报警并控制执行器动作，以便及时发现并扑灭火源。

三、火灾报警探测系统及消防联动控制系统的检查

（一）火灾自动报警控制器（联动型）安装检查

第一，根据规定，火灾报警控制器和消防联动控制器应设置在消防控制

室内或有人值班的房间和场所。

第二，火灾报警控制器主机面盘后的维修距离不宜小于 1 m。设备面盘前的操作距离，单列布置时不应小于 1.5 m，双列布置时不应小于 2 m。设备面盘至墙的距离不小于 3 m。壁挂安装时，其主显示屏高度宜为 1.5 m ～ 1.8 m。

第三，火灾报警控制器主机电源的使用，采用双电源切换箱，不能采用插头和漏电开关。

（二）火灾自动报警控制器（联动型）主机功能检查

第一，主机应该正常工作时显示工作正常，主机处于"自动状态"（在"手动状态"下，应有可靠的保障以便在火灾情况下将主机迅速转换为"自动状态"），打印机处于就绪状态。目测主机显示系统正常，打印机工作指示灯点亮。

第二，根据规定，主机自检功能如下：自检期间受控的外部设备和输出节点不应动作；自检应能检查控制器所有指示灯、报警声音；按下"自检"，相应指示灯顺序点亮，控制器发出各种预设报警声音。

第三，根据规定，控制器应用专用屏蔽总指示灯，无论控制器处于何种状态，只要有屏蔽存在，该屏蔽指示灯就应点亮。

第四，根据规定，控制器电源部分应具有主电源和备用电源切换装置。当主电源断电时能自动转换到备用电源，主电源恢复时能自动转换到主电源；应有主、备电源工作状态指示，主电源应有过流保护措施。主、备电源切换不能使控制器误动作。

第五，根据规定，每一台火灾报警控制器所连接的火灾探测器、手动火灾报警按钮和模块等设备的总数和地址总数，均不应超过 3 200 点。系统总线上应设置总线短路隔离器，每只总线短路隔离器保护的火灾探测器、手动火灾报警按钮和模块等消防设备总数不应大于 32 点。

第六，根据规定，集中控制器应能接收和显示各区域控制器的火灾报警，火灾报警控制、故障报警、自检等各种完整信息，进入相应状态，并应能向区域控制器发出指令。

第二节 防排烟系统

一、防排烟系统的作用

大量火灾表明，烟气是导致建筑火灾人员伤亡的最主要原因，建筑物内设置防排烟系统，主要有以下三个方面的作用。

（一）为安全疏散创造了有利条件

火灾统计和试验表明，拥有完善的防排烟设施和自动喷水灭火系统的建筑物，很少会因浓烟或高温的作用而使人无法看清、呼吸不畅，有利于安全疏散；同时，这类建筑物通常会有清晰的疏散方向和路线标志，进一步为安全疏散创造了有利条件。

（二）为消防扑救创造了有利条件

当建筑物发生火灾处于熏烧阶段，房间充满烟雾、门窗处于紧闭状态时，消防人员进入火场，由于浓烟和热气的作用，消防人员往往睁不开眼、看不清火场情况，不能迅速而准确地确定起火点，这大大影响了灭火效率。但如果采取了防排烟设施，则可避免以上现象，从而为消防扑救创造有利条件。

（三）控制火势蔓延

试验表明，拥有完善防排烟设施的建筑物，发生火灾时不但能排除大量烟气，还能排出火灾中 70% ～ 80% 的热量，从而起到控制火势蔓延的作用。

二、防排烟系统的组成及工作原理

（一）机械排烟系统的组成及工作原理

机械排烟系统是由排烟口、排烟防火阀、排烟管道、排烟风机、排烟出口及防排烟控制器等组成的。

当建筑物内发生火灾时，火场人员可以手动控制或者由感烟探测器将火灾信号传递给防排烟控制器。此时，防排烟控制器会开启活动的挡烟垂壁，将烟气控制在发生火灾的防烟分区内。同时，排烟口以及和排烟口联动的排烟防火阀会被打开。而空调系统和送风管内的防火调节阀会被关闭，以防止烟气从空调、通风系统蔓延到其他非火灾区域。最后，设置在屋顶的排烟机会将烟气通过排烟管道排至室外。

（二）机械加压送风防烟系统的组成及工作原理

机械加压送风防烟系统主要由送风口、送风管道、送风机和风机控制柜等组成。

机械防烟是在疏散通道等需要防烟的部位送入足够的新鲜空气，使其维持高于建筑物其他部位的压力，从而把着火区域所产生的烟气堵截在防烟部位之外。

为保证疏散通道不受烟气侵害使人员安全疏散，发生火灾时，从安全性角度出发，建筑内可分为四个安全区：第一类安全区为防烟楼梯间、避难层；第二类安全区为防烟楼梯间前室、消防电梯间前室或合用前室；第二类安全区为走道；第四类安全区为房间。依据上述原则，加压送风时应使防烟楼梯间压力 > 前室压力 > 走道压力 > 房间压力，同时还要保证各部分之间的压差不要过大，以免造成开门困难，进而影响疏散。

三、防排烟系统的检查

（一）系统设置检查

1. 设置场所或部位检查

检查防排烟系统的设置场所或部位是否符合规范和设计要求。

2. 系统设置方式检查

主要检查自然排烟、机械加压送风、机械排烟方式的选择是否符合规范要求。

第一，建筑高度不高、受风压作用影响较小的建筑，防烟系统宜采用自然排烟方式。不具备自然排烟条件时，防烟系统应采用机械加压送风方式。

第二，建筑高度大于 50 m 的公共建筑、工业建筑和建筑高度大于 100 m 的住宅建筑，防烟系统应采用机械加压送风方式。

第三，多层建筑排烟系统宜采用自然排烟方式，规模较大的厂房和仓库可采用可熔性采光带（窗）排烟。高层建筑主要受自然条件（如室外风速、风压、风向等）的影响较大，排烟系统采用机械排烟方式较多。

3.防烟分区划分检查

主要检查防烟分区的划分方式、划分面积等是否符合规范和设计要求。

第一，防烟分区的划分宜与火灾自动报警探测区域面积相一致。建筑内采用隔墙等建筑结构形式形成封闭的分隔场所或部位（如房间、走廊、厅堂等），该空间宜单独划分为一个防烟分区，不宜将多个相邻的场所或部位叠加划分为一个防烟分区。有特殊用途的场所应单独划分防烟分区。

第二，防烟分区不应跨越防火分区，一般不应跨越楼层。

第三，一般情况下，每个防烟分区的建筑面积不宜超过 500 m²。汽车库、修车库、地铁站厅与站台公共区的每个防烟分区的建筑面积不宜超过 2 000 m²；地铁设备与管理用房每个防烟分区的建筑面积不宜超过 750 m²。

（二）系统组件检查

1.风机和控制柜检查

第一，风机应设置在专用的机房内，并采用耐火极限不低于 200 h 的防火隔墙、1.50 h 的楼板与其他部位分隔，开向建筑内的门应采用甲级防火门；风机选型和风量应符合设计要求；加压送风机和补风机的室外进风口宜布置在排烟风机室外排烟口（出风口）的下方，且高差不宜小于 3 m，水平布置时水平距离不宜小于 10 m。

第二，风机和控制柜应有注明系统名称和编号的标志，加压送风机、排烟风机的铭牌应清晰，风量、风压应符合设计要求。

第三，控制柜的控制、指示功能应符合《消防联动控制系统》（GB 16806—2006）对电气控制装置的要求。在风机房或风机安装处，手动直接启动风机，启动后运转应正常，无异常振动与声响，仪表、指示灯显示应正常，开关及控制按钮应灵活可靠。消防控制室联动控制器远程手动启、停风机，其运行应正常，反馈信号应正常。

2. 挡烟设施检查

第一，检查挡烟设施的设置是否符合规范要求。防烟分区宜采用隔墙、顶棚下凸出不小于 500 mm 的结构梁以及顶棚或吊顶下凸出不小于 500 mm 的不燃烧体（挡烟垂壁）等挡烟设施进行分隔。

第二，挡烟垂壁应设置永久性标牌，其组装、拼接或连接等应牢固，不应有错位和松动现象。

第三，检查挡烟垂壁材料。金属板材的厚度不应小于 0.8 mm，熔点不应低于 750 ℃；不燃无机复合板的厚度不应小于 10 mm；玻璃材料应为防火玻璃。

3. 加压送风口、排烟口（阀）、排烟防火阀、防火阀检查

第一，加压送风口、排烟口、防火阀、排烟防火阀设置部位应正确，安装应牢固，截面尺寸、数量、阀件的控制功能等应符合设计要求。

第二，常闭式加压送风口、排烟口（阀）以及阀件的手动开启装置应设在便于操作处。对常闭式加压送风口、排烟口（阀）以及阀件进行电动、手动开启与复位操作时，执行机构动作灵敏可靠，关闭时应严密，在消防控制室的反馈信号应正确。在实际工程中，风口（阀）启闭故障，应予以维修。

4. 送风管道（井）和排烟管道（井）检查

第一，管道（井）的材质、耐火极限应符合规范和设计要求，管道的连接以及管道与设备或组件的连接应严密、牢固，无明显缺陷。

第二，送风管道（井）和排烟管道（井）应采用不燃材料制作。当采用金属风道时，管道风速不应大于 20 m/s；当采用非金属材料风道时，管

道风速不应大于 15 m/s；当采用土建墙内预留风道时，管道风速不应大于 10 m/s。砖、混凝土风道的灰缝应饱满，内表面水泥砂浆面层应平整、无裂缝，不应漏风、渗水。

第三，送风管道（井）和排烟管道（井）应采用耐火极限不小于 1.00 h 的隔墙与相邻部位分隔。送风管道应独立设置在管道（井）内。当必须与排烟管道布置在同一管道（井）内时，排烟管道的耐火极限不应小于 2.00 h。

第四，未设置在管道（井）内的加压送风管道，其耐火极限不应小于 1.50 h。排烟管道的耐火极限不应低于 0.50 h，当水平穿越两个及两个以上防火分区或排烟管道在走道的吊顶内时，其管道的耐火极限不应小于 1.50 h；排烟管道不应穿越前室或楼梯间，在特殊困难情况下必须穿越时，其耐火极限不应小于 2.00 h。

（三）系统联动控制功能检查

自动控制方式下，模拟火灾报警，根据规范要求和设计模式，相应区域的加压送风口、加压送风机开启，相应区域的活动式挡烟垂壁降落，自动排烟窗、排烟口（阀）、排烟风机开启，相应区域的空气调节系统停止，电动防火阀关闭并向消防控制室内的联动控制器反馈信号。当通风与排烟合用双速风机时，能自动切换到高速运行状态。

可采用微压计，在风机保护区域的顶层、中间层及最下层测量防烟楼梯间、前室、合用前室的余压，防烟楼梯间的余压值应为 40 Pa ～ 50 Pa，前室、合用前室的余压应为 25 Pa ～ 30 Pa。

可采用风速仪，测量门洞处、送风口、排烟口、补风口的风速：门洞处的风速不应小于 0.7 m/s，送风口风速不宜大于 7 m/s，排烟口风速不宜大于 10 m/s，机械补风口风速不宜大于 10 m/s，人员密集场所补风口风速不宜大于 5 m/s，自然补风口风速不宜大于 3 m/s。

第三节　消火栓给水系统

一、室外消火栓给水系统

（一）室外消火栓给水系统的作用

室外消防给水系统是指设置在建筑物外墙中心线以外的一系列消防给水工程设施，是建筑消防给水系统的重要组成部分。该系统大到可以担负整个城镇的消防给水任务，小到可能仅担负居住区、工矿企业或单体建筑物室外部分的消防给水任务，其通过室外消火栓（或消防水鹤）为消防车等消防设备提供火场消防用水，或通过进户管为室内消防给水设备提供消防用水。

（二）室外消火栓给水系统的组成

根据室外消火栓给水系统的不同类型以及水源、水质等具体情况，系统的组成会有所不同。一些较复杂的系统如生活、生产、消防合用的室外给水系统，通常包括消防水源、取水设施、水处理设施、给水设备、给水管网和室外消火栓等设施。然而独立消防给水系统就相对比较简单，可以省去水处理设施。

（三）室外消防给水系统的类型

1. 按水压不同分类

（1）室外低压消防给水系统

室外低压消防给水系统是指系统管网内平时水压较低，仅够满足提供消防用水量，而火场上水枪压力则由消防车或其他移动式消防水泵加压产生。这种系统常见于城镇和居民区。在采用低压消防给水系统时，需要保证管道内的供水压力能够满足灭火场最不利点的水压不小于 0.1 MPa（从室外地面为基准）。

（2）室外临时高压消防给水系统

室外临时高压消防给水系统是指系统管网内平时水压不高，发生火灾时，临时启动泵站内的消防水泵，使管网内的供水压力达到高压消防给水管网的供水压力要求。一般在石油化工厂，甲、乙、丙类液体或可燃气体储罐区内多采用这种系统。

（3）室外高压消防给水系统

室外高压消防给水系统指无论有无火警，系统管网内经常保持足够的水压和消防用水量，火场上不需使用消防车或其他移动式消防水泵加压，直接从消火栓接出水带、水枪即可实施灭火。在有可能利用地势设置高地水池或设置集中高压消防水泵房时，可采用室外高压消防给水系统。采用室外高压消防给水系统时，其管道内的供水压力应能保证在生产、生活和消防用水量达到最大用水量时，布置在保护范围内任何建筑物最高处水枪的充实水柱仍不小于 10 m。

2. 按用途不同分类

（1）生产、生活、消防合用给水系统

生产、生活、消防合用给水系统是指居民的生活用水、工厂企业的生产用水及城镇的消防用水统一由一个给水系统来提供。一般城镇都采用这种消防给水系统形式。因此，该系统应在生产、生活用水量达到最大时仍能供应全部的消防用水量。

采用生活、生产、消防合用给水系统可以节省投资，且系统利用率高，特别是生活、生产用水量大而消防用水量相对较小时，这种系统更为适宜。但应该指出，目前我国许多城市缺水现象严重，消防用水量难以满足，存在着消火栓数量不够、水压不足的问题，针对这种情况，应采取相应的补救措施，例如，可视具体情况考虑设置一些必要的储存消防用水设施。

（2）生产、消防合用给水系统

在某些企事业单位内，可设置生产、消防共用一个给水系统，但要保证当生产用水量达到最大小时流量时，仍能保证全部的消防用水量，并且还应确保消防用水时不致引起生产事故，生产设备检修时不致引起消防用水的中断。生产用水与消防用水的水压要求往往相差很大，在消防用水时可能影响生产用水，或由于水压提高，生产用水量增大而影响消防用水量。因此，在工厂企业内较少采用生产用水和消防用水合并的给水系统，而较多采用生活用水和消防用水合并的给水系统，并辅以独立的生产给水系统。

（3）生活、消防合用给水系统

城镇和机关事业单位内广泛采用生活用水和消防用水合并的给水系统。这种系统形式可以保持管网内的水经常处于流动状态，水质不易变坏，而且在投资上也比较经济，便于日常检查和保养，消防给水较安全、可靠。采用生活、消防合用的给水系统。

（4）独立的消防给水系统

工业企业内生产和生活用水量较小而消防用水量较大时，或生产用水可能被易燃、可燃液体污染时，以及易燃液体和可燃气体储罐区，常采用独立的消防给水系统。独立消防给水系统只在灭火时才使用，投资较大，因此往往建成临时高压给水系统。

二、室内消火栓给水系统

（一）室内消火栓给水系统的作用

室内消火栓给水系统是指一种既可供火灾现场人员使用消火栓箱内的消防水喉或水枪扑救建筑物的初期火灾，又可供消防队员扑救建筑物大火的室内灭火系统。在以水为灭火剂的消防给水系统中，室内消火栓给水系统在灭火效果和扑灭火灾的及时迅速方面不如自动喷水灭火系统，但工程造价低，节省投资，适合我国国情。因此，该系统是建、构筑物应用最广泛的一种主要灭火系统。

（二）室内消火栓给水系统的组成

室内消火栓给水系统由以下组件组成：消防水源、消防给水设施、消防给水管网、室内消火栓设备、控制设备等。其中：消防给水设施包括消防水泵、消防水箱、水泵接合器等，该设施的主要任务是为系统储存并提供灭火用水；消防给水管网包括进水管、水平干管、消防竖管等，其任务是向室内消火栓设备输送灭火用水；室内消火栓设备包括水带、水枪、水喉等，它是供人员灭火使用的主要工具；控制设备用于启动消防水泵以及监控系统的工作状态。通过这些设施有机协调地工作，确保系统的灭火效果。

（三）室内消火栓给水系统的类型

1.按压力高低分类

（1）室内高压消防给水系统

室内高压消防给水系统（又称常高压消防给水系统），指无论有无火警，系统经常能保证最不利点灭火设备处有足够高的水压，火灾时不需要再开启消防水泵加压。一般当室外有可能利用地势设置高位水池（例如在山岭上较高处设置消防水池）或设置区域集中高压消防给水系统时，才具备高压消防给水系统的条件。

（2）临时高压消防给水系统

临时高压消防给水系统，指系统平时仅能保证消防水压而不能保证消防用水量，发生火灾时，通过启动消防水泵提供灭火用水量。独立的高层建筑消防给水系统，一般均为临时高压消防给水系统。

2.按用途分类

（1）合用的消防给水系统

合用的消防给水系统又分生产、生活和消防合用给水系统，生活和消防合用给水系统，生产和消防合用给水系统。

室内生活和生产用水对水质要求相似，而消防用水量相对较少。在室外给水系统中，水压通常较高，管径也较大。对于哪些利用室外管网直接供水的低层公共建筑和厂房，可采用生产、生活和消防合用给水系统；生活用水量较少，而消防用水量较大的低层工业与民用建筑，为节约投资，可以采用生活和消防合用给水系统；另外，对于生产用水量较大、消防用水量相对较小，而且在消防用水时不会引起生产事故，生产设备检修时可能会引起消防用水中断的情况，低层厂房可采用生产和消防合用的给水系统。然而，由于生产和消防用水的水质和水压要求相差较大，因此一般很少采用生产和消防合用给水系统。

（2）独立的消防给水系统

对于高层建筑而言，为满足发生火灾立足于自救，保证充足的消防用水量和水压，其建筑消防给水系统应采用独立的消防给水系统。对于单、多层建筑消防给水系统而言，可采用独立的消防给水系统，如生产、生活、消防合并不经济或技术上不可能时。

3.按系统的服务范围分类

（1）独立的高压（或临时高压）消防给水系统

独立的高压（或临时高压）消防给水系统，指每幢建筑物独立设置水池、水泵和水箱的高压（或临时高压）消防给水系统。该系统供水安全可靠，但投资较大，管理较分散。对于重要的高层建筑以及在地震区、人防要求较高的建筑宜采用此系统。

（2）区域集中的高压（或临时高压）消防给水系统

区域集中的高压（或临时高压）消防给水系统，指数幢或数十幢建筑共用一个加压水泵房的高压（或临时高压）消防给水系统。该系统便于集中管理，节省投资，但在地震区安全性较低。因此，被合理规划的建筑小区宜采用区域集中的高压（或临时高压）消防给水系统。

三、消防给水系统的检查

（一）消防水源

1.市政供水管网

（1）检查室外给水管网的管道完好情况、供水能力

打开室外管道井（管沟），查看管道外表、连接处是否锈蚀，查看连接处是否有漏水、渗水现象；完全打开消防水池、高位消防水箱的补水阀，利用流量计或其他方法测量补水管的供水能力。

（2）检查阀门状态

打开阀门井盖，检查阀门本体上操作手轮、手柄等是否齐全；沿着供水管路观察，安装在供水、泄压管路上的阀门是否处于完全开启状态，安装于

测试管路上的阀门是否处于关闭状态；根据阀体上标注的启闭方向，操作手轮或手柄，检查其操作灵活性。

（3）检查进户管组件完好情况

打开水表井盖，检查进户管组件是否齐全。确认两路进户管的安装位置，在条件许可的情况下，关闭一路进户管控制阀，测试另一路进户管的供水能力；供水能力保持不变，判断管网是否布置为环状。

2.消防水池

（1）检查储水量

打开液位计进水阀，观察浮标的升起高度，读取水池液位高度，依据水池、水箱截面积，计算实际储水量；根据计算结果，判断实际储水量是否满足消防用水量要求。设有电子水位仪的，可以直接读取储水量。

（2）检查消防用水保证措施

在消防水池清洗时，专门检查合用消防水池是否采取了保证消防用水不被他用的措施；在寒冷季节，检查消防水池的防冻措施是否有效；在枯水期、干旱季节，根据水位标尺读数及水池几何形状、尺寸，计算露天消防水池的实际储水量，判断其是否满足消防用水量要求。同时，应检查其池底淤泥厚度和水面杂物情况是否影响到消防泵组取水。

（3）检查消防水池组件功能

实地检查消防水池、高位消防水箱的排污管、溢流管是否引向集水井，通气孔是否畅通等；进水控制阀自闭性能是否良好；供消防车取水的取水口保护措施是否完好、标志是否清晰；在消防控制室实地查看水位信息远传功能。

3.高位消防水箱

高位消防水箱是指设置在高处直接向水灭火设施重力供应初期火灾消防用水量的储水设施。按照容量大小，高位消防水箱可分为以下六种规格：$100\ m^3$、$50\ m^3$、$36\ m^3$、$18\ m^3$、$12\ m^3$及$6\ m^3$。按照组装方式的不同可分为现场浇筑型、拼装型及焊接型等。按照制作材料的不同可分为混凝土型、钢板型、玻璃钢型三种。按照用途不同可分为生产、生活与消防合用水箱，独立消防水箱。其检查要点分为以下内容。

（1）检查储水量

拉动浮球阀观察能否自动补水、出水管的控制阀是否常开；或打开水箱盖板，用手按下浮球，检查补水功能；或打开泄水口泄水，看是否能补水。检查智能一体化液位显示监控报警系统。

（2）检查保护措施

实地查看合用消防水箱消防用水不被他用的保护设施是否完好有效；实地查看寒冷地区消防水箱的防冻设施是否完好有效。

（3）检查组件功能

实地查看消防水箱排污管、溢流管是否直接排向屋面排水沟，消防水箱出水管上控制阀是否处于常开状态；打开水箱盖板，用手按下进水阀的浮球，检查补水功能；启动消防水泵，通过观察溢流管是否出水，判断水箱出水管上止回阀的防止水倒流的功能是否正常；在消防控制室实地查看水位信息远传功能。

4. 天然水源

天然水源是指自然存在的江、河、湖、海、泉、井等水体。其检查要点分为以下几个方面。

（1）储水量

在干旱季节，应进行实地检查以确定最低水位的储水量是否满足消防设计文件要求。同时，应检查最低水位是否超过消防车吸水高度以确保消防车在任何情况下都能有效地吸取水源。另外，还应检查消防泵组取水口是否设置隔栅或过滤等措施，以确保取水口的可靠性；在寒冷季节，应实地检查防冻措施是否完好有效，以防止设备在低温环境下出现故障或损坏。

（2）取水设施

实地检查取水码头、消防车道及回车场地是否满足消防车取水、通行等，以及联合辖区消防中队利用消防车实地测试天然水源取水管道的严密性。

（二）消防供水设施设备检查

1. 气压给水设备

气压给水设备，也被称为气压供水装置、无塔供水设备或储能器等，是一种利用密闭容器气压水罐的设备。在泵的作用下，将水压入罐内，然后利用罐内贮存气体的可压缩和膨胀的特性，将罐内贮存的水压送入输配水管网，以满足用水点的水压和水量要求。它不仅具有升压、调节、贮水、供水、蓄能等功能，而且还可以控制水泵的启停。与水塔和高位水箱相比，其功能相同，但在水泵运行或非运行时间内能自动、连续地向给水系统供水。其检查要点分为以下几个方面。

（1）检查设备外观

实地查看气压罐及其组件外观是否存在锈蚀、缺损情况；系统标志是否清晰、完整，所配阀门是否处于正常状态；配套电气组件（如电接点压力表）是否处于完好有效状态；泵组电气控制箱是否处于"自动"状态，配电是否实现两路电源末端自动切换且功能正常等。

（2）检查补水功能

将水泵的电气控制柜设置为"自动"运行模式，手动开启自动喷水灭火系统的末端试验阀，或开启屋顶试验消火栓，或者配用安全阀、测试阀，模拟所属系统泄漏，观察电接点压力表指针下降到启动水泵位置时，补水泵是否能自动启动。

关闭已打开的试验消火栓（或末端试验装置）并确保安全。观察电接点压力表指针上升到停泵位时，补水泵是否能自动停止。

（3）主备泵组自动切换功能

将水泵控制柜运行模式设置为"1 主 2 备"的"自动"运行模式，稍微打开消防水泵测试管路控制阀，模拟系统管网漏水。待电接点压力表指针下降到启泵位时，1 号泵自动投入运行。打开水泵控制柜柜门，找到并按下1 号泵组热保护继电器，1 号泵停止运行，其运行灯熄灭、故障灯点亮，同时 2 号泵自动投入运行，其运行灯点亮；（应由专业电工操作）松开热保护继电器，2 号泵停止运行，1 号泵投入运行；（应由专业电工操作）关闭测试阀，待电接点压力表指针升至停泵位时，1 号泵自动停止运行，系统复位。

（4）主备电源自动转换功能

打开双电源自动转换控制柜，找到转换开关，按下转换"手动 / 自动"转换模式按钮，用手拉动"常用"手柄，使指针指向"R 合"，观察备用电源投入运行情况；（应由专业电工操作）用手拉动"常用"手柄，使指针指向"N 合"，观察常用电源投入运行情况；（应由专业电工操作）条件许可情况下，测试两路配电自动互换功能是否正常。

2.增稳压设备

增压稳压给水设备是指利用增压、稳压泵来维持消防给水系统所需工作压力，为防止增压、稳压泵频繁启、停，通常配置具有一定调节容量的小型气压罐。

按照设置的位置不同，增压稳压给水设备可分为上置式和下置式两类。上置式增压稳压给水设备设置在屋顶消防水箱处，下置式增压稳压给水设备一般设置在消防泵房内。按照服务消防给水系统的不同，可分为自动喷水灭火系统增压稳压给水设备、室内消火栓系统增压稳压给水设备、自动喷水灭火系统与室内消火栓系统合用增压稳压给水设备。

检查稳压管路阀门是否处于正常状态并有明显标志。查看消防水箱的排污管、溢流管是否直接排向排水沟。消防水箱出水管的控制阀是否常开。

检查增压稳压给水设备的注意事项如下：启动增压泵前，先手动转动联轴器，判断是否锈蚀、卡死；增压泵启动后，电接点压力表指针已升至停泵值时仍运行，可通过切断电源强制停机；半开启末端试水装置后，电接点压力表压力持续下降，应注意增压泵是否反转，启泵、停泵周期与气压缺失的关系。（以上操作由消防维保单位专业人员操作）

3.消防水泵

消防水泵是向固定或移动的灭火系统输送有一定压力和流量的水等液体灭火剂的专用泵。

建筑内使用的消防泵及泵组，按照动力装置的不同分为柴油机泵、内燃机泵及电动机泵；按照安装方式可分为立式和卧式两类；按照水泵级数的不同可分为单级泵和多级泵；消防泵的规格按其额定压力的大小，可分为低压泵、中压泵、高压泵三个规格。低压泵的压力一般小于或等于 1.3 MPa，中压泵的压力为 1.4 MPa～2.5 MPa，高压泵的压力为大于或等于 3.5 MPa。其检查要点分为以下几个方面。

（1）检查消防水泵组电气控制装置工作状态

实地查看电气控制装置面板仪表、指示灯、所属系统标志等是否完好；转换开关是否处于"自动"运行模式；面板手动操作部件是否灵活；消防联动控制模块是否处于完好有效状态；具有自动巡检功能的电气控制柜还应实地检查自动巡检功能。

（2）检查消防水泵运行情况

用手左右转动消防泵组联轴器，检查消防泵组是否存在锈蚀、卡死等现象。

将水泵电气控制柜的转换开关置于"手动"模式，分别按下主、备泵的"启动"按钮，待"启动"指示灯亮起即按下相应的"停止"按钮。观察联轴器的运转方向并与泵体上标注的运行方向进行对比，如果运转方向一致，则表示电源相序正确。

在"手动"模式下，打开水泵出水管上的测试阀、关闭连接系统管网的供水控制阀，在主、备消防泵组上分别按下"启动"按钮，查、听消防泵组运行情况。

在供水控制阀关闭、测试阀开启的情况下，将水泵电气控制柜置于"1主2备"的"自动"运行模式，电话通知消防控制室值班人员，按下消防联动控制器上消防泵组"启动"按钮，观察1号泵组运行、信号反馈情况，待信号反馈后，值班人员复位"启动"按钮；待水泵停止运行后，将水泵电气控制柜置于"1备2主"的"自动"运行模式，按照前述步骤远距离启动2号泵。在2号泵组正常运行情况下，打开消防泵电气控制柜面板，用手将2号泵的空气开关拉脱，观察1号自动投入运行及相关信息显示情况是否正常。

消防水泵应有注明系统名称和编号的标志牌；进出口阀门应常开，标志牌应正确；压力表、试水阀及防超压装置等均应正常。（试验过程中，应有通信保障、设施维护人员陪同，以上操作由消防维保单位专业人员

操作）

（3）检查消防水泵组供水能力

检查消防泵组运行功能前，可将便携式超声波流量计安装于测试管路上，在完成泵组各项功能检查的同时，也测量出泵组的流量。同时，观察管网上的压力表的稳定读数，该读数即为泵组的扬程。

（4）检查消防水泵房管网布置

检查消防泵组吸水管、出水管及出水管上的泄压阀、水锤消除设施、止回阀、信号阀等是否符合消防设计文件要求；检查泵组吸水管、出水管以及消防水池连通管上的控制阀是否锁定；检查泵组吸水管数量是否不少于两条。

（5）消防水泵房检查

泵房入口处挡水设施是否完好；泵房内排水设施的排水能力是否满足要求；进出泵房管孔、开口等部位的防火封堵措施是否完好；柴油机消防泵组的排气管道是否严密；湿度较大的消防泵房是否有除湿设备并良好运行；水泵各项操作规程、维护保养制度是否上墙并具有可操作性等；消防水泵房的防火条件是否符合设计要求；检查消防水泵组末端配电柜，按照气压给水设备的有关要求检查末端配电柜是否具有双电源自动切换功能。

4. 消防水泵接合器

消防水泵接合器是一种火场临时供水设施。其作用是：当室内消防水泵因故停止运转时，利用消防车从室外消火栓或消防水池取水，通过水泵接合器向室内管网供水；或遇大火室内消防用水量不足时，利用消防车从室外消火栓或消防水池取水，通过水泵接合器向室内管网补充用水。

消防水泵接合器检查要点分为以下几个方面：查看标志牌，检查相关组件是否完好有效；检查水泵接合器周围消防水源、操作场地是否完好；用消防车等移动供水设施对每个水泵接合器进行供水试验；检查消防水泵接合器与室外消火栓或消防水池的距离是否在 15 m ～ 40 m 的范围内；是否设置永久性标志铭牌，标明供水系统、供水范围和额定压力。

（三）消防供水管网、阀门

1. 消防供水管网

检查供水管道的材质、公称直径、连接方式、管网形式是否符合消防技术标准；是否存在漏水现象。

2. 消防供水管网阀门

检查各种常开、常闭阀门的状态是否正确，是否处于全开启或全关闭状态；检查阀门组件是否齐全；检查阀门是否易于开启、关闭，是否存在锈蚀、阻滞现象；检查阀门是否漏水；检查各种常开、常闭阀门的永久性固定标志是否正确。

3. 检查测试室外消火栓压力

利用消火栓测试接头对室外消火栓平时运行压力进行测试。根据相关规范和标准，室外消火栓的平时运行压力不应低于 0.14 MPa。

4. 检查室外消火栓设置位置

室外消火栓应避免设置在机械易撞击的地点，如果确有困难，应采取防撞措施。

5. 检查室外消火栓供水管道及阀门工况

检查供水管网进水管数量、位置是否符合要求；检查供水管水表型号与供水管直径是否一致。

四、室内消火栓系统的检查

（一）水源

水源包括天然水源、市政给水、消防水池和高位消防水池（箱）等。对于天然水源，检查水质、水量、安全取水措施。

对于市政供水，检查供水管径、数量及供水能力。

对于消防水池，检查设置位置、外观、容积、水位和液位显示装置外观及运行状态、消防用水不被他用设施、补水设施、寒冷地区防冻措施。

对于消防水箱，检查出水管止回阀密封性，其余检查项目与消防水池检查内容相同。

（二）消防水泵房、固定消防给水设备、消防水泵、稳压泵、水泵控制柜、水泵接合器

消防水泵房、固定消防给水设备、消防水泵、稳压泵、水泵控制柜及水泵接合器的设置应符合相关要求。

（三）给水管网

室内消火栓系统管网的设置应符合相关要求。

（四）室内消火栓

1.消火栓箱

检查外观、铭牌、标志；箱内组件应配置齐全；箱门开关灵活，开启角度不小于160°；检查设置位置不应有临时或永久影响栓箱开启使用的障碍。

2.室内消火栓

检查使用形式（直角出口型、45°出口型、单阀型、双阀型、旋转型、减压型、减压稳压型）是否符合要求；检查外观、标志；阀门应启闭灵活，手轮开启高度符合标准要求，手轮开关方向标志清晰、明确；检查栓口位置并便于连接水带；借助检测专用工具检查阀座、阀杆材料；试验用消火栓应检查压力显示装置外观及工作状态显示。

3.消防水带

检查水带及接口外观、标志；水带规格和长度应符合规范要求，检查水

带长度不应小于标称长度 1 m（水带长度不包括接口）；接口材料应为耐腐蚀性材料，使用铝合金材料应按规定进行阳极氧化或静电喷塑防腐处理。

4.消防水枪

检查水枪外观、铭牌、标志；检查使用规格型号是否符合要求。

5.消防软管卷盘

检查外观、铭牌、标志；软管类别、内径、长度和配套喷枪是否符合要求，配套喷枪应带有开关，软管长度不应小于标称长度 1 m；卷盘应能绕水平转臂轴向外摆动，摆动角度不小于 90°，摆动时应无卡阻现象；检查消防软管卷盘进水控制阀，阀门开关灵活并有指示标志，顺时针方向为关闭方向。

（五）阀门

室内消火栓系统采用的阀门及设置应符合相关要求。

在设置干式消火栓系统的建筑或场所，应检查系统充水时间是否小于或等于 5 min。供水干管上的快速启闭装置应该是干式报警阀、雨淋阀或电磁阀、电动阀。当采用雨淋阀、电磁阀和电动阀时，在消火栓箱处应设置直接开启阀门的手动按钮，电动阀的开启时间不应超过 30 s。采用电磁阀时，应使用弹簧式非浸泡在水中的失电开启型阀门。检查系统管网上设置的自动快速排气阀。（以上操作由消防维保单位专业人员操作）

（六）系统功能检查

选择系统最不利处的消火栓，连接压力表及闷盖，开启消火栓，测量栓口静水压力；连接水带、水枪，触发消火栓按钮，查看消防水泵启动、压力和反馈信号显示，消防水泵应能在 2 min 内达到正常运转状态，测量最不利点处和最有利处消火栓出水压力应符合消防技术文件和《消防给水及消火栓系统技术规范》（GB 50974—2014）的相关要求；测试完成应使系统恢复至正常工作状态。

第四节　自动喷水灭火系统

一、自动喷水灭火系统的作用

自动喷水灭火系统是指由洒水喷头、报警阀组、水流报警装置（水流指示器或压力开关）等组件以及管道、供水设施组成，并能在发生火灾时喷水的自动灭火系统。该系统平时处于准工作状态，当设置场所发生火灾时，喷头或报警控制装置探测火灾信号后立即自动启动喷水，用于扑救建、构筑物初期火灾。

二、自动喷水灭火系统的类型

自动喷水灭火系统按安装的喷头开闭形式不同分为闭式（包括湿式系统、干式系统、预作用系统、重复启闭预作用系统和自动喷水 - 泡沫联用系统）和开式系统（包括雨淋系统和水幕系统）两大类型。

（一）湿式系统

湿式系统是指准工作状态时管道内充满用于启动系统的有压水的闭式系统。湿式系统由闭式喷头、湿式报警阀组、管道系统、水流指示器、报警控制装置和末端试水装置、给水设备等组成。

火灾发生时，火源周围环境温度上升，火焰或高温气流使闭式喷头的热敏感元件动作，喷头被打开喷水灭火。此时，水流指示器由于水的流动被感应并送出电信号，在报警控制器上显示某一区域已在喷水，湿式报警阀后的配水管道内的水压下降，使原来处于关闭状态的湿式报警阀开启，压力水流向配水管道。随着报警阀的开启，报警信号管路开通，压力水冲击水力警铃发出声响报警信号，同时，安装在管路上的压力开关接通发出相应的电信号，直接或通过消防控制中心自动启动消防水泵向系统加压供水，达到持续自动喷水灭火的目的。

湿式系统是自动喷水灭火系统中最基本的系统形式，在实际工程中最常用。其具有结构简单，施工、管理方便，灭火速度快，控火效率高，建设投资和经常管理费用省，适用范围广等优点，但使用受到环境温度的限制，适用于环境温度不低于 4 ℃且不高于 70 ℃的建、构筑物。

湿式自动喷水灭火系统的检查分为以下几个方面。

1. 水源

第一，检查室外给水管网的进水管管径、数量和供水能力。

第二，检查高位消防水箱、消防水池的消防有效容积、水位测量与指示装置。

第三，检查消防气压给水装置的供水工作参数。

第四，采用地表天然水源作为消防水源时，检查其水位、水量、水质等，并根据有效水文资料检查天然水源枯水期的最低水位、常水位、洪水位。

第五，根据地下水井抽水试验资料，确定常水位、最低水位、出水量和水位测量装置等技术参数和装备。

2. 消防水池

第一，消防水池的补水时间不宜超过 48 h；对于缺水地区或独立的石油库区，不应超过 96 h；高层消防水池的补水时间不宜超过 48 h；人防工程消防水池的补水时间不应超过 48 h。消防水池进水管管径应经计算确定，且不应小于 DN100。

第二，容量大于 500 m^3 的消防水池，宜设两个能独立使用的消防水池。

第三，供消防车取水的消防水池，其保护半径不应大于 150 m。

第四，消防用水与生产、生活用水合并的水池，应采取确保消防用水不作他用的技术措施。

第五，严寒和寒冷地区的消防水池应采取防冻保护设施。

3. 消防水箱

第一，消防用水与其他用水合用的水箱，应采取消防用水不作他用的技术措施。

第二，重力自流的消防水箱应设置在建筑的最高部位，对于消火栓系统，出水管的公称管径不应小于 DN100。

第三，除串联的消防给水系统外，火灾时由消防水泵供给的消防用水不应进入高位消防水箱。

第四，消防水箱可分区设置，并联给水方式的分区消防水箱容量应与高位消防水箱相同。

4. 消防水泵房

第一，独立设置的消防水泵房，其耐火等级不应低于二级。附设在建筑内的消防水泵房，应采用耐火极限不低于 2.00 h 的隔墙和 1.50 h 的楼板与其他部位隔开。并应设甲级防火门。

第二，当消防水泵房设置在首层时，其出口应直通室外。当设在地下室或其他楼层时，其出口应直通室外或安全出口。

第三，消防水泵房应有不少于两条的出水管直接与环状消防给水管网连接，当其中 1 条出水管关闭时，其余的出水管应仍能通过全部用水量。

第四，泵房的应急照明、通信设施、消防排水、消防水泵控制柜的设置应符合规范的要求。

5. 消防水泵

第一，检查消防水泵主、备电源切换装置。

第二，消防泵组及其消防管道上使用的控制阀应有明显启闭标志，并能锁定阀位于全开。

第三，消防泵的出水管上应设置 DN65 的试验放水阀，并能满足泵的性能检测要求。

第四，消防泵进、出水管及其控制阀、止回阀、泄压阀、压力表、水锤消除器、可曲挠橡胶接头等的设置应满足功能要求，并确保其规格、型号、数量符合设计要求。

第五，消防水泵应采用自灌式引水，其自灌式引水方式应在整个火灾延续时间内都符合要求。

6.稳压泵

第一，检查稳压泵的型号、规格，其进、出水管道和附件的设置应满足使用功能要求。

第二，稳压泵供电符合规范要求，主、备电源应能正常切换。

第三，稳压泵控制符合规范要求，并有防止其频繁启动的技术措施。

7.报警阀

第一，报警阀及其组件应符合产品标准要求，报警阀组的安装应符合规范要求。

第二，确保水力警铃的设置位置正确并固定在墙面上。

第三，打开试警铃阀时，在阀板不开启的条件下，压力开关、水力警铃系统的供气定压装置应能正常工作。

第四，当系统由火灾自动报警系统联动控制时，其联动控制功能应符合系统要求。

第五，报警阀的进、出口控制阀应采用信号阀或者具有明显的启闭标志，同时能够将锁定阀锁定在全开的位置。

（二）干式系统

干式系统是指准工作状态时配水管道内充满用于启动系统的有压气体的闭式系统。干式系统主要由闭式喷头、管网、干式报警阀组、充气设备报警控制装置、末端试水装置和给水设施等组成。

平时，干式报警阀后配水管道及喷头内充满有压气体，用充气设备维持报警阀内气压大于水压，将水隔断在干式报警阀前，干式报警阀处于关闭状态。发生火灾时，闭式喷头受热开启首先喷出气体，排出管网中的压缩空气，于是报警阀后管网压力下降，干式报警阀阀前的压力大于阀后压力，干式报警阀开启，水流向配水管网，并通过已开启的喷头喷水灭火。在干式报警阀被打开的同时，通向水力警铃和压力开关的报警信号管路也被打开，水流推动水力警铃和压力开关发出声响报警信号，并启动消防水泵加压供水。

干式系统的主要工作过程与湿式系统并无本质区别，只是在喷头动作后有一个排气过程，这将影响灭火的速度和效果。因此，为使压力水迅速进入充气管网，缩短排气时间，并尽早喷水灭火，干式系统的配水管道应配备快速排气阀。有压充气管道的快速排气阀入口前应设置电磁阀。

干式系统适用于环境温度低于4℃或高于70℃的场所。

对系统的水源、供水设施、管网及附件、干式报警阀组、喷头、检验装置等进行检查，并应符合设计和规范的要求。

1. 水源

第一，检查室外给水管网的进水管管径、数量和供水能力。

第二，检查高位消防水箱、消防水池的有效容积和水位测量与指示装置。

第三，检查消防气压给水装置的供水工作参数是否符合规范要求。

第四，采用地表天然水源作为消防水源时，检查其水位、水量、水质等，并根据有效水文资料检查天然水源枯水期的最低水位、常水位、洪水位。

第五，根据地下水井抽水试验资料，确定常水位、最低水位、出水量和水位测量装置等技术参数和装备。

2. 消防水池

第一，通过消防水池液位显示装置，检查核实消防水池储水量是否符合要求。

第二，检查消防用水与生产、生活用水合并的水池，是否采取确保消防用水不作他用的技术措施。

第三，检查严寒和寒冷地区的消防水池是否采取防冻保护设施。

第四，检查消防水池的补水设施是否完好有效。

3. 消防水箱

第一，通过消防水箱液位显示装置，检查核实消防水池储水量是否符合要求。

第二，检查消防用水与生产、生活用水合并的消防水箱，是否采取确保消防用水不作他用的技术措施。

第三，检查严寒和寒冷地区的消防水箱是否采取防冻保护设施。

第四，检查消防水箱的补水设施是否完好有效。

4. 消防水泵房

第一，独立设置的消防水泵房，其耐火等级不应低于二级。附设在建筑内的消防水泵房，不应设置在地下三层及以下，或室内地面与室外出入口地坪高差大于 10 m 的地下楼层。应采用耐火极限不低于 2.00 h 的隔墙和 1.50 h 的楼板与其他部位隔开，并应设甲级防火门。

第二，当消防水泵房设置在首层时，其出口应直通室外；当设在地下室或其他楼层时，其疏散门应直通安全出口。

第三，消防水泵房应有不少于两条的出水管直接与环状消防给水管网连接，当其中 1 条出水管关闭时，其余的出水管应仍能通过全部用水量。

第四，泵房应设排水设施，消防水泵和控制柜应采取安全保护措施。

第五，检查消防通信、消防应急照明等设施是否完好有效。

5. 消防水泵

第一，检查消防水泵主、备电源切换装置。

第二，按规定测试消防水泵控制柜的控制显示功能、防护等级。

第三，消防泵组及其消防管道上使用的控制阀应有明显的启闭标志，除用于测试的阀门外，其余阀门应能锁定阀位于全开。

第四，分别开启系统中每一个末端试水装置、试水阀时，消防水泵均应能正常启动，系统中的水流指示器、压力开关等信号装置应能正常动作，消防水泵均应能正常启动。

第五，设置消防气压给水装置的自动喷水灭火系统，使其气压给水装置的气压降至气压罐最高工作压力时，消防气压给水装置应能发出启动消防水泵的控制信号。

第六，消防泵进、出水管及其控制阀、止回阀、泄压阀、压力表、水锤消除器、可挠曲接头等的设置应满足功能要求，其规格、型号、数量符合规范要求。

6.稳压泵

第一，检查稳压泵的型号、规格，其进、出水管道和附件的设置应满足使用功能要求。

第二，稳压泵供电符合规范要求，备用稳压泵的主、备电源应能正常切换。

第三，稳压泵控制符合规范要求，并有防止其频繁启动的技术措施。

7.干式报警阀

第一，报警阀及其组件应符合产品标准要求，报警阀组的安装应符合规范，应有注明系统名称和保护区域的标志牌。

第二，打开试警铃阀时，在阀板不开启的条件下，压力开关、水力警铃应能正常动作，且距水力警铃 3 m 远处其连续声强符合规定。

第三，空气压缩机和气压控制装置状态正常，压力表显示符合设定值。

第四，当系统由火灾自动报警系统联动控制时，其联动控制功能应符合系统要求。

8.系统管网和附件、组件的检查

第一，消防给水系统形式和管网构成符合规范要求，环网阀门布置满足规范要求，环网应能实现双向流动。

第二，管道材质、管径、连接方式、防腐和防冻措施、标志以及支吊架设置符合规范要求。此外，配水主立管与水平配水管的连接不应使用机械三通（或四通），其他机械三通（或四通）的使用也应符合规范要求。

第三，管网上的控制阀应为具有明显启闭标志的阀门。

第四，管网上的减压阀、止回阀、控制阀、排水与排气设施、电磁阀、节流孔板、泄压阀、水锤消除装置、压力监测元件、水流报警装置等的规格、型号以及设置部位和安装方式符合规范要求。

第五，管网上的末端试水装置和试水阀的设置部位正确，部件齐全，方便使用。

第六，配水管网上喷头数量及其管径符合规范要求。

（三）预作用系统

预作用系统是指准工作状态时配水管道内不充水，由火灾自动报警系统或闭式喷头作为探测元件，自动开启雨淋阀或预作用报警阀组后，转换为湿式系统的闭式系统。

预作用系统主要由闭式喷头、预作用报警阀组或雨淋阀组、充气设备、管道系统、给水设备和火灾探测报警控制装置等组成。

预作用自动喷水灭火系统在报警阀后的管道内平时无水，充以有压或无压气体，呈干式。发生火灾时，保护区内的火灾探测器首先发出火警报警信号，报警控制器在接到报警信号后作声光显示的同时，启动电磁阀排气，报警阀随即打开，使压力水迅速充满管道，这样原来呈干式的系统迅速自动转变成湿式系统，完成了预作用过程。待闭式喷头开启后，便即刻喷水灭火。

对于充气式预作用系统，火灾发生时，即使由于火灾探测器发生故障，导致火灾探测系统不能发出报警信号来启动预用阀，使配水管道充水，也能够因喷头在高温作用下自行开启，使配水管道内气压迅速下降，引起压力开关报警，并启动预作用阀供水灭火。因此，对于充气式预作用系统，即使火灾探测器发生故障，预作用系统仍能正常工作。

具有下列要求之一的场所应采用预作用系统：系统处于准工作状态时，严禁管道漏水；严禁系统误喷；替代干式系统。

预作用自动喷水灭火系统的检查应包括以下几个方面：对系统的供水设施、管网及附件、报警阀组、喷头、检验装置等进行检查，并应符合规范要求。

1. 预作用报警阀

第一，报警阀及其组件应符合产品标准要求，报警阀组的安装应符合规范要求，应有注明系统名称和保护区域的标志牌。

第二，打开试警铃阀时，在阀板不开启的条件下，压力开关、水力警铃应能正常动作，且距水力警铃 3 m 远处，其连续声强符合规定要求。

第三，空气压缩机和气压控制装置状态正常，压力表显示符合设定值。

第四，当系统由火灾自动报警系统联动控制时，其联动控制功能应符合规范要求。

第五，报警阀进、出口控制阀应为信号阀，或有明显启闭标志，并能锁定阀位于全开。

第六，电磁阀的启闭及反馈信号应灵敏可靠。

2. 喷头的检查

第一，喷头的设置场所，喷头规格、型号，公称动作温度，响应时间系数（Response Time Index，RTI）符合规范要求。

第二，喷头安装间距和一只喷头的最大保护面积符合规范要求。

第三，喷头溅水盘距顶板、吊顶、墙、梁、保护对象顶部等的距离符合规范要求，遇障碍物时，喷头的避让和增补符合规范要求。

第四，在有腐蚀性气体环境或有碰撞危险环境安装的喷头，针对环境危害采取了相应的保护措施。

第五，各种不同规格型号的喷头均按规定量留有备用。

第六，配水管道的支吊架、防晃支吊架设置符合要求。

3. 自动喷水灭火系统的模拟功能试验

利用火灾报警控制器对预作用系统进行试验，火灾报警器确认火灾后，预作用报警阀、压力开关应及时动作，使水流指示器发出报警信号，消防泵应正常启动，并有信号反馈。

（四）自动喷水-泡沫联用系统

自动喷水-泡沫联用系统是在自动喷水灭火系统的基础上，增设了泡沫混合液供给设备，并通过自动控制实现在喷头喷放初期的一段时间内喷射泡沫的一种高效灭火系统。该系统主要由自动喷水灭火系统和泡沫混合液供给装置、泡沫液输送管网等部件组成。

存在较多易燃液体的场所（如地下车库、装卸油品的栈桥、易燃液体储存仓库、油泵房、燃油锅炉房等）宜按下列方式之一采用自动喷水-泡沫联用系统：采用泡沫灭火剂强化闭式系统性能；雨淋系统前期喷水控火，后期喷泡沫强化灭火效能；雨淋系统前期喷泡沫灭火，后期喷水冷却，防止复燃。

（五）雨淋系统

雨淋系统是指由火灾自动报警系统或传动管控制，自动开启雨淋阀和启动消防水泵后，向开式洒水喷头供水的自动喷水灭火系统。

雨淋系统由开式喷头、雨淋阀启动装置、雨淋报警阀组、管道以及供水设施等组成。

雨淋阀入口侧与进水管道相通，出口侧接喷水灭火管路，平时雨淋阀处于关闭状态。发生火灾时，雨淋阀开启装置探测到火灾信号后，通过传动阀门自动地释放掉传动管网中有压力的水，使传动管网中的水压骤然降低，于是雨淋阀在进水管的水压推动下瞬间开启自动，压力水便立即充满灭火管网，系统上所有开式喷头同时喷水，可以在瞬间喷出大量的水，覆盖或阻隔整个火区，实现对保护区的整体灭火或控火。

具有下列特征之一的场所，应采用雨淋系统：火灾的水平蔓延速度快、闭式喷头的开放不能及时使喷水有效覆盖着火区域；室内净空高度超过闭式系统最大允许净空高度，且必须迅速扑救初期火灾；严重危险级Ⅱ级。

（六）水幕系统

水幕系统是指由开式洒水喷头或水幕喷头、雨淋阀组或感温雨淋阀，以及水流报警装置（水流指示器或压力开关）等组成，用于挡烟阻火和冷却分隔物的喷水系统。

水幕系统按其用途不同，分为防火分隔水幕（密集喷洒形成水墙或水帘的水幕）和防护冷却水幕（冷却防火卷帘等分隔物的水幕）两种类型。

第五节　细水雾灭火系统

一、细水雾灭火系统的作用

细水雾灭火系统是指通过细水雾喷头在适宜的工作压力范围内将水分散成细水雾，在发生火灾时向保护对象或空间喷放进行扑灭、抑制或控制火灾的自动灭火系统。细水雾灭火系统的灭火机制主要通过吸收热量（冷却）、降低氧浓度（窒息）、阻隔辐射热三种方式达到控火、灭火的目的。与一般水雾相比较，细水雾的雾滴直径更小，水量也更少。因此，其灭火有别于水喷雾灭火系统，类似于二氧化碳等气体灭火系统。

二、细水雾灭火系统的组成及工作原理

（一）泵组式细水雾灭火系统

泵组式细水雾灭火系统由细水雾喷头、泵组、储水箱、控制阀组、安全泄放阀、过滤器、信号反馈装置、火灾报警控制装置、系统附件、管道等部件组成。泵组式细水雾灭火系统以储存在储水箱内的水为水源，利用泵组产生的压力，使压力水流通过管道输送到喷头产生细水雾。

（二）瓶组式细水雾灭火系统

瓶组式细水雾灭火系统主要由细水雾喷头、储水瓶组、储气瓶组、释放阀、过滤器、驱动装置、分配阀、安全泄放装置、气体单向阀、减压装置、信号反馈装置、火灾报警控制装置、检漏装置、连接管、管道管件等组成。瓶组式细水雾灭火系统利用储存在高压储气瓶中的高压氮气为动力，将储存在储水瓶组中的水压出或将一部分气体混入水流中，通过管道输送至细水雾喷头产生细水雾。

三、细水雾灭火系统的检查

对系统的供水设施、管网及附件、细水雾喷头、检验装置等进行检查，并应符合设计和规范要求。

（一）水源

第一，检查室外给水管网的进水管管径、数量和供水能力。

第二，检查消防气压给水装置（特殊情况使用）的供水工作参数。

第三，采用地表天然水源作为消防水源时，检查其水位、水量、水质等，并根据有效水文资料，检查天然水源枯水期的最低水位、常水位、供水位。

第四，根据地下水井抽水试验资料，确定常水位、最低水位、出水量和水位测试装置等技术参数和装备。

（二）消防水泵房

第一，独立设置的消防水泵房，其耐火等级不应低于二级。附设在建筑内的消防水泵房，不应设置在地下三层及以下或室内地面与室外出入口地坪高差大于 10 m 的地下楼层，应采用耐火极限不低于 2.00 h 的隔墙和 1.50 h 的楼板与其他部位隔开，并应设甲级防火门。

第二，当消防水泵房设置在首层时，其出口应直通室外，当设在地下室或其他楼层时，其疏散门应直通安全出口。

第三，消防水泵房应有不少于两条的出水管直接与环状消防给水管网连接。当其中 1 条出水管关闭时，其余的出水管应仍能通过全部用水量。

第四，泵房应设排水设施，消防水泵和控制柜应采取安全保护措施。

（三）系统管网和附件、组件的检查

1.泵组式系统检查

查看工作泵、备用泵、吸水管、出水管、出水管上的安全阀、止回阀、信号阀等的规格、型号、数量；吸水管、出水管上的检修阀应锁定在常开位置，并应有明显标记。

水泵的压力和流量检查。自动开启水泵出水管上的泄放试验阀，查看压力表和流量计。

泵组的主电源应能在规定时间内启动。打开水泵出水管上的泄放试验阀。利用主电源向泵组供电；关掉主电源检查主、备电源的切换情况。当系统管网中的水压下降到设计最低压力时，稳压泵应能自动启动。

泵组应能自动启动和手动启动。自动启动检查，对于开式系统，采用模拟火灾信号启动泵组。对于闭式系统，开启末端试水阀启动泵组。手动启动检查，按下水泵控制柜的按钮，查看启动情况。

2. 瓶组式系统检查

查看储水瓶组的数量、标志牌、安装位置、固定方式；查看储水容器内水的充装量和储气容器内氮气或压缩空气的储存压力；查看瓶组的机械应急操作处的标志及是否有铅封的安全销或保护罩。

3. 控制阀的检查

查看阀门启闭反馈情况。

查看控制阀的标志牌、安装位置。

查看开式系统分区控制阀组：手动和电动启动分区控制阀，检查阀门启闭反馈情况。

闭式系统分区控制阀组应能采用手动方式可靠的动作。

4. 喷头的检查

喷头的设置场所、喷头规格、型号、公称动作温度、数量符合设计规范要求；喷头的安装间距、喷头的安装高度应符合规范要求；喷头溅水盘距顶板、吊顶、墙、梁、保护对象顶部等的距离符合规范要求，遇障碍物时，喷头的避让和增补符合规范。

在有腐蚀性气体环境或有碰撞危险环境安装的喷头，针对环境危害采取了相应的保护措施；各种不同规格型号的喷头均按规定量留有备用；配水管道的支吊架、防晃支吊架设置符合要求。

5. 细水雾灭火系统的模拟功能试验

开式系统的自动控制应能在接收到两个独立的火灾报警信号后自动启动；闭式系统的自动控制应能在喷头动作后，由动作信号反馈装置直接连锁自动启动。对泵组式细水雾系统进行试验，先后触发防护区内两个火灾探测器或闭式喷头，查看电磁阀、消防水泵及压力开关的动作情况及反馈信号。压力开关应及时动作，消防泵应正常启动，并有信号反馈。

利用模拟信号进行试验，检查动作信号反馈装置是否能正常动作，并能在动作后启动泵组或开启瓶组及与其联动的相关设备，并正确发出反馈信号。

6. 系统、管网压力、喷雾强度、响应时间的检查

《细水雾灭火系统技术规范》（GB 50898—2013）规定，喷头的最低设计工作压力不应小于 1.2 MPa。在不同应用场所，喷头的工作压力不同，均应满足设计和规范的要求。

系统的工作压力应满足最不利点喷头的工作压力和喷雾强度的要求。在不同应用场所，系统的喷雾强度不同，均应满足设计和规范的要求。系统的响应时间应满足设计规范的要求：开式系统的设计响应时间不应大于 30 s。

第六节　消防炮灭火系统

一、固定消防炮灭火系统

固定消防炮灭火系统是指由固定消防炮和相应配置的系统组件组成的固定灭火系统。

（一）固定消防炮灭火系统的类型

1. 按喷射介质分类

固定消防炮灭火系统按喷射介质不同，分为水炮系统、泡沫炮系统和干粉炮系统三种类型。

（1）水炮系统

水炮系统是指喷射水灭火剂的固定消防炮系统。水炮系统由水源、消防泵组、消防水炮、管路、阀门、动力源和控制装置等组成。水炮系统适用于一般固体可燃物火灾场所，不得用于扑救遇水发生化学反应而引起燃烧、爆炸等物质的火灾。

（2）泡沫炮系统

泡沫炮系统是指喷射泡沫灭火剂的固定消防炮系统。泡沫炮系统主要由水源、泡沫液罐、消防泵组、泡沫比例混合装置、管道、阀门、泡沫炮、动

力源和控制装置等组成。泡沫炮系统适用于甲、乙、丙类液体火灾和固体可燃物火灾场所，但不得用于扑救遇水发生化学反应而引起燃烧、爆炸等物质的火灾。

（3）干粉炮系统

干粉炮系统是指喷射干粉灭火剂的固定消防炮系统。干粉炮系统主要由干粉罐、氮气瓶组、管道、阀门、干粉炮、动力源和控制装置等组成。干粉炮系统适用于液化石油气、天然气等可燃气体火灾场所。

2. 按安装形式分类

固定消防炮根据消防炮安装形式的不同，分为固定式系统和移动式系统两种类型。

（1）固定式系统

固定式系统由永久固定消防炮和相应配置的系统组件组成，当防护区发生火灾时，开启消防水泵及管路阀门，灭火介质通过固定消防炮喷嘴射向火源，起到迅速扑灭或抑制火灾的作用。固定式消防炮灭火系统是应用范围最广的消防炮系统。

（2）移动炮系统

移动炮系统以移动式消防炮为核心，由灭火剂供给装置（如车载/手抬消防泵、泡沫比例混合装置等）、管路及阀门等部件组成，若使用带遥控功能的远程控制移动式消防炮还应配备无线遥控装置。移动炮系统是一种能够迅速接近火源、实施就近灭火的系统，它主要配备消防部队或企事业单位消防队的专业人员使用。

3. 按控制方式分类

消防炮灭火系统根据控制方式不同，分为远控消防炮系统和手动消防炮灭火系统两种类型。

（1）远控消防炮系统

远控消防炮系统是指可以远距离控制消防炮向保护对象喷射灭火剂灭火的固定消防炮灭火系统。远控消防炮系统一般都配备电气控制装置，分为有线遥控和无线遥控两种方式。

下列场所宜选用远控消防炮系统：有爆炸危险性的场所；有大量有毒气体产生的场所；燃烧猛烈，产生强烈辐射热的场所；火灾蔓延面积较大且损失严重的场所；高度超过 8 m 且火灾危险性较大的室内场所；发生火灾时，灭火人员难以及时接近或撤离固定消防炮位的场所。

（2）手动消防炮灭火系统

手动消防炮灭火系统是指只能在现场手动操作消防炮的固定消防灭火系统。手动消防炮灭火系统以手动消防炮为核心，由灭火剂供给装置、管路及阀门、塔架等部件组成。这类系统操作简单，但应有安全的操作平台。

手动消防炮灭火系统适用于热辐射不大、人员便于靠近的场所。

二、智能消防炮灭火系统

智能消防炮灭火系统是指能够在无人工干预的情况下自动发现火灾并展开灭火作业的消防炮灭火系统。

（一）智能消防炮灭火系统

凡按照国家有关标准要求应设置自动喷水灭火系统，火灾类别为 A 类，但由于空间高度较高，采用自动喷水灭火系统难以有效探测、扑灭及控制火灾的大空间场所，宜设置智能消防炮灭火系统。

（二）智能消防炮灭火系统的类型

智能消防炮灭火系统有寻的式和扫射式两种不同类型。

1.寻的式智能消防炮灭火系统

寻的式智能消防炮灭火系统由智能消防炮、CCD 传感器、管路及电动阀、供水 / 液系统、控制系统等部分组成。

工作流程：发生火灾时由火灾探测器探测火灾，寻找到火源，并将火源点坐标传送至控制系统，同时发出火警信号。控制系统接到火警信号后，启动供水 / 液设备准备进行灭火作业，根据火源点坐标参数及数据库中消防炮不同的俯仰及水平喷射角度对应的射流溅落点坐标，确定消防炮应转动的角度，并驱动消防炮做相应的回转动作。在灭火中，系统不断根据探测器监测的结果调整消防炮的喷射角度，以达到最佳的灭火效果。当由探测器给出火灾已被扑灭或者达到系统程序规定的灭火时间时，系统自动关闭相关设备，结束灭火作业。该系统具有精确、快速的特点，适用于室内大空间场所。

2. 扫射式智能消防炮灭火系统

扫射式智能消防炮灭火系统的组成及工作原理与寻的式智能消防炮灭火系统基本相同，区别在于该系统使用的消防炮为扫射式智能消防炮（自摆炮），且设有消防炮喷射角度与射流溅落点坐标数据库，从而解决了实际应用中由于意外条件对消防炮射流溅落点的影响。因此，该系统可以应用在室外的危险场所。

三、自动消防水炮灭火系统的检查

（一）系统组件、电气检查

1. 供水管网的检查

第一，系统应独立设置，应布置成环状管网。

第二，管网压力的最不利处应设末端试水装置，管网的最高部位应设自动排气阀，配水管与配水干管连接处应设水流指示器。

第三，管道的材质、管径、连接方式等应符合设计和规范要求。

第四，管网的支吊架等设置应符合规范要求。

2. 电动阀的检查

自动消防水炮灭火系统的喷射装置都是"开式"喷射装置，电动阀是控制喷射装置启闭的关键阀门，重点检查电动阀的电动执行机构能否驱动阀门、实现阀门的开关、调节动作。电磁阀是电动阀的一个种类，一般用在小流量和小压力。电磁阀应重点检查。

第一，电磁阀的接管口径应与其所在管道的公称管径相同。

第二，外观检查，阀体应采用不锈钢或铜质材料，阀体上必须有方向指示箭头。其内部构件应采用不生锈、不结垢、耐腐蚀的材料，保证电磁阀在长期不动作的条件下仍能随时开启。电磁阀如安装在吊顶内或其他隐蔽处，其下面或外面必须设检查口。

第三，应垂直向上安装，不应侧装或倒装。水流方向应与阀上的箭头方向一致，严禁反装。

3.末端试水装置的检查

第一，当系统喷射装置分布在不同楼层或同一楼层不同保护区域采用了不同性能的喷射装置时，每个楼层或每个不同喷射装置的区域末端最不利区域应设置末端试水装置。

第二，末端试水装置的探测器和电动阀的规格性能，应与所连接系统其他探测器和电动阀相同。

第三，试验管管径应与系统其他喷射装置相同，且不应小于 50 mm。

4.喷射装置的检查

第一，设置数量不应少于两门，应保证两门喷射装置的水流能够达到被保护区域的任一部位。同一保护区的喷射装置应相同。

第二，设置位置应保证喷射装置的射流不受阻挡。当有吊顶时，喷射装置平吊顶安装或在吊顶下安装的，场所吊顶到地面的最大净空高度一般为 6 m～20 m；边墙或悬空安装的喷射装置，当喷射装置以上空间无可燃物时，安装高度可不限。

第三，控制室手动控制盘和现场手动控制盘控制回转机构的启动和停止过程中都应该表现出良好的灵活性和安全可靠性。

（二）系统功能试验

系统置于自动状态，在末端试水装置火灾探测器的探测范围内设置试验火源，火灾探测器能迅速准确地探测到试验火源，发出声光报警信号，并及时自动启动消防泵，开启电动阀。在消防泵正常供水前和后，模拟喷射装置都能一直保持正常喷射，水流指示器和电动阀发出相应信号到火灾报警控制器，说明系统探测报警和联动供水正常。但末端试水装置不能测试喷射装置的扫描定位功能和多个探测器同时探测定位的功能。

　　该功能在电动阀置于手动状态时，采用保护区现场设置试验火源的方法对探测器进行单点和多点测试，即测试相应功能。

第八章 场所的防火要求与安全消防管理

第一节 易燃、易爆场所防火要求

一、石油库防火要求

（一）石油库的等级划分

石油库属于爆炸和火灾危险性设施，是收发、储存原油、成品油及其他易燃和可燃化学品的独立设施。石油库容量越大，一旦发生火灾造成的损失和危害也越大。石油库的等级划分以油罐计算总容量为标准，划分为六个等级。

（二）石油库储存油品的火灾危险性

石油库储存油品的火灾危险性主要表现在以下几个方面。

1.容易燃烧

石油产品属于有机物质，主要由碳氢化合物组成。石油具有容易燃烧的特点，因而也就存在很大的火灾危险性。石油产品火灾危险性的大小，主要是以其闪点、燃点、自燃点来衡量的。从消防角度来说，闪燃就是着火的前兆，闪点越低的油品，着火的危险性就越大，反之，火灾危险性就越小。

2. 容易爆炸

石油产品的蒸气和空气的混合比例达到一定的浓度范围时，遇火即会爆炸。爆炸上、下限范围越大，下限越低的油品，发生爆炸的危险性越大。

3. 容易蒸发

石油产品（尤其是轻质油品）具有容易蒸发的特性。汽油在任何气温下都能蒸发，1 kg 汽油大约可蒸发 0.4 m³ 的汽油蒸气，煤油和柴油在常温常压下蒸发得慢一些，润滑油的蒸发量则比较小。

凡是蒸发较快的油品，其蒸发的油气在空气中的浓度容易超过爆炸下限而形成爆炸性混合物。

4. 容易产生静电

油品是静电荷的不良导体，电阻率较高，当油品在装卸、灌装、泵送等作业过程中，会沿着管道流动，与管壁摩擦，在运输过程中受到振荡与车、船罐壁冲击，这些都会产生静电，当静电放电时会导致石油产品燃烧爆炸。

5. 容易受热膨胀

石油产品受热后体积膨胀，蒸气压同时升高，若储存于密闭容器中，就会造成容器膨胀，甚至爆裂。有些储油的铁桶出现顶、底鼓凸现象，就是因为受热膨胀。当容器内灌入热油冷却时，油品体积收缩而造成桶内负压，使容器被大气压瘪，这种热胀冷缩现象往往会损坏储油容器，从而增加火灾危险因素。

（三）石油库的耐火等级划分

为了确保石油库的安全，防止因建筑物、构筑物起火而蔓延，影响相邻建筑物及储罐区的安全，生产性建筑和构筑物的耐火等级应符合规定。

（四）石油库的库址选择

第一，石油库的库址，应选在交通方便的地方。以铁路运输为主的石油库，应靠近有条件接轨的地方；以水运为主的石油库，应靠近有条件建设装卸油品码头的地方。

第二，储存原油、汽油、煤油、柴油等大宗油品的石油库的库址选择，应考虑产、运、销的关系和国家有关部门制定的油品运输流向。

第三，为城镇服务的商业石油库的库址在符合城镇环境保护与防火安全要求的条件下，应靠近城镇。

第四，企业附属石油库的库址选择，应结合该企业主体建（构）筑物及设备、设施统一考虑，并应符合城镇或工业区规划、环境保护与防火安全的要求。

第五，石油库的库址应具备良好的地质条件，不得选在有土崩、断层、滑坡、沼泽、流沙及泥石流的地区和地下矿藏开采后有可能塌陷的地区。

第六，一、二、三级石油库的库址，不得选在抗震设防烈度为 9 度及以上的地区。

第七，库区场地应避免洪水、潮水及内涝威胁的地带；当不可避免时，应采取可靠的防洪、排涝措施。当库址选定在靠近江河、湖泊或水库的滨水地段时，库区场地的最低设计标高，应高于设计频率计算最高洪水位 0.5 m 及以上。

第八，石油库的库址，应具备满足生产、消防、生活所需的水源和电源的条件，还应具备污水排放的条件。

第九，石油库与周围居住区、工矿企业、交通线等的安全距离，不得小于《石油库设计规范》（GB 50074—2014）中规定的标准。

（五）石油库总平面布置的要求

第一，石油库宜分区布置，石油库的分区及各区内的主要建筑物和构筑物或设施，宜按规定布置。

第二，石油库内的建筑物及构筑物，在符合生产使用和安全防火的要求下，宜合并建造。

第三，石油库内建筑物、构筑物之间的防火距离（油罐与油罐之间的距离除外）不应小于《石油库设计规范》（GB 50074—2014）的有关规定。

第四，储罐应集中布置。当地形条件允许时，油罐宜布置在比卸油地点低、比灌油地点高的位置，但当油罐地区标高高于邻近居民点、工业企业或铁路线时，必须采取加固防火堤等防止库内油品外流的安全防护措施。

第五，相邻储罐区储罐之间的防火距离，应符合下列规定：地上储罐区与覆土立式油罐相邻储罐之间的防火距离不应小于 60 m；储存Ⅰ、Ⅱ级毒性液体的储罐与其他储罐区相邻储罐之间的防火距离，不应小于相邻储罐中较大罐直径的 1.5 倍，且不应小于 50 m；其他易燃、可燃液体储罐区相邻储罐之间的防火距离，不应小于相邻储罐中较大罐直径的 1 倍，且不应小于 30 m。

同一个地上储罐区内，相邻罐组储罐之间的防火距离，应符合下列规定：储存甲类、乙类液体的固定顶储罐和浮顶采用易熔材料制作的内浮顶储罐与其他罐组相邻储罐之间的防火距离，不应小于相邻储罐中较大罐直径的 1 倍；外浮顶储罐、采用钢制浮顶的内浮顶储罐、储存丙类液体的固定顶储罐与其他罐组储罐之间的防火距离，不应小于相邻储罐中较大罐直径的 0.8 倍。

第六，铁路装卸区，宜布置在石油库的边缘地带，石油库的专用铁路线不宜与石油库出入口的道路交叉。

第七，公路装卸区，应布置在石油库面向公路的一侧，宜设围墙与其他各区隔开，并应设单独出入口，在出入口处应设业务室，在出入口外应设停车场。

第八，行政管理区应设围墙（棚）与其他各区隔开，并应设单独对外的出入口。

第九，石油库内道路的设计，应符合下列要求：油罐区的周围应设环行消防车道。覆土油罐区、单排布置且单罐容量不大于 5 000 m³ 的地上储罐区和四、五级石油库储罐区可设尽头式消防车道。一级石油库的储罐区和装卸区消防车道的宽度不应小于 9 m，其中路面宽度不应小于 7 m，覆土立式油罐和其他级别石油库的储罐区、装卸区消防车道的宽度不应小于 6 m，其中路面宽度不应小于 4 m。油罐区消防车道与防火堤外坡脚线之间的距离，不应小于 3 m。铁路装卸区应设消防车道，且消防车道宜与库内车道构成环行道路，消防车道与铁路罐车装卸线的距离不应大于 80 m。

第十，石油库通向公路的车辆出入口（行政管理区和公路装卸区的单独出入口除外），一、二、三级石油库不宜小于两处，覆土油罐区和四、五级石油库可设一处。

第十一，石油库应设高度不低于 2.5 m 的实体围墙，企业附属石油库与本企业毗邻一侧的围墙高度不宜低于 1.8 m。

第十二，石油库除行政管理区外，不应栽植油性大的树种。防火堤内不应植树。在消防车道两侧植树时，株距应满足消防操作的要求。

（六）桶装液体库房防火要求

第一，桶装液体库房应为单层建筑。

第二，当甲类、乙类液体重桶与丙类液体重桶储存在同一栋库房内时，宜采用防火墙隔开。甲类、乙类液体的桶装液体库房，不得建地下或半地下室。

第三，桶装液体库房应设外开门；丙类液体桶装液体库房，可采用靠墙外侧推拉门。建筑面积大于或等于 100 m^2 的重桶堆放间，门的数量不得少于两个，门宽不应小于 2 m。并应设置斜坡式门槛，门槛应选用非燃烧材料，且应高出室内地坪 0.15 m。

第四，桶的堆码应符合下列要求：运输桶的主要通道宽度不应小于 1.8 m，桶垛之间的辅助通道宽度不应小于 1 m，桶垛与墙柱之间的距离不宜小于 0.25 m；机械堆码时，甲类液体不得超过 2 层，乙类和丙 A 类液体不得超过 3 层，丙 B 类液体不得超过 4 层，人工堆桶时，均不得超过两层；空桶宜卧式堆码，堆码层数宜为 3 层，但不得超过 6 层；单层的桶装液体库房净空高度不得小于 3.5 m，桶多层堆码时，最上层桶与屋顶构件的净距不得小于 1 m。

二、汽车加油站防火要求

（一）汽车加油站的等级划分

汽车加油站的等级划分应符合规定，具体是根据加油站的油罐容积和单罐容积来划分的，包含以下三个等级：一级加油站是指油罐总容积大于 120 m^3，小于或等于 180 m^3，单罐容积小于或等于 50 m^3；二级加油站是指总容积大于 60 m³，小于或等于 120 m³，单罐容积小于或等于 50 m³；三级加油站是指总容积小于或等于 60 m³，单罐容积小于或等于 30 m³。

（二）汽车加油站对选址的要求

第一，汽车加油站的站址选择，应符合城乡规划、环境保护和防火安全的要求，并应选在交通便利的地方。城市建成区的汽车加油站，宜靠近城市道路，但不宜选在城市干道的交叉路口附近。

第二，加油站汽油设备与站外建（构）筑物的安全间距，不应小于规定距离。

（三）汽车加油站的布局注意事项

第一，汽车加油站的布置，应符合下列要求：加油站的车辆入口和出口应分开设置；加油站站内停车位应为平坡，道路坡度不应大于 8%，且宜坡向站外；当油泵房、消防器材间与站房合建时，应单独设门，且应向外开启。

第二，汽车加油站内的各主要建筑物、构筑物之间的安全距离，不应小于规定距离。

第三，加油站内的爆炸危险区域不应超出站区围墙和可用地界线。

第四，加油站的停车场及道路设计，应符合下列要求：停车场内单车道或单车停车位宽度不应小于 4 m，双车道或双车停车位宽度不应小于 6 m；停车场的停车位和道路路面不应采用沥青路面。

第五，加油站内不应建地下和半地下室。

（四）管理室防火要求

第一，管理室应为一、二级耐火等级的单独建筑。如果与其他建筑组合建造时，应用防火墙分隔。

第二，管理室的采暖，宜利用城市、小区或邻近单位的热源。当无上述条件时，可在加油站内设置小型热水锅炉采暖。该锅炉应设在单独房间内，锅炉间的门窗不得朝向加油机、卸油口、油罐及呼吸管口，锅炉排烟口应高于屋顶 2 m，与加油机、卸油口、油罐及呼吸管口的距离，不应小于 12 m，且应安装火星熄灭器，严防火星外逸。

（五）汽车加油站站房与加油岛的防火要求

第一，加油站的站房及其他附属建筑物的耐火等级不应低于二级。

第二，加油岛及汽车加油场地宜设罩棚，罩棚的有效高度不应小于 4.5 m。

第三，加油岛的设计应符合下列规定：加油岛应高出停车场地坪 0.15 m～0.2 m；加油岛的宽度不应小于 1.2 m；加油岛上的罩棚支柱与加油岛端部的距离不应小于 0.6 m。

三、汽车加气站防火要求

（一）汽车加气站站址选择的要求

第一，三级压缩天然气加气站可与加油站合建。

第二，在城市建成区内不宜建设一级加气站和一级加油加气合建站；在城市中心区不应建一级加气站、一级加油加气合建站、压缩天然气（Compressed Natural Gas，CNG）加气母站。

第三，液化石油气储罐的设计压力不应小于 1.78 MPa。

第四，站址选择应符合下列规定：站址的选择和分布应符合城乡规划和区域道路交通规划，符合环境保护、安全防火、方便使用的要求；城市市区内所建的加气站、合建站，应靠近城市交通干道或车辆出入方便的次要干道上；郊区所建的加气站、合建站，宜靠近公路或设在靠近市区的交通出入口附近；架空电力线路不应跨越加油加气站的加油加气作业区，架空通信线路不应跨越加气站的加气作业区；天然气加气站（加气母站）和合建站，宜靠近天然气高、中压管道或储配站建设，供气参数应符合天然气压缩机性能要求，新建的加气站（加气母站）和合建站不应影响现用气户与待发展用气户的天然气使用工况；加气站、合建站内液化石油气或压缩天然气贮罐与站外建、构筑物等的防火间距，应符合相关规定。

（二）汽车用液化石油气加气站平面布置的防火要求

第一，加气站、合建站的平面宜按贮存和经营的功能分区布置。贮存区内应设置液化石油气贮罐、汽车槽车卸车点、泵（或泵房）、压缩机（或压缩机间）和汽油、柴油等燃料贮罐；经营区应由加气区、营业室、仪表和配电间等组成。

第二，液化石油气贮罐和罐区的布置应符合下列规定：地上贮罐组外围应设置高度为 1 m 的防护堤，贮罐之间的净距不应小于相邻较大罐的直径；地下或半地下贮罐之间应采用防渗混凝土墙隔开，贮罐之间距离不应小于 1 m。

第三，加气站、合建站内严禁设置地下和半地下建、构筑物（地下贮罐、操作井和必要的埋地式室外消火栓和消防水泵接合器除外）。

第四，经营区宜布置在站内前沿，且便于车辆出入的地方。

第五，加气站、合建站与站外建筑物相邻的一侧，应建造高度不小于 2.2 m 的不燃烧体实体围墙；面向车辆进、出口道路的一侧宜开敞，也可建造非实体围墙、栅栏。

第六，加气站、合建站内液化石油气贮罐与站内设施的防火间距应符合有关规范的规定。

第七，当地上液化石油气贮罐与站内设施之间设置防火隔墙时，贮罐与设施之间的防火间距可按绕过防火隔墙两端的距离测量值计算。防火隔墙应为具有阻止液化石油气渗透的不燃烧实体墙，顶部不得低于贮罐上设置阀件高度。

第八，采用小于或等于 10 m³ 的地上液化石油气贮罐整体装配式的加气站，其贮罐与充装泵、卸车点和加气机的防火间距可减少至 1.5 m，与站房的防火间距可减少至 4 m。

第九，在合建站内，液化石油气贮罐与汽油、柴油贮罐之间未设置防火隔墙时，不宜将这两类贮罐分为地上、地下方式布置。经设置防火隔墙后，可按地上贮罐防火间距规定执行。

第十，在合建站内，宜将柴油贮罐布置在液化石油气贮罐与汽油贮罐之间。

第十一，在合建站内，汽油、柴油贮罐的设置应符合下列规定：汽油、柴油贮罐的通气管管口宜布置在液化石油气贮罐和卸车点的上风侧；地下汽油、柴油贮罐的操作井口应高出周围地坪至少 0.3 m，顶盖口应具有一定的防渗漏功能；应采用密封式卸油和量油位；操作井内应设置液化石油气检漏报警探头。

第十二，车辆进、出站口宜分开设置。站区内总图布置应按进站槽车正向行驶设计。

第十三，加气站、合建站内的停车场和道路设计应符合下列规定：单车道宽度不应小于 4 m，双车道宽度不应小于 6 m。站内行驶槽车的道路转弯半径不应小于 12 m，一般道路转弯半径不宜小于 9 m，道路坡度不应大于 8%，且应坡向站外，在槽车卸车停位处，宜按平坡设计。站内场地坪和道路路面不得采用沥青路面，宜采用可行驶重载汽车的水泥路面或不产生火花的路面，其技术要求应符合现行国家标准《建筑地面工程施工质量验收规范》（GB 50209—2010）的有关规定。

第十四，一级加气站和一级合建站宜在经营区外设置停车场，其大小视所在位置的充装汽车量和车型确定。

第十五，加气站、合建站站房室内地坪标高，应高出周围地坪 0.2 m 以上。

（三）汽车用压缩天然气加气站平面布置的防火要求

第一，加气站内压缩天然气贮气装置与站内设施的防火间距，不应小于有关规范的规定。

第二，三级加气站的站房可附设在压缩机间一侧，一、二级加气站和合建站的站房宜独立设置。

第三，在合建站内宜将柴油贮罐布置在压缩天然气贮气瓶库（或贮气井管）与汽油贮罐之间。

第四，在合建站内，汽油、柴油贮罐的设置应符合下列规定：应采用地下直埋卧式罐；汽油、柴油贮罐的通气管管口宜布置在压缩天然气贮存装置和放散管管口的上风侧，距地面不应小于 4 m，且应比站内天然气放散管管口低 1 m 以上；地下汽油、柴油贮罐的操作井顶盖口应具有一定的防渗漏功能；应采用密封式卸油和量油位；操作井内应设置燃气泄漏报警探头。

第五，加气站、合建站内设施之间的防火间距不应小于有关规范的规定。

第六，车辆进、出站口宜分开设置。

第七，加气站、合建站与站外建筑物相邻的一侧，应建造高度不小于2.2 m的不燃烧体实体围墙；面向车辆进、出口道路的一侧宜开敞，也可建造非实体围墙、栅栏。

第八，加气站、合建站的停车场和道路设计应符合下列规定：单车道宽度不应小于4 m，双车道宽度不应小于6 m；在加气母站、子站内行驶大型装载贮气瓶汽车的道路转弯半径不应小于12 m，一般道路转弯半径不宜小于9 m，道路坡度不应大于8%，且应坡向站外；合建站内场地坪和道路路面不得采用沥青路面。

（四）对汽车加气站灭火设施的要求

加油加气站的LPG（Liquefied Petroleum Gas，液化石油气）设施应设置消防给水系统。加油站、CNG加气站、三级LNG（Liquefied Natural Gas，液化天然气）加气站和采用埋地、地下和半地下LNG储罐的各级LNG加气站及合建站，可不设消防给水系统。

第一，加气站应就近利用已建的供水设施；郊区加气站可就近使用地下水或地表水。

第二，加气站的生产、消防和生活用水宜统筹设置，并应按消防用水量确定供水管道和供水能力。

第三，液化石油气加气站消防给水装置应符合下列规定：加气站及其邻近地区应设有城市消防用水消火栓，消火栓的数量宜按2台设置，三级加气站和二级地下、半地下贮罐的加气站可减至1台，消火栓与地上贮罐的距离宜为30 m～50 m。在城市市区内所建地上液化石油气贮罐，应单独设置固定喷淋装置，其喷淋用水量应不小于0.15 L/（s·m²），贮罐固定喷淋装置必须保证喷淋时将贮罐全部覆盖，自建消防水池和泵房。加气站内总容积大于或等于50 m³或单罐容积大于20 m³的地上贮罐，在无外来消防水源时，应自建消防水池和泵房。

第四，液化石油气贮罐固定喷淋装置的供水压力不应小于0.2 MPa。水枪的供水压力不小于0.25 MPa。

第五，消防水池的容量应按火灾持续时间3 h计算确定。寒冷地区的消防水池应有防冻设施。

第六，液化石油气加气站生产区内的排水应设置水封井，水封井水封高度不小于 0.25 m，并应设高度不小于 0.25 m 的沉泥段。

第七，压缩天然气加气站内，设置水冷式压缩机系统的水体的压力、水温、水质等应符合有关规定。

第八，加气站的废油水应回收集中处理。

第九，加气站内具有火灾和爆炸危险的建、构筑物应设置灭火器和其他简易消防器材。灭火器的选择、配置数量应符合现行国家标准《建筑灭火器配置设计规范》（GB 50140—2005）的有关规定。

四、液化气供应站防火要求

（一）液化石油气的火灾危险性

1. 易燃烧

液化石油气具有较低的闪点和燃点，它的闪点在 60 ℃以下，也就是说，在 –60 ℃时，它也能挥发成气体。因此在常温情况下，泄漏的液化石油气极易和空气混合而形成爆炸性混合物。

2. 易爆炸

这主要表现在液化石油气的爆炸下限较低。液化石油气泄漏以后，由液态变为气态，它的体积将扩大250～300倍，当液化石油气在空气中的比例达到爆炸下限（1.5%）时，遇火源即可爆炸。由于液化石油气的爆炸下限很低，因此，很容易和空气形成爆炸性混合物。

3. 易挥发

液化石油气很容易挥发，一旦流出，在常温下很快变为气体。

4. 密度大

液化石油气的密度比空气重1.5倍，所以它泄漏后易向低洼处流散，停留在沟道、墙角处，很容易接触地面上的火源发生火灾。

（二）液化石油气储配站站址选择的要求

储配站属于甲类火灾危险性企业，一般选在距城市较远的郊区为宜，不得建在城市居民稠密区。为了不远离居民区、减少常年运行费用，储配站站址与供应站之间的平均运距不宜超过 10 km。储配站宜选在城市全年最小频率风向的上风侧，且应是地势平坦、开阔，不易积存液化石油气的地段，应远离名胜古迹、游览地区、大型公共建筑和电台、导航站等重要设施。

站址的场地必须满足运瓶车、汽车槽车（或火车槽车）和消防车的通行和回车需要。站址内不应有人防和地下通道，不得留有能窝气形成爆炸隐患的井、坑、穴等。站址应避免选在断层、滑坡、泥石流、岩溶、泥沼等不良地质地段，应避开断裂带、古河道等易受灾害的地段，站址与居民区、城镇、重要公共建筑及站外设施的防火间距应符合《城镇燃气设计规范》（GB 50028—2006）中的有关要求。

（三）液化石油气供应站站址选择的要求

第一，瓶装供应站的站址宜选择在供应区域的中心，以便于居民换气，不得靠近影剧院、百货商场等人员聚集的公共场所，应远离重要物资仓库和通信、交通枢纽等重要设施。

第二，气化站和混气站的站址，宜选择在供气对象所在地区常年主导风向的下风侧。

（四）液化石油气储配站防火要求

1.总平面分区布置

总平面布置应分为生产区（包括储罐区和灌装区）和辅助区。整个生产区为甲类危险区，因此，生产区与辅助生产区之间应用围墙分开，并设出入口及门卫，便于安全管理。

生产区包括罐区、灌装区、槽车库等；辅助生产区包括水泵房、变配电、锅炉房、机修、角阀、钢瓶修理、空压机房、监控室及材料库等；生活区包括办公、食堂、汽车库、单身宿舍、浴室、医务院、传达室等。

2.分区布置要求

罐区、灌装区和辅助区宜呈一字形排列，灌装区居中，这样便于工艺联系，也便于操作和生产管理。

3.其他要求

第一，生产区的场地应平整，严禁设置地下或半地下建筑物。

第二，灌瓶间和瓶库与站外建（构）筑物之间的防火间距，应按现行《建筑设计防火规范》（GB 50016-2014）甲类储存物品仓库设计，建筑的耐火等级不应低于二级。

第三，储配厂（站）应有良好的排水设施，应考虑当地的最大降雨量、站内的消防用水等的排放，站内雨水排放宜采取自然排泄方式。

（五）液化石油气供应站防火要求

1.供应站

第一，Ⅰ、Ⅱ级瓶装液化石油气供应站瓶库与站外建筑物或道路之间的防火间距，不应小于规定间距。瓶装液化石油气供应站的分级及总存瓶容积不大于 $1\ m^3$ 的瓶装供应站瓶库的设置，应符合现行国家标准《城镇燃气设计规范》（GB 50028—2006）的规定。

第二，有便于运瓶汽车出入的道路。

第三，站内气瓶库与其他建筑物的总平面布置要求为瓶库与生活用房的防火间距不应小于 10 m，与修理间不能毗连；管理室（或营业室）可与空瓶库毗连，但应采用防火墙隔开。

第四，气瓶库建筑物的耐火等级不应低于二级；门窗应向外开，且宜采用木质门窗；采用金属门窗时，应有防止产生火花的措施。地面应采用不产生火花的材料。

第五，供应站的四周应设不燃烧体实体围墙。

2. 气化站和混气站

第一，站内储罐与站内外建（构）筑物或道路的防火间距不应小于相关规定的数据要求。

第二，有便于汽车出入的道路，距城市上、下水通道和电源较近。

第三，站区周围应设不燃烧体实体围墙，其高度应不小于 2 m。

第四，储罐设置在建筑物内，与气化间、混气间、调压间毗连时，应用防火墙隔开。储罐露天布置时，地上或地下储罐与气化间、混气间、调压间的距离应不小于 10 m。

第五，储罐设置在建筑物内时，储罐之间以及储罐与墙之间的净距，均不应小于相邻较大储罐的半径。储罐应设消防喷淋设施。

第六，气化站与混气站的槽车装卸台（柱），附设在气化间、混气间的山墙一侧时，山墙必须是防火墙，其距离门窗的水平距离不小于 6 m。

第七，储罐间、气化间、混气间、调压间、燃气热水炉间建筑的耐火等级不应低于二级。

第八，工厂企业内气化站、混气站的储罐设在独立的建筑物内，且总容积不大于 10 m^3 时，储罐室外墙与相邻厂房外墙之间的防火间距不应小于规定间距。

第九，混气站的混合气低压湿式储罐之间的防火间距，不应小于相邻较大罐的半径。湿式罐与干式压力罐之间的防火距离，亦应不小于较大罐的半径。

第十，湿式储罐与建筑物、堆场的防火间距，应符合现行《建筑设计防火规范》（GB 50016—2014）的有关规定。

第二节 民用、工业建筑防火要求

一、古建筑物防火要求

（一）古建筑的火灾危险性

1.火灾荷载大

古建筑大多以木构架为主要结构形式，大量采用木材，因而具备了容易发生火灾的物质基础，这使古建筑具有比较大的火灾危险性。

2.具有良好的燃烧条件

木材是传播火焰的媒介，古建筑中的各种木材构件，具有特别良好的燃烧和传播火焰的条件。古建筑起火后，犹如架满了干柴的炉膛，熊熊燃烧，难以控制，直到烧完为止。

3.容易出现"火烧连营"的局面

我国的古建筑都是以各式各样的单体建筑为基础，组成各种庭院，大型的建筑又以庭院为单元，组成庞大的建筑群体。从消防的观点来看，这种布局方式潜伏着极大的火灾危险。所有的古建筑几乎都缺少防火分隔和安全空间。如果其中一处起火，一时得不到有效地扑救，毗连的木结构建筑很快就会出现大面积的燃烧，形成"火烧连营"的局面。

4.消防施救困难重重

由于我国的古建筑分布于全国各地，且大多远离城镇，普遍缺乏自卫自救的能力，既没有足够的训练有素的人员，也没有具有一定威力的灭火设备。加之水源缺乏、通道障碍、扑救条件差等原因，使得古建筑发生火灾时往往损失惨重。

5.使用管理问题较多

古建筑使用、管理方面，存在不少火灾危险因素，直接或间接地威胁和影响着古建筑的安全。这些火灾危险因素主要是因为古建筑用途不当，未能得到很好的保护；周围环境不良，受到外来火灾的威胁；火源、电源管理不善，隐患多；消防器材短缺，装备落后，加上水源缺乏，不少古建筑单位没有自救能力；在管理体制和领导思想方面也存在问题。

（二）古建筑的火灾原因

引起古建筑火灾的直接原因有以下几个方面。

第一，生活用火不慎引起火灾。

第二，电气线路和电器设备安装、使用不当引起火灾。

第三，烟头引起火灾。

第四，小孩玩火引起火灾。

第五，宗教活动中烧香焚纸、点烛燃灯引起火灾。

第六，雷击引起火灾。

第七，违反安全规定引起火灾。违反安全规定主要指利用古建筑进行生产违章作业造成火灾。

（三）古建筑单位的防火措施

第一，古建筑单位应建立消防安全领导小组或消防安全委员会，定期检查，督促所属单位的消防安全工作。

第二，单位及其所属各部门都要确定一名主要行政领导为防火负责人，负责本单位和本部门的消防安全工作。

第三，确定专、兼职防火干部，负责本单位的日常消防安全管理工作。

第四，建立各项消防安全制度。如消防安全管理制度，逐级防火责任制度，用火、用电管理制度和用火、用电审批制度，逐级防火检查制度，消防设施、器材管理和检查维修保养制度，重点部位和重点工种人员的管理和教育制度，火灾事故报告、调查、处理制度，值班巡逻检查制度，等等。

第五，建立防火档案。将古建筑和管理使用的基本情况，各级防火责任人名单，消防组织状况，各种消防安全制度贯彻执行情况，历次防火安全检查的情况（包括自查、上级主管部门和消防监督部门的检查），火险隐患整改的情况，火灾事故的原因、损失、处理情况等——详细记录在案。

第六，组织职工加强学习文物古建筑消防保护的法规，学习消防安全知识，不断提高群众主动搞好古建筑消防安全的自觉性。

（四）利用古建筑拍摄影视、组织庙会时的防火管理

利用古建筑拍摄电影、电视和组织庙会、展览时，应做好以下防火管理工作。

第一，利用古建筑拍摄电影、电视和组织庙会、展览会等活动，主办单位必须事前将活动的时间、范围、方式、安全措施、负责人等，详细向公安消防管理部门和文化管理部门提出申请报告，经审查批准，方可进行活动。

第二，古建筑的使用和管理单位不得随意向未经公安消防部门和文物管理部门批准的单位提供拍摄电影、电视或举办展览会等活动的场地和文化资料。

第二，获准使用古建筑拍摄电影、电视或举办展览会活动的单位必须做到以下几点：必须贯彻"谁主管、谁负责"的原则，严格遵守文物建筑管理使用单位的各项消防安全制度，负责抓好现场消防安全工作，保护好文物古建筑；严格按批准的计划进行活动，不得随意增加活动项目和扩大范围；根据活动范围，配置足够适用的消防器材。古建筑的使用和管理单位要组织专门力量在现场值班，巡逻检查。

（五）对古建筑改善防火条件、创造安全环境的要求

第一，凡是列为古建筑的，除建立博物馆、保管所，或辟为参观游览的场所外，不得用来开设饭店、餐厅、茶馆、旅馆、招待所和生产车间、物资仓库、办公机关以及职工宿舍、居民住宅等，已经占用的，有关部门须按国家规定，采取果断措施，限期搬迁。

第二，在古建筑范围内，禁止堆放柴草、木料等可燃物品，严禁储存易燃易爆化学危险物品，已经堆放、储存的，须立即搬迁。

第三，在古建筑范围内，禁止搭建临时易燃建筑，包括在殿堂内利用可

燃材料进行分隔等，以避免破坏原有的防火间距和分隔，已经搭建的，必须拆除。

第四，在古建筑外围，凡与古建筑毗连的易燃棚屋，必须拆除；有从事危及古建筑安全的易燃易爆物品生产或储存的单位，有关部门应协助采取消除危险的措施，必要时应予以关、停、并、转。

第五，坐落在森林区域的古建筑，周围应开设宽度为 30 m ～ 35 m 的防火线，以免在森林发生火灾时危及古建筑。在郊野的古建筑，即使没有森林，在秋冬季节，也应将周围 30 m 以内的枯草清除干净，以免野火蔓延。

第六，对一些重要古建筑的木构件部分，特别是闷顶内的梁架等，应喷涂防火涂料以增加耐火性能。在修缮古建筑时，应对木构件进行防火处理。

第七，古建筑内由各种棉、麻、丝、毛纺织品制作的饰物，特别是寺院、道观内悬挂的帐幔、幡幢、伞盖等，应用阻燃剂进行防火处理。

第八，一些规模较大的古建筑群，应考虑在不破坏原有格局的情况下，适当设置防火墙、防火门进行防火分隔，使某一处失火时，不致很快蔓延到另一处。

（六）对古建筑应完善的防火设施

1. 开辟消防通道

第一，凡消防车无法到达的重要古建筑，除在山顶外，都应开辟消防通道，以便在发生火灾时，消防车能迅速赶赴施救。

第二，对古建筑群，应在不破坏原布局的情况下，开辟消防通道。消防通道最好形成环形。如不能形成环形车道，其尽头应设回车道或面积不小于 12 m×12 m 的回车场。供大型消防车使用的回车场，其面积应不小于 15 m×15 m。车道下面的管道和暗沟应能承受大型消防车的压力。

2. 改善消防供水

第一，在城市间的古建筑，应利用市政供水管网，在每座殿堂、庭院内安装室外消火栓，有的还应加设水泵接合器。每个消火栓的供水量应按 10 L/s ～ 15 L/s 计算，要求能保证供应一辆消防车上两支喷嘴为 19 mm 的水枪同时出水的量，消火栓采用环形管网布置，设两个进水口。

第二，规模大的古建筑群应设立消防泵站，以便补水加压，体积大于3 000 m³ 的古建筑，应考虑安装室内消火栓。

第三，在设有消火栓的地方，必须配置消防附件器材箱，箱内备有水带、水枪等附件，以便在发生火灾时充分发挥消防管网出水快的优点。

第四，对郊野、山区中的古建筑，以及消防供水管网不能满足消防用水的古建筑，应修建消防水池，储水量应满足扑灭一次火灾，持续时间不少于 3 h 的用水量。在通消防车的地方，水池周围应有消防车道，并有供消防车回旋停靠的余地，停消防车的地坪与水面距离一般不大于 4 m。在寒冷地区，水池还应采取防冻措施。

第五，在有河、湖等天然水源可以利用的地方的古建筑，应修建消防码头，供消防车停靠汲水；在消防车不能到达的地方，应设固定或移动消防泵取水。

第六，在消防器材短缺的地方，为了能及时就近取水扑灭初起火灾，需备有水缸、水桶等灭火器材。

3. 采用先进的消防技术设施

凡属国家级重点文物保护单位的古建筑，须采用先进的消防技术设施。

第一，安装火灾自动报警系统。根据古建筑的实际情况，选择火灾探测器种类与安装方式。

第二，重要的砖木结构和木结构的古建筑内，应安装闭式自动喷水灭火系统。在建筑物周围容易蔓延火灾的场合，设置固定或移动式水幕。为了不影响古建筑的结构和外观，自动喷水的水管和喷头，可安装在天花板的梁架部位和斗拱屋檐部位。为了防止误动作或冬季冰冻，自动喷水灭火装置应采用预作用的形式。

第三，在重点古建筑内存放或陈列忌水文物的地方，应安装七氟丙烷或二氧化碳灭火系统。

第四，安装上述自动报警和自动灭火系统的古建筑，应设置消防控制中心，对整个自动报警、自动灭火系统实行集中控制与管理。

4.配置灭火器

为确保一旦出现火情时，能及时有效地把火灾扑灭在初起阶段，可根据实际情况，参照有关标准，配置灭火器。

（七）对古建筑生活和维修用火的管理

第一，在古建筑内严禁使用液化石油气和安装燃气管道。

第二，炊煮用火的炉灶烟囱，必须符合防火安全要求。

第三，冬季必须取暖的地方，取暖用火的设置应经单位有关人员检查后确定地点，指定专人负责。

第四，供游人参观和举行宗教等活动的地方，应禁止吸烟，并设有明显的标志。工作人员和僧、道等神职人员吸烟，应划定指定区域，烟头、火柴梗必须熄灭后丢在烟缸里，禁止随手乱扔。

第五，如因维修需要，临时使用焊接、切割设备的，须经单位领导批准，指定专人负责，落实安全措施。

二、医院防火要求

（一）医院的火灾危险性

医院通常分为综合医院和专科医院两大类。各类医院在诊断、治疗过程中，会使用多种易燃易爆化学危险物品、各种医疗和电器设备，以及其他明火；由于医院里门诊和住院的病人较多，且多行动困难，兼有大批照料和探视病人的家属、亲友，人员的流动量很大；此外，一些大中型医院的建筑又属于高层建筑，万一失火容易造成人员伤亡和重大的经济损失。

（二）医院的一般防火要求

1.医院建筑除须符合规定外的要求外，还须符合以下要求

第一，新建的大、中型医院建筑的耐火等级不应低于一、二级，小型医院不应低于三级。

第二，在建筑布局上，医院的职工宿舍和食堂，应同病房分开。

第三，在原有砖木结构的房屋内，设置安装贵重医疗器械，必须采取防火分隔措施，同其他部位分开。

第四，根据病人自身活动能力差、在紧急疏散时需要他人协助这一特点，医院的楼梯、通道等安全疏散设施必须严格按照规范设置，在楼梯、通道上不得堆放物品，须保持畅通，以便在发生火灾时抢救和疏散人员。

2.电器设备和消防设施的配置要求

第一，安装电器设备必须由正式电工按规范要求合理安装，电工应定期对电器设备、开关、线路等进行检查，凡不符合安全要求的要及时维修或更换，不准乱拉临时电线。

第二，治疗用的红外线、频谱仪等电加热器械，不可靠近窗帘、被褥等可燃物，并应有专人负责管理，用后切断电源确保安全。

第三，医院的放射科，病理科，手术室，药库，药房、变、配电室等部门，均应配备相应的灭火器。

第四，高层医院须参照现行《建筑设计防火规范》有关规定，安装自动报警系统、灭火系统、防排烟设备，以及防火门、防火卷帘、消火栓等防火和灭火设施，以加强自防自救的能力。

3.明火管理的要求

第一，医院内要严格控制火种，病房、门诊室、检查治疗室、药房等处均禁止吸烟。

第二，取暖用的火炉应统一定点，指定专人负责管理。火炉、烟管的设置必须符合安全要求。

第三，处理污染的药棉、绷带以及手术后的遗弃物等，须选择安全地点设置，专人管理，及时处理。

第四，医院的太平间应加强防火管理，死亡病人换下的衣物要及时清理，不可堆积在太平间；要加强宣传教育工作，严加劝阻病人家属烧纸悼念亡人的习俗。

（三）放射科防火要求

放射科是医院利用 X 射线等诊断和治疗疾病的部门，防火的重点为 X 射线机室和胶片室。

1. X 射线机室防火要求

第一，X 射线机室除了保证安装机器所需的面积外，还必须有足够的余地，做到宽敞、通风良好，以保证正常工作和机器的散热。

第二，中型以上的诊断用 X 射线机，应设置一个专用的电源变压器。

第三，X 射线机及其设备部件应有良好的接地装置。

第四，控制台是控制调整 X 射线机各部分电路、附属电路的总枢纽，其电路甚为复杂，日常维护很重要。控制台应置于空气流通、整洁、干燥的场所，切忌潮湿、洒水、高温和日光曝晒。应定期对内部进行检查除尘。

第五，组合机头的 X 射线管，一般功率都较小，而且箱体小、油量少、散热力不强，故在使用中必须严格遵守 X 射线管的使用规程，经常注意机头的散热情况。

第六，高压发生器及机头均装有绝缘油，一般不应随意打开观察窗口和拧松四周的固定螺丝，以防止油液长时间暴露于空气中吸潮或落入灰尘。

第七，在工作中要经常察听高压发生器或机头是否有异常的声音，如有"吱吱"或"啪啪"的放电声，应立即停止使用，待找出原因处理好后再用。下班时必须切断一切电源。消毒和清洗污物使用的乙醇、汽油等易燃液体，室内存放量均不得超过 500 mL，并要有专人负责、专柜保管。用乙醚清洗机器和电器设备时，必须打开门窗进行通风，并禁止使用明火，防止其他火花的产生。

2. 胶片室防火要求

第一，胶片室应独立设置，室内要阴凉、通风，理想的室温为 0 ℃～10 ℃，最高不得超过 30 ℃。夏季必须采取降温措施。

第二，胶片室是专门储存胶片的地方，不得存放其他易燃物品；除照明用电以外，室内不得安装、使用其他电气设备。

第三，陈旧的硝酸纤维胶片容易发生霉变分解自燃，应经常检查。其中不必要的，尽量清除处理；必须保存的，应擦拭干净存放在铁箱中，同其他胶片分开存放。

（四）手术室防火要求

手术室内一般有手术台、麻醉台、麻醉机、氧气瓶、药物敷料橱、输液架、吸引器等设备。

手术室内的火灾危险性主要同使用易燃易爆的麻醉剂有关，其防火要求包括以下几点。

第一，手术室内应有良好的通风设备，排风不得再循环。由于乙醚蒸气比空气重，大多沉于地面，经久不散，因此排风口应设在手术室的下部。在病人施行乙醚麻醉的部位，安装吸风管，实行局部吸风，可大大减少乙醚蒸气。

第二，控制易燃物。麻醉设备要完好，操作要谨慎，防止乙醚与氧的混合气体大量漏逸；用过的乙醚、乙醇等要随时放入有盖的容器内；在手术室内不得使用盆装酒精泡手消毒，如果手术师必须这样做，应在与手术室分开的房间内进行。手术室内使用的易燃药品，应随用随领，不得储存。

第三，手术室内禁止使用电炉、酒精灯等明火。电源系统、动力系统的电源设备必须绝缘良好，防止短路产生火花。

第四，应有效地消除静电。应采用特制的导电软管，或在乙醚的导管内或导管外加设一条导线与麻醉机连通；麻醉机和手术床接上一条多股金属软线与大地连通；在麻醉师和医务人员的脚下，应铺接地的铜板或金属网，并穿能导电的拖鞋，不得穿塑料垫的鞋，以消除机械设备和人体上的静电。手术室内使用的床单、敷料等都应是纯棉织品，所有人员不准穿涤纶类合成纤维衣服进手术室。

（五）生化检验和实验室防火要求

1. 平面布置防火要求

第一，生化检验室或实验室使用的醇、醚、苯、叠氮钠、苦味酸等都是易燃易爆的危险品。因此，这些实验室应布置在医院的一侧，门应设在靠外侧处，以便发生事故时能迅速疏散和施救。生化检验室和实验室不宜设在门诊病人密集的地区，也不宜设在医院主要通道口、锅炉房、药库、X射线胶片室、液化石油气储藏室等附近。

第二，房间内部的平面布置要合理。试剂橱应放在人员进出和操作时不易靠近的室内角；电烘箱、高速离心机等设备应设在远离试剂的另外一角。同时应注意自然通风的风向和日光的影响。试剂橱应设在实验室的阴凉地方，不宜靠近南窗，以免阳光直射。

第三，实验室必须通风良好，相对两侧都应有窗户，最好使自然通风在室内成稳定的平流，减少死角，使操作时逸散的有毒、易燃物质能及时排出。还应使室内排出的气体不致流进病房、观察室、候诊室等人员密集的房间。

2. 试剂储存与保管的防火要求

第一，乙醇、甲醇、丙酮、苯等易燃液体应放在试剂橱的底层阴凉处，以防容器渗漏时液体流下，与下面试剂作用而发生危险。高锰酸钾、重铬酸钾等氧化剂与易燃有机物必须隔离储存，不得混放。乙醚等遇日光易爆的过氧化物应避光储藏。

第二，开启后未用完的乙醚，不能放在普通冰箱内储存。因为挥发的乙醚蒸气遇到冰箱内电火花会发生爆炸。

第三，广泛用作防腐剂的叠氮钠虽较叠氮铅等稳定，但仍属起爆药类，有爆炸危险，并有剧毒，必须小心。应将包装完好的叠氮钠放置在黄沙桶内，专柜保管，储藏处力求平稳防振，双人双锁。苦味酸易爆，应先配成溶液后存放，并避免触及金属，以免形成敏感度更高的苦味酸盐。凡是沾有叠氮钠或苦味酸的一切物件均应彻底清洗，不得随便乱丢。

3. 其他防火要求

第一，容易分解的试剂或强氧化剂（如过氯酸）在加热时易爆炸或冲料，务必小心，最好在通风橱内操作。

第二，每次实验操作完毕后，应将易燃、剧毒品立即归回原处，入橱保存，不得在实验台上存放。

第三，实验室内电气设备应合格安装并定期检查，防止漏电、短路、过负荷等不正常情况。

（六）病理实验室防火要求

病理实验室的防火要求，除参照前述的生化检验、实验室的有关要求外，还应注意以下几点。

第一，制作切片过程中的所有烘干工序都应在真空烘箱中进行，不宜使用电热烘箱，以免易燃液体蒸气与空气形成爆炸性混合物，遇电热丝明火引起爆炸。

第二，使用易燃液体的每项操作都应在橱内进行。

第三，沾有溶剂或石蜡的物品，应集中处理，不得任意乱放或与火源接触。

（七）药库防火要求

1. 位置选择

药库应设在医院一角或与四周建筑不相毗连的独立建筑内，不得与门诊部、病房等病人密集的地方毗连，不得靠近 X 射线胶片室、手术室、锅炉房。

2. 建筑要求

药库最好为一、二级耐火等级的建筑。若耐火等级低于三级时，易燃药品或含有较多易燃品的药品，应分别放在用不燃材料砌成的药品货架（如水泥架）中。当乙醚、苯、二甲苯等危险品的库房储存总量小于 5 kg 时，可以按上述方法设架存放，若大于 5 kg，则应存放于一、二级耐火等级的库房内。

地下室作药库时，可储藏片剂、针剂、油膏、水剂等不燃或不挥发易燃蒸气的药品。不宜储存乙醚、乙醇、二甲苯等易燃品。

3. 储存要求

第一，不燃的药品或不含易燃、易爆、氧化等物质的药品与乙醇、丙酮、甲醇、乙醚、高锰酸钾等危险药品不得混放，应分间储藏，至少也应分隔储藏。

第二，苦味酸、叠氮钠、大量的硝酸甘油片剂、亚硝异戊酸等药品应单独存放，如能另设危险品仓库，与药库分开则更好，叠氮钠应储存在沙盘内。

第三，高锰酸钾、重铬酸钾、过氧化氢等氧化剂不得与其他药品混放，前两者与过氧化氢也应分开存放。

第四，乙醚应避光储存，以免受日光照射后产生过氧化物，储存温度不得超过 28 ℃，夏天应将乙醚储于冰库中。

（八）药房防火要求

第一，含醇量高的酊剂等的大包装存量不宜超过 2 日量。乙醇、乙醚等易燃液体以 1 日量为宜，不宜过多。

第二，乙醇等易燃液体，以 500 mL 的瓶装为宜。一般医院药房内乙醇等易燃液体的总存放量不得超过 5 kg，否则应另室存放。

第三，配方配出高锰酸钾等氧化剂时，应该用玻璃瓶包装，不得用纸袋包装，并不得与其他药品配伍或混放，以免自燃。

第四，药品的化学性质互相抵触或互相作用后增加燃烧爆炸危险的均属配伍禁忌，如氧化剂与还原剂，氧化剂与易燃有机物，苦味酸与金属盐类，等等。因为它们之间能互相作用产生高热而引起燃烧，或者生成敏感度更高的苦味酸盐而发生爆炸。遇到这类处方，不应贸然配方，应经研究后与医生联系，改变处方。苦味酸等应溶成水溶液配出，不宜将苦味酸结晶直接发出。

第五，药房内大量废弃的纸盒、说明书等可燃品，应集中放在金属桶中，不得随地乱丢。

第六，中药房内草药不得大量长期堆积，以防自燃。

第七，钴–60 等放射性物品，应按有关放射性物品管理的各项规定办理。

（九）制剂室防火要求

1. 普通制剂室的防火要求

第一，普通制剂使用的大量乙醇，如条件不允许分室储存时，应固定存放在制剂室的一角，远离明火热源，且不受行人来往影响。配制外用药时往往要加入丙酮，其防火要求与乙醇相同。制剂室中的液状石蜡、酊剂、凡士林等亦应注意保管，应与明火及性质相抵触的药物（如高锰酸钾）进行隔离。

第二，制剂室常用火棉胶套封瓶口，火棉胶套是硝酸纤维制品，浸在80% 乙醇与20% 乙醚的混合液中，遇明火极易燃烧，应在铁皮桶中密封储藏。如遇铁皮桶渗漏，应立即捡出，转移到不漏的铁皮桶内。使用火棉胶套封口时，应在排气罩下进行，排气用的轴流式风机应防爆。有通风橱的，应在通风橱内操作，并存放一定时间，待火棉胶套硬化、溶剂挥发后取出。剥下的或破碎的零星火棉胶，必须放在有盖的铁皮或搪瓷桶内，严禁随便乱丢或投放在纸篓内。离开制剂室时必须将废火棉胶从制剂室内取出，及时处理掉或浸没在水中。

2. 无菌制剂室

无菌制剂主要是注射剂，大医院里用量甚大，故生产量也多，多为水溶液。但有些制剂原料需经过精制，才能用于制备注射剂。精制多为实验室规模，有时要使用乙醚和苯等易燃液体，其防火要求与前述的系列化检验和实验室防火相同。

3. 中药制剂室

第一，中药制剂室经常生产流浸膏。生产中乙醇液的加热不得用明火，宜用蒸汽加热浓缩。浓缩回收乙醇时，应该用真空浓缩器，冷却要完善，以免乙醇蒸气逸出。室内应通风良好，可开气窗以加强自然通风，否则应设有防爆的机械通风。室内的电气设备应防爆。

第二，渗漉是一种动态浸出法，大都用乙醇为浸出剂，渗漉结束出药渣时，乙醇会大量挥发。因此，药渣应先用水淋洗，把乙醇洗去，然后出渣；但仍须通风良好，出渣时杜绝明火。

（十）高压氧舱防火要求

高压氧舱的防火要求如下。

第一，严格控制和杜绝一切火源。

第二，舱内尽量减少可燃物质。

第三，严格控制舱内氧浓度。

第四，高压氧舱房，应为一、二级耐火等级的建筑。室内的装饰材料应选用不燃烧材料或经过阻燃处理的材料。并同其他建筑用防火墙分隔。

第五，高压氧舱内不得使用有毒和有气味的灭火剂。二氧化碳、泡沫等灭火器是不能使用的。最理想的灭火剂是水，驱动水喷出的气体应是不燃烧的惰性气体。

三、商场防火要求

（一）商场的火灾危险性

1. 营业厅面积大

商场的营业厅建筑面积一般都比较大，难以进行防火分隔。多层的商场，除楼梯相通外，安装的自动扶梯更是层层相通，"共享空间"的设计使每层四面环通，上下左右均无防火分隔，这种空间设计，一旦发生火灾，可以很快蔓延到整个商场。近些年兴起的大型综合体，建筑面积更大，使用功能更繁杂，火灾危险性更大，对于人员疏散、火灾扑救难度也更大。

2. 可燃物多

商场的可燃物情况有三个方面，具体如下。

第一，商品集中。

第二，陈列和堆放商品的柜台、货架，有不少仍用可燃材料制作。

第三，商场建筑的装饰材料多为可燃物质。

整个商场的可燃物质构成的火灾荷载几乎接近仓库，但就其火灾危险性来说，却又大于一般物资仓库。

3. 人员多

商场是人员密度高、流动量大的场所。在营业时间内，稍有骚动，也会引起混乱。万一发生火灾，情况尤为严重，疏散困难，易造成人员重大伤亡。

4. 电气照明设备多

安装在商场顶、柱、墙上的照明、装饰灯，多采用带状方式或分组安装的荧光灯具，有些豪华商场采用满天星式深罩灯。在商品橱窗和柜台内的照明灯具，除了荧光灯外，还有各种射灯。有的商场还安装了操纵活动广告的电动机。在节假日，商场内外还要临时安装各种彩灯。以上各种电气照明设备，品种数量繁多、线路错综复杂，都是其他公共建筑难以比拟的，加上每天使用时间长，如设计、安装、使用稍有不慎，引起火灾的概率较大。

（二）商场在布局和分隔方面的防火要求

1. 商场作为公共场所，布局应满足下列要求

第一，台、货架同顾客所占的公共面积应有适当的比例，营业厅面积指标可按平均每个售货位 15 m^2（含顾客占用部分）。对建材商店、家具和灯饰展示建筑，其人员密度可按规定值的 30% 确定。

第二，柜台分组布局时，组与组之间的距离不应小于 3 m。

2. 商场内防火分区一般应符合下列规定

第一，多层商场地上按 2 500 m^2 为一个防火分区，地下按 500 m^2 为一个防火分区。如设置有自动喷水灭火系统时，防火分区面积可增加一倍。

第二，商场如果设置在一、二级耐火等级的建筑内，且设有火灾自动报警系统、自动喷水灭火系统，并采用不燃或难燃材料装修时，地上高层商场的防火分区面积可扩大至 4 000 m^2，商场为单层建筑或仅设置在多层建筑的

首层时，可扩大至 10 000 m²，地下商场的防火分区面积可扩大至 2 000 m²。

（三）商场的安全疏散要求

第一，商场的门，既是入场的大门，又是商场的疏散通道。根据这一特点，商场的门应着重考虑安全疏散的问题。门不仅要有足够的数量，而且应该多方位地均匀设置。

第二，商场的门既要考虑顾客人流进出方便，又要考虑安全疏散的需要，因此严禁设置影响顾客人流进出和安全疏散的旋转门、弹簧门、侧拉门等。如设置旋转门，必须在旁边另设备用的安全疏散门。

第三，商场供疏散的门、楼梯等通道，应设置明显的疏散指示标志和事故照明。

（四）商场空调冷冻机房和通风管道的防火要求

对商场空调冷冻机房和通风管道的防火要求分为以下几个方面。

第一，由于商场多布置在城市繁华中心地段，在选用供空调使用的冷冻机组时，应选择使用不含氟利昂或不造成破坏大气臭氧层的溴化锂冷冻机组。因为氨冷冻机房属于乙类火灾危险的厂房，氨气泄漏（气味很臭，又有强烈的刺激性），并与空气混合达到一定比例时，遇到明火或电气火花会发生爆炸（爆炸极限为 16% ~ 27%）。

第二，已经安装使用的氨冷冻机组（房）应做好防火防爆工作。

第三，空调机房进入每个楼层或防火分区的水平支管上，均应按规定设置在发生火灾时能自动关闭的防火阀门上。

第四，空调风管上所使用的保温隔热材料，应选用不会燃烧的硅酸铝或岩棉制品。

（五）商场防火设施

商场的消防设施，应按公共场所从严要求。

第一，应设置火灾自动报警系统和自动喷水灭火系统。

第二，常用灭火器配置参照灭火器配置的有关规定执行。

（六）商场的电气照明设备和电路防火要求

商场的电气装置和线路在公共建筑中是比较复杂的，因此在消防安全上应注意如下几个方面。

第一，电气线路和设备安装，必须符合低压电气安装规程的要求。

第二，在吊顶内敷设电气线路，应选用铜芯线，并穿金属管，接头必须用接线盒密封。

第三，电气线路的敷设配线应根据负载情况，按不同的使用对象来划分分支回路，以达到既能局部集中控制又方便检修的效果。但在全部停止营业后，仍要求做到除必要的夜间照明外，能够分楼层集中控制，将每个楼面营业大厅内的所有其他电源全部切断。

第四，安装在吊顶内的埋入式照明灯具所使用的镇流器，除安装中的防火措施外，建议在安装之前，再全部进行一次至少连续通电使用48 h的安全试验。

（七）商场防火安全管理

商场从管理方面应采取以下防火措施。

第一，商场内禁止吸烟，应设置"禁止吸烟"标志。

第二，柜台内须保持整洁，废弃的包装纸、纸盒等易燃物，不要抛撒于地面，应集中并及时处理。

第三，经营指甲油、摩丝、火柴、蜡纸、修正液、赛璐珞制品和小包装的汽油、乙醇、丁烷气等易燃危险物品的柜台，对进货量应加以限制，一般以不超过两天的销售量为宜。

第四，经营家具、沙发等大件易燃商品的地方，营业后应注意检查。

第五，在商场营业厅内禁用电炉、电热杯、电水壶等电加热器具。

四、宾馆和饭店防火要求

（一）宾馆、饭店的火灾危险性

1.可燃物多

宾馆、饭店的内部装饰材料和陈设用具采用木材、塑料和棉、麻、丝、毛以及其他纤维制品。这些有机可燃物质增加了建筑物内的火灾荷载。

2.建筑结构易产生烟囱效应

现代的宾馆、饭店很多都是高层建筑，楼梯井、电梯井、管道井、电缆井、垃圾井、污水井等竖井林立，还有通风管道纵横交错，一旦发生火灾，竖井产生的烟囱效应会使火焰沿着竖井和通风管道迅速蔓延扩大。

3.疏散困难，易造成重大伤亡

宾馆、饭店是人员比较集中的地方，在这些人员中，多数是暂住的旅客，流动性很大。他们对建筑内的环境、安全疏散设施不熟悉，发生火灾时，由于烟雾弥漫，心情紧张，极易迷失方向，拥塞在通道上，造成秩序混乱，给疏散和施救工作带来很大困难，容易造成重大伤亡。

4.起火因素多

宾馆、饭店起火因素主要包括以下几个方面。

第一，旅客躺在床上吸烟，甚至乱丢烟头和火柴梗。

第二，厨房用火不慎和油锅过热起火。

第三，在维修管道设备等时，违章动火引起火灾。

第四，电气线路接触不良，电热器具使用不当，照明灯具温度过高，烤着可燃物。

宾馆、饭店容易引起火灾的可燃物质主要有液体或气体燃料、化学涂料、油漆、家具、棉织品等。

宾馆、饭店最有可能发生火灾的部位是客房、厨房、餐厅以及各种机房。

（二）客房的防火要求

客房的防火要求如下。

第一，客房内所用的装饰材料应采用不燃材料或难燃材料，窗帘一类的丝、棉织品，应经过防火处理。

第二，客房内除了固有电器和允许旅客使用电吹风、电动剃须刀等小型日常生活电器外，禁止使用其他电器设备，尤其是电热设备。

第三，客房内应配有禁止卧房吸烟的标志、应急疏散指示图、宾客须知以及宾馆和饭店内部的消防安全指南等。

第四，服务员应经常向旅客宣传如下内容：不要躺在床上吸烟，烟头和火柴梗不要乱扔乱放，应放在烟灰缸内；睡前应将音响、电视机等关闭；离开客房时，应做到人走断电。

第五，服务员应保持高度警惕，在整理房间时要仔细检查，烟缸内未熄灭的烟蒂不得倒入垃圾袋；平时应不断巡视查看，发现火险隐患应及时采取措施；对酒后的宾客应特别注意。

（三）餐厅、厨房的防火要求

第一，餐厅内不得乱拉临时电气线路，如需增添照明设备以及彩灯一类的装饰灯具，应按规定安装。餐厅内的装饰灯具，如果装饰件是由可燃材料制成的，其灯泡的功率不得超过 60 W。

第二，餐厅应根据设计用餐的人数摆放餐桌，留出足够的通道；通道及出入口必须保持畅通，不得堵塞，举行宴会和酒会时，人员不应超出原设计的容量。

第三，如果餐厅内需要点蜡烛增加气氛时，必须把蜡烛固定在不燃烧材料制作的基座内，并不得靠近可燃物。供应火锅的风味餐厅，必须加强对火炉的管理，禁止使用液化石油气炉，慎用酒精炉和木炭炉，最好使用固体酒精燃料。餐厅服务员在收台时，不应将烟灰、火柴梗卷入台布内。

第四，厨房内易燃气体管道、法兰接头、仪表、阀门等必须定期检查，防止泄漏；发现易燃气体泄漏时，首先要关闭阀门，及时通风，并严禁明火和启动电源开关。

第五，楼层厨房不应使用瓶装液化石油气。煤气、天然气管道应从室外单独引入，不得穿过客房或其他公共区域。

（四）宾馆、饭店电气设备的防火要求

第一，所有电气设备的安装及线路敷设应符合规定。

第二，在增添大容量的电气设备时，应重新设计线路，核定容量。严禁私自在电气线路上增加容量，以防过载引起火灾。

第三，建筑内不允许采用铝芯导线，应采用铜芯导线；敷设线路进入夹层或闷顶内，应穿管敷设，并将接线盒封闭。

第四，客房内的台灯、壁灯、落地灯和厨房内的电冰箱、绞肉机、切菜机等电气设备的金属外壳，应有可靠的接地保护。床头柜内设有音响、灯光、电视等控制设备的，应做好防火隔热处理。

第五，照明灯具表面高温部位不得靠近可燃物，碘钨灯、日光灯、高压汞灯（包括日光灯镇流器），不应直接安装在可燃物件上；深罩灯、吸顶灯等，如安装在可燃物件附近时，应加垫石棉布或石棉板隔热层；功率大的白炽灯的灯头线，应采用耐高温线穿瓷套管保护；厨房等潮湿地方应采用防潮灯具。

（五）宾馆、饭店安全疏散的要求

第一，由走道进入楼梯间前室的门，应为乙级防火门，而且应向疏散方向开启。

第二，宾馆、饭店的每层楼面应挂平面图，楼梯间及通道应有事故照明灯和疏散指示标志；装在墙面上的地脚灯之间的最大距离不应超过 20 m，距地不应大于 1 m。

第三，不准在疏散楼梯间及通道上增设其他用房和堆放物资，以防影响紧急情况下的安全疏散。

（六）宾馆、饭店消防应急措施

第一，宾馆、饭店应制订应急疏散和灭火作战预案，绘制出疏散及灭火作战指挥图和通信联络图。

第二，宾馆、饭店的总经理、部门经理以及全体员工，均应经过消防培训，了解和掌握在发生火灾时，本岗位和本部门应采取的应急措施，以免临时慌乱。

第三，宾馆、饭店在夜间应留有足够的应急力量，以便在发生火灾时及时进行扑救，并组织和引导旅客及其他人员安全疏散。

第四，应急力量的所有人员应配备防烟、防毒面具、照明器材及通信设备，并应佩戴明显标志。高层宾馆、饭店在客房层还应配备救生器材。

第五，宾馆、饭店的所有保安人员，均应了解应急预案的程序，在紧急状态时能及时有效地采取措施。

五、高层建筑防火要求

（一）高层建筑的火灾特点

高层建筑的火灾特点主要有四个方面。

1.火势蔓延途径多、速度快

高层建筑由于功能的需要，内部设有楼梯间、电梯井、管道井、电缆井、排气道、垃圾道等竖向管井。这些井道一般贯穿若干或整个楼层，如果在设计时没有考虑防火分隔措施或对防火分隔措施处理不好，发生火灾时，就好像一座座高耸的烟囱，抽拔烟火成为火势迅速蔓延的途径。

助长高层建筑火灾迅速蔓延的还有风力因素。建筑越高，风速越大。风能使通常不具威胁的火源变得非常危险，或使蔓延可能很小的火势急剧扩大成灾，风越大，其严重程度也会相应增大。

2.安全疏散困难

高层建筑的特点可分为以下几个方面：一是层数多，垂直疏散距离远，需要较长时间才能疏散到安全场所；二是人员比较集中，疏散时容易出现拥挤情况；三是发生火灾时烟气和火势向竖向蔓延快，给安全疏散带来困难。平时使用的电梯由于不能在火灾时使用，所以火灾时高层建设的安全疏散主要靠疏散楼梯，如果楼梯间不能有效地防止烟火侵入，则烟气会很快灌满楼梯间，从而严重阻碍人们的安全疏散，威胁人们的生命安全。

3.扑救难度大

扑救高层建筑火灾主要立足于室内消防给水设施，消防设施条件的限制常常给扑救工作带来不少困难。

另外，有的高层建筑没有考虑消防电梯，扑救火灾时，消防人员只得"全副武装"冲向高楼，不仅消耗大量体力，还会与自上而下疏散的人员发生"对撞"，延误灭火时机，如遇到楼梯被烟火封住，消防人员冲不上去，消防扑救工作则更为困难。

（二）高层建筑火灾防火设计注意事项

1.合理布置总平面，有利于扑救火灾

所谓合理布置高层建筑总平面，就是要合理设置防火间距、消防给水位置、消防道路。扑救火灾实践证明，合理的总平面布局能够为扑救活动创造有利条件，并可防止火势向相邻建筑蔓延。

2.钢筋混凝土结构具有良好的耐火能力

大量火灾实例证明，各种钢筋混凝土结构高层建筑，都具有良好的耐火能力。燃烧数小时或数十小时的高层建筑，其柱、梁、楼板、屋顶承重构件局部会被烧损，但很少见到整幢建筑倒塌的例子，而且火灾后修复较快。现浇或装配式钢筋混凝土结构，具有良好的耐火性能，符合一、二级耐火等级建筑要求。这种建筑结构对减少火灾损失有着明显的作用，同时也为火灾后修复建筑物提供了有利条件。

3.可燃材料室内装修容易形成大面积火灾

室内装修主要指吊顶、活动隔断、墙、地面、固定陈设、家具等。可燃的装修材料可促使火灾蔓延扩大，造成较大或巨大损失。高层公共建筑的室内装修，应尽量选用不燃烧材料或难燃烧材料，如轻钢龙骨、纸面石膏板、岩棉板、硅酸钙板、硅酸铝板等。木质活动隔断应作防火处理，采用阻燃壁

纸、阻燃地毯等。

4.玻璃幕墙防火处理不好，竖向蔓延的危险性大

火灾事故表明，玻璃幕墙防火处理不好，火灾时向上蔓延的危险性很大。

5.各种竖向管井和孔洞是火灾向上蔓延的重要途径

高层建筑的各种竖向管井（如楼梯井、管道井、电缆井、排气管道等），如果没有防火分隔措施，或者施工中没有达到设计要求，往往会成为火灾向上蔓延的重要途径。

6.楼梯数量少和防烟防火效果差，容易造成重大伤亡事故

有些高层公共建筑，由于管理不善，导致楼梯间没有防烟能力，发生火灾后，不能有效阻挡烟火进入楼梯间，以致形成火灾蔓延通道或造成重大伤亡事故。

7.消防电梯前室入口处无挡水设施，造成消防电梯处于瘫痪状态

高层建筑火灾实例表明，扑救时需要大量消防用水，若在高层建筑的消防电梯前室的入口处，没有考虑挡水设施，在救火过程中，灭火用水大量流入消防电梯井内，由于电梯的电器、电缆不是防水的，其绝缘性能大大降低，就会出现严重漏电而无法使用的情况，严重影响扑救工作。

8.自动喷水灭火设备有着良好的灭火、控火效果

国内外高层建筑火灾都证明，自动喷水灭火系统有着良好的灭火、控火效果。

（三）高层建筑室内装修防火要求

1.避免使用可燃建筑材料

许多高层建筑火灾实例证明，造成重大火灾的原因固然很多，但其中一

条重要原因是采用了可燃建筑材料装修。

2.严格选用室内装修材料

可以根据高层民用建筑内部装修设计各部位材料的燃烧性能等级以及装修材料的分类分级、材料燃烧性能、等级的选用范围，予以选用。

（四）高层建筑在总平面布置上的安全防火要求

高层建筑总平面布置应考虑以下问题。

第一，选择较安全地区。在进行总平面设计时，应根据城市规划，合理确定高层建筑的位置、防火间距、消防车道和消防给水等。高层建筑不宜布置在火灾危险性为甲、乙类工厂、仓库，甲、乙、丙类液体和可燃气体储罐以及可燃材料堆场附近。

第二，高层建筑周围应设环形消防车道（可利用交通道路）。火灾实例表明，高层建筑，尤其是规模大的高层公共建筑，凡是设有环形消防车道、为扑救火灾创造条件的，就能起到良好的灭火作用，反之，则会造成严重损失。

第三，应具有充足水源。据统计，扑救成功率为90%以上的范例在于有充足的水量。许多高层火灾实例证明，由于缺乏充足的水量，当发生火灾后，大火延烧8 h～9 h，将整个高层建筑的物品化为灰烬，造成巨大损失。

第四，高层建筑的底部至少有不小于一长边或1/4周边长度，不应布置与其相连的高度超过5 m、进深超过4 m的裙房。

（五）高层建筑消防设施要求

建筑防火设施是使高层建筑本身具有抵御火灾能力的一项专门工程。为了发挥其应有的作用，除了精心设计、精心施工外，还应在正式投入使用前，进行严格的验收，检查工程质量是否合乎要求、各种设计是否齐全有效。此外，在正式投入运行后，还要加强对它们的维护管理，使其保持完好，紧急时不误使用。

1. 检查和试验

第一，室外消防车道是否符合规范要求和保持畅通。

第二，防火间距是否符合要求和是否被占用。

第三，室内、外疏散通道，疏散出口的数量、宽度、长度等是否符合要求和保持畅通。

第四，防火墙和防火隔墙等是否符合要求，有没有不应有的孔洞和未被严密填塞的缝隙。

第五，电缆井、管道井等是否按要求在每层楼板处做防火分隔，有没有不应开的孔洞和未被严密填塞的缝隙。

第六，对使用防火涂料的构件，要检查是否按要求内、外两侧全部涂刷，涂刷是否均匀、牢固，有无起皮、龟裂的现象；涂覆质量比（单位面积防火涂料的用量）是否符合要求。对于提高钢结构耐火极限的防火涂料更要仔细检查，例如用专用测针检查喷涂厚度是否达到要求，用小锤轻敲涂层，根据声音断定有无空鼓现象等。

第七，对于防火门，除检查其开启方向是否符合疏散要求，以及关门后的密闭情况外，对于常闭防火门和常开式防火门，要检查闭门器、顺序器、电磁释放器等附件是否齐备和灵活有效，对于自动控制的常开防火门和电动防火卷帘门，要与火灾报警系统及其联动控制部分的验收结合起来，进行自动控制和手动控制启闭试验，检查其是否灵敏有效。

2. 维护管理

对建筑防火设施应制定规章制度加强行政管理，譬如严禁在防火墙、防火隔墙和各种竖井井壁上开孔洞，严禁占据防火间距和堵塞消防车道、疏散通道等。对于自动关闭防火门、防火卷帘等设施，应每月进行一次例行试验，这些试验一般与火灾自动报警试验结合进行，对防火门的合页、闭门器、顺序器、电磁释放器等要每半年至一年进行一次检查，并清除积尘和加注润滑油。

（六）高层建筑防烟、排烟系统要求

1. 对安装情况的检查

主要检查风机、排烟口等主要设备的安装是否与施工图相符，设备有无明显标志，外观有无损伤，各排烟口的安装有无被挤压变形，影响动作的情况；各排烟口处的手动操作装置操作是否方便，有无防止失误动作的保护装置；结构竖井作为排烟竖井或正压送风竖井时，要注意检查竖井中的施工垃圾是否清理干净。

2. 对综合功能的试验

第一，设在走道处和防烟前室的送风、排烟系统，送风口或排烟阀平时关闭，火灾时可以自动开启。对这样的系统可作下列检查：分别以通过火灾报警探测器联动、手动控制和由消防控制室遥控的方式启动，对高层建筑顶部、地下室及中间层的送风口和排烟阀进行检查，检查的楼层数应占楼层总数的 1/4 以上。检查该系统风机联动投入运行情况及消防控制室内对有关排烟阀、送风口和风机动作的反馈信号。相关楼层查看送风口及排烟阀是否按设计要求开启。在前室内用风速仪测试风口及排烟阀的平均风速，核算送风机及排烟机的实际风量，此数值一般比风机的额定风量小，但不应小于 10% ～ 15%，对走道内单独的排烟系统，由于建筑物的密闭性较差，排烟机的效率较低，测定的风速只能作为参考，排烟口的风速不宜大于 10 m/s，送风口的风速不宜大于 7 m/s。在消防控制室直接控制风机的启动和停止。

第二，设在楼梯间的正压送风防烟系统，平时送风口保持常开，火灾时可由火灾自动报警系统联动控制，由消防控制室遥控或由手动控制开启。对这种防烟系统可用微压计测定防烟楼梯间和前室的压力，以及与前室相连的内走道的压力。一般情况下，楼梯间压力＞前室压力＞内走道压力，差值为 25 Pa ～ 50 Pa。对于非密闭的高层建筑，由于烟囱效应较明显，楼顶部和底部的测定值相差较大，只能作为参考。

3. 维护

对机械防烟、排烟系统的风机、送风口、排烟口等部位应经常维护，如扫除尘土、加润滑油等，并经常检查排烟阀等手动启动装置和防止误动的保护装置是否完好。

每隔 1～2 周，由消防中心或风机房内启动风机空载运行 5 min。

每年对全楼送风口、排烟阀进行一次机械动作试验。此试验可分别由现场手动开启、消防控制室遥控开启或结合火灾报警系统的试验由该系统联动开启。排烟阀及送风口的试验不必每次都联动风机，联动风机几次后应将风机电源切断，只作阀、口的开启试验。

（七）高层建筑在使用中的防火管理措施

第一，高层建筑的使用单位应建立逐级防火责任制，各级防火负责人应明确和履行好自己的职责。几个单位共用一幢大楼时，应协商成立防火安全委员会和联合消防指挥机构，除划分好责任区，各自做好本单位的防火工作外，对于事关大楼整体安全的疏散走道、楼梯、各种灭火设施、火灾自动报警系统、防烟设施、排烟设施等，应责成专人定期进行全面检查和技术培训。对检查出来的重大问题应提交防火安全委员会研究解决，并报公安消防部门备案。

第二，对高层建筑内的工作人员和常驻大楼宾客需遵守的防火事宜，应做出明文规定，并宣传教育到人，对技术工种和各岗位职工应定期进行安全操作规程和防火安全应知应会内容的考核，并建立考核和奖罚制度。

第三，严格高层建筑的用电安全管理，对电气线路（特别是隐蔽部位）、各种用电器具以及避雷设施等，应建立制度、明确责任、定期进行安全检查，并建立档案、做好记录。应规定不准超负荷用电和电器设备带病运行；不准乱拉乱接临时电线和设备；不准未经允许擅自在大楼内使用自带电器具；不准在电线、开关、插座和用电设备附近堆存易燃、可燃物品或将它们埋压住。对避雷设施应定期测试其接地电阻，发现设施有损坏、严重锈蚀等问题，或接地电阻不符合要求时，应及时修换和整改。

第四，加强对火源和易燃化学危险物品的安全管理，不能在垃圾道、各种管道井内和浴室、厕所房间内焚烧废纸杂物，办公、科研、医院等单位应建立专门的焚烧炉，要严格管理易燃易爆化学危险物品，领、用、存、回收等环节应有明确的制度。

第五，高层建筑使用单位应建立义务消防组织，明确责任，做好分工，学习和掌握一定的消防知识和技能，熟悉本大楼各项消防设施的功能和使用要领，并明确在火灾时的具体任务。应定期进行学习、演练和考核，要求能防火（在本人的责任范围内）、报警、灭初起火灾以及组织楼内人员安全疏散。

六、工厂建筑防火要求

（一）面粉加工厂的防火要求

面粉加工厂的消防安全要求包含以下几个方面。

第一，面粉加工厂的厂房内表面应保持光滑，避免有凹面，一般不得用槽钢、工字钢作建筑构件，有凹面的设备外面应加防尘罩，以防止粉尘积聚。

第二，面粉加工厂大多为多层建筑，上下左右贯通，因此要采取分隔措施。管道穿过楼板、墙壁时，对孔洞要用不燃材料封堵。

第三，通风和输送物料的管道，均应保持密闭状态，防止粉尘泄漏。

第四，集尘室的电气设备应符合防爆要求。

第五，面粉加工设备中木质材料构件和其他可燃材料构件应逐步用不燃材料取代。

（二）木材加工厂的防火要求

木材加工一般包括制材、胶合板、纤维板和其他人造板的制造及木器加工。

第一，木材加工，除胶料配制、油漆等工艺属甲、乙类生产外，大部分工艺都属于丙类生产，但与其他丙类生产相比较，木材加工的火灾危险性较大。因此，木材加工生产厂房的耐火等级、占地面积和防火间距均应符合现行《建筑设计防火规范》（GB 50016—2014）的要求。对目前仍在使用的易燃建筑应逐步加以改造。干燥室均应设在耐火建筑内，主要涉及的工序有胶合板的涂胶、单板整理，纤维板的热压、热处理、喷胶，塑面板的浸胶，木器加工的喷漆，以及制胶生产，等等。

第二，露天堆放的原木应堆放整齐，不得占据通道。堆放地点应在远离锅炉及其他明火作业地点，不得靠近危险物品仓库及成品仓库，不宜设在烟囱长年主导风向的下风方向。刨花、木屑、边角料不宜露天存放。对容易着火的"火烧木"（从失火林区运来的）、腐朽木，应预先作阻燃处理，堆放时应用油布等覆盖，防止外来火星引起燃烧，并与其他木材分开堆放。

第三，车间内堆放的木材量要严格控制，不得存放过多。加工的成品要及时运走。通道、门口、机器设备和电气设备周围不得堆放原料和成品。

第四，木材加工生产中产生的锯末、木屑，不得堆放在车间内。厂房内空气中如含有较多的可燃粉尘、纤维，应根据火灾危险类别及防火要求，采用机械排风，经旋风除尘器通过管道排送到车间外面的专用除尘室。除尘室应采用一、二级耐火建筑，室内不宜安装电气照明灯具。刨花和废料应每天清除，集中妥善处理。机械和厂房构件上的木粉尘应每星期至少清扫一次。

第五，电气设备的安装应符合规程的要求，电动机应采用封闭型。现用开启型的，应逐步更换成封闭型。更换前，应在电动机周围增设可靠的防护装置，避免因锯屑和木粉尘侵入电动机内而发生事故。导线应用套管敷设，开关和配电箱等电气设备均应设防护装置，避免木屑粉尘入内，并经常清扫积屑，加强检查维修工作。

（三）服装厂的防火要求

1.建筑防火要求

第一，服装生产按火灾危险分类属于丙类生产。生产厂房的耐火等级、厂房的层数、最大允许占地面积、防火间距和疏散距离应遵守现行《建筑设计防火规范》（GB 50016—2014）的有关规定。

第二，服装厂不得设于易燃建筑内。

第三，服装厂应为独立建筑。在同一幢建筑内除设立服装工厂及其附属设施（如门市部）外，不得有居民混居或作其他用途。不得在服装工厂的同一建筑内建职工宿舍。如现有建筑内既有服装工厂，又住有居民时，应迁出一方，在服装工厂内安装消防水喷淋设施和防火墙，形成防火分隔，禁止"三合一"建筑。

第四，服装生产中周转性原料、半成品、成品可临时存于车间，但储存地点需用实体墙、防火门与生产场地隔离。长时间储存的原料、成品应存于库房内，库房与生产车间应完全隔离，禁止将原料、半成品、成品储存在生产工场，尤其不可堆在机器设备边上和消防设施周围。

2. 安全管理要求

第一，厂房及库房内要设有良好的通风装置，库房内应经常保持阴凉干燥，防止物资蓄热自燃。在不影响生产的情况下，厂房内要保持较高的相对湿度，以防废絮、线绒、布屑等飞扬。

第二，机台布置要合理，横向相隔两行，纵向相隔十排，即需留出不少于 2 m 宽的纵横相连的通道，四周要留出不少于 1.2 m 宽的墙距，不能在通道上和墙距间堆放原材料或成品。

第三，生产车间和储存原料及成品的仓库内禁止一切明火，禁止使用电热器具。

第四，对棉、布、绒、毛等原料，要认真进行加工前的检验，防止把硝、磷、火柴、铁屑、砂粒等杂物带入加工工序。

3. 电气防火要求

第一，车间、库房内的电气设备宜采用防潮封闭型；非封闭型的要加防护外罩。总开关应设在车间、库房的门外。进入车间、库房的动力、照明电线束或电缆束，应穿套管保护，电气设备要有良好的保护接地或接零。

第二，设在车间内的电气开关及其他电气设备周围不可堆放杂物，尤其不可堆放可燃物。电气设备上的飞絮、落尘应及时清除。

第三，各种型号的电熨斗应有温度调节自控装置，熨斗通电时应有显示标志。持温暂停使用时，要放在用不燃烧材料制成的托架上，熨烫结束必须指定专人及时断开电源，将熨斗全部收存在金属软皮箱内，并在结束工作后由专人负责进行认真检查。

采用蒸汽熨烫时，应注意蒸汽管道不能靠近可燃物，对落在蒸汽管道上的飞絮、布屑等可燃物要及时清除。

（四）家具厂的防火要求

1.配料车间

配料车间或工段，是家具生产防火的重点部位之一。应采取以下防火措施。

第一，各种木材加工机械应安装除尘器，采用机械排风将锯末、木屑、刨花等通过管道排送到车间外面的除尘室。除尘室应为采用一、二级耐火等级的建筑，室内不应安装电气照明。

第二，除尘器总管和每个分支管口，最好安装阻火闸门，以便在起火时关闭，防止火势蔓延。

第三，除尘室内应安装洒水装置，使锯末、木屑、刨花等保持湿润，以免遇到火源起火，并每天清除，集中处理。

第四，除尘管道和除尘室起火的常见原因是吸入未熄灭的烟头和带锯等机械在加工过程中与木材摩擦产生的火花。因此，车间内必须严禁烟火，带锯等作业应严格按照操作规程，掌握速度，锯片要经常检修，锯齿保持锋利，以防钝锯摩擦产生火花。

第五，电动机须采用密闭型，以防木屑粉尘侵入电动机内引起事故；照明灯具也需要采用密闭型，以免木屑、粉尘积聚在灯具表面受热起火；电线导线须用金属管穿管敷设，配电箱、开关应加防护罩，并设在车间外面。

第六，尽管车间内安装了除尘设备，但仍有木屑粉尘飞扬，锯末、刨花抛撒在地。因此，须做好清洁除尘工作，每日清扫。

2.油漆车间

油漆车间是家具生产防火的又一重点部位，应采取以下防火措施。

第一，家具厂虽属丙类生产，但油漆车间厂房应按甲、乙类的生产建筑要求。采用一、二级耐火等级的建筑。

第二，车间应独立设置。如果独立设置确实有困难，必须同其他建筑隔断或采取其他防火分隔措施。

第三，车间应四面设窗，保持良好的自然通风，并安装排气风机，做好通风换气。

第四，电气照明等设备应符合防爆要求，电气开关应设在车间外面。

第五，油漆和稀料须设置专门的化学危险物品仓库储存。

第六，调配油漆需在车间外专门设置调配间，调配应在排风罩下进行，调配间建筑须为一、二级耐火等级，电气设备必须防爆。严禁在车间和仓库内调配油漆。严格控制油漆的使用量，每个油漆工领漆料时，不得超过当天的使用量。未用完的漆料须送回配料间。车间内严禁存放漆料。

（五）铝制品生产厂的防火要求

1. 熔炼的防火措施

第一，燃油储罐与熔炼车间应根据现行《建筑设计防火规范》要求，保持必要的防火间距或用防火墙分隔。

第二，储罐、油泵、管道、阀门等燃油设备，须动火维修时，必须进行认真清洗，除去油垢，进行通风，排除油挥发气，并用检测仪器进行检测，在确认没有危险后方能动火。

第三，当使用锯割方法拆除连接的管道或设备时，在施工方便的情况下，要采用边锯割边冷却的方法。

2. 表面处理的防火措施

第一，采用水风管道，利用高速气流与水面撞击产生的水花，冲洗气流中的粉尘，使粉尘随时落入水风管道的水池里。

第二，降低风道中的粉尘浓度，吸收空气中的热量，提高空气中的相对湿度，达到除尘、降温、消除火源、排除静电的目的。

第三，风道要经常检查，清除污水、补充新水；挡水板下的挡板必须浸入水面下 200 mm，以保持水量，防止管道堵塞，定期清理沉淀池中的粉尘和纤维。

第四，没经批准，没有防范措施，严禁一切火种入内。

（六）洁净厂房的防火要求

洁净厂房的消防安全要求可分为以下几个方面。

第一，洁净厂房应进行专门设计，其主体建筑应为一、二级耐火等级；吊顶、分隔墙等构配件及保温、隔热、装饰材料，应尽量采用不燃材料或经过防火处理的材料。

第二，其他建筑改建为洁净厂房的，也应进行专门设计，并经公安消防部门审核。一般不得破坏原来的防火分隔，新用的保温、隔热、分隔等材料及装饰材料尽量不要采用可燃材料，如要使用，应经过防火处理。

第三，为防止起火和燃烧，便利疏散与抢救，对防火墙间最大允许占地面积、防火分隔以及疏散路线等，一般应比其他建筑有更高的要求。出入口或拐弯处应有紧急照明灯。

第四，洁净厂房内不得使用明火加热，采用电加热的洁净厂房必须密闭，并严格控制加热温度。各种加热装置均应安装在不燃基座上。

第五，有易燃易爆物品的洁净厂房，电气要符合防爆要求；电气敷设和安装要从严要求，暗敷的电线当中不得有接头。对电气设备要经常维修，用后及时切断电源。对需要长开的电气设备，下班后应有专人巡逻检查。

第六，洁净厂房内易燃易爆物品只限于当班用量，下班后剩余的易燃易爆物品应存放入其他安全场所。

七、仓库防火要求

（一）日用百货仓库的防火要求

1. 仓库的布局和建筑

日用百货仓库要选择周围环境安全，交通方便，有消防水源的地方建库。

仓库建筑的耐火等级、层数、防火间距、防火分隔、安全疏散等除应符合现行《建筑设计防火规范》的要求外，还应注意以下几方面。

第一，仓库必须有良好的防火分隔，面积较大的或多层的仓库中，按建筑防火要求而设计的防火墙或楼板，是阻止火灾扩大蔓延的基本措施。但是，有些单位仅从装运商品的方便层面考虑，为了安装吊运、传送机械，竟随意在库房的防火墙或楼板上打洞，破坏防火分隔，将整个库房搞成上、下、左、右、前、后全都贯通的"六通仓库"，一旦发生火灾，火焰就会从这些洞孔向各个仓间和各个楼层迅速蔓延扩大。因此，决不容许这种情况存在。仓库的吊装孔和电梯井，一定要布置在仓间外，经过各层的楼梯平台相通，井孔周围还应有围蔽结构防护。仓库的输送带必须设在防火分隔较好的专门走道内，绝对禁止将输送带随便穿越防火分隔墙和楼板。

第二，禁止在仓间内用可燃材料搭建阁楼，不应在库房内设办公室、休息室和住宿区。如需设置办公室时，其耐火等级应为一、二级，且门、窗应直通库外。

第三，库房内不得进行拆包分装等加工生产。这类加工必须在库外专门房间内进行。拆下的包装材料应及时清理，不得与百货商品混在一起。

2. 储存要求

第一，百货商品必须按性质分类、分库储存。属于化学危险物品管理范围内的商品，必须储存在专用库中，不得在百货仓库中混放。

第二，规模较小的仓库，对一些数量不多的易燃物品，若没有条件分库存放时，可分间、分堆隔离储存，但必须严格控制储存量，同其他商品保持一定的安全距离，并注意通风，指定专人保管。

第三，每个仓库都必须限额储存，否则商品堆得过多、过高，会导致平时检查困难，发生火灾时难以进行扑救和疏散，也不利于商品的养护。

第四，库房的主要通道宽度不应小于2 m，仓库的门和通道不得堵塞。

3. 火源管理

第一，库内严禁吸烟、用火，严禁燃放烟花和爆竹。

第二，储存易燃和可燃商品的库房内，不准进行任何明火作业。

第三，库房内严禁明火采暖。商品因防冻必须采暖时，可用暖气。采暖管道的保温材料应采用不燃烧材料，散热器与可燃商品堆垛应保持0.5 m～1 m的安全距离。

第四，汽车、装卸车辆进入库区时要戴防火罩，并不准进入库房。进入库房的电瓶车、铲车，必须有防止打出火花的防火铁罩等安全装置。

4.电气设备

第一，库房的电线应按有关要求安装使用。严禁在库房的闷顶内架设电线。库房内不准乱拉临时电线，确有必要时，应经批准，由正式电工安装，使用后应及时拆除。

第二，库房内不准使用碘钨灯照明，应采用白炽灯照明，当使用日光灯等低温照明灯具时，应对镇流器采取隔热、散热等保护措施。电灯应安装在库房的走道上方，并固定在库房顶部。灯具距离货堆、货架不应小于 50 cm，不准将灯头线随意延长，到处悬挂。灯具应该选用规定的形式，外面加玻璃罩或金属网保护。

第三，库区电源应当设总闸、分闸，每个库房应单独安装开关箱，开关箱设在库房外，并安装防雷、防潮等保护设施，工作结束后库内的电源必须切断。

第四，库房为使用起吊、装卸等设备而敷设的电气线路，必须使用橡套电缆，插座应装在库房外，并避免被砸碰、撞击和车轮碾压，以保证绝缘良好。

5.灭火设施

第一，在城市给水管网范围所及的百货仓库，应设计安装消火栓。室外消火栓的管道管径不应小于 100 mm。为了防止平时渗漏而造成水渍损失，室内消火栓不宜设在库房内。

第二,百货仓库还应根据规定要求配备适当种类和数量的灭火器。

第三，每座占地面积大于 1 500 m^2 或总建筑面积大于 3 000 m^2 的仓库，应设置自动喷水灭火系统，并宜安装火灾自动报警装置。

（二）粮库的防火要求

1.合理布局

在总体规划时，粮库应建在城、镇（村、屯）的边缘，并位于长年主导风向的上风或侧风方向，且不宜于易燃易爆工厂、仓库邻近布置。为方便管理，防止外来人员、牲畜家禽等随意进入库内，粮库应建立围墙，采用不燃材料建造，其高度根据实际需要和环境所确定，一般应在 2 m 以上。

粮库区内可根据不同建筑的使用性质分成若干小区，一般可划为 6 个区，即储粮区、化学药品区、粮食烘干区、粮食加工区、器材区、生活区。各区之间要有一定的防火间距。消防通道可与库区交通道路合用，但应呈环形，通向各小区。当库区的围墙一侧长度超过 150 m 时，应设两个以上的出入口。

库区内应有足够的消防水源，如消防给水管道或备有专用泵的蓄水池、水井、水塔，也可利用天然水源。库区内应有停靠消防车辆的设施。供消防车取水的水池保护半径不能大于 150 m，且吸水高度不能超过 6 m。当消防用水与生产生活用水合用时，应有保证火灾时消防用水的措施。消防设施的电源应保证不中断供电。库区内还应设置其他的消防器材。

粮库上方不能有架空电线通过，应尽可能采用地埋线，以免电线杆倒断或电线松弛相碰打出火花，引起火灾。变压器不应设置在储粮区内或贴近堆场，否则，不仅增加火灾危险性，而且还可能导致雷击，从而引起火灾。粮库区应设置避雷设施，并定期检测避雷设施和接地装置的完好情况。

2.防火间距

第一，粮食储存，无论采取哪种形式，都必须留有防火间距。

第二，库房、土圆仓、堆垛与围墙之间要留有 6 m 的平坦空地；库房与库房之间应视其耐火等级不同留出防火间距。

第三，粮食库房的火灾危险性属于丙类，其耐火等级、层数和面积应符合规范的规定。

3.严格控制火种和电源

第一，粮库内严禁吸烟和动用明火。如因生产需要必须动用明火时，在动火前，应严格执行动火审批制度，切实落实防范措施，并设有专人负责。在工作结束后，要细致检查，彻底熄灭残火。在危险性大的地方作业结束后，应设专人监护，确实无火险后，方可离去，防止死灰复燃。

第二，机车或其他机动车辆进入库区时，要严格检查。机动车在排气管处必须安装防火罩（火星熄灭器）。

第三，粮库内除照明线路外不允许安装其他动力电气线路和设备，引进库房内的电线必须穿金属管配线。灯具应设在走道的上方，距离堆垛水平距离不应小于 0.5 m；不得采用碘钨灯；电气开关应设在库房外，并设防雨设施。

第四，动力线路应设在库房外面，使用装卸机械时，电源由橡套电缆引入库内，橡套电缆必须完好，不得损坏或有接头，机械设备的电气开关应佩戴金属防护罩。

4. 控制库区内的可燃物

第一，易燃、可燃材料不应到处堆放，应整齐堆放在指定地点，并与库房和堆场间留有一定的安全距离。

第二，库房外和露天堆场内要做到"三不留"，即不留杂草、不留垃圾、不留可燃物。

5. 粮食立筒仓的建筑防火要求

第一，《建筑设计防火规范》规定，筒仓的耐火等级不得低于二级，其顶部盖板应设置必要的泄压面积。作为泄压面积一部分的筒仓盖板，应采用轻质建材，每平方米质量不宜超过 120 kg。

第二，工作塔宜采用现浇钢筋混凝土框架结构建造，它整体性好、抗爆能力较强。另外，还应设置必要的泄压设施，泄压面积与工作塔体积的比值（m^2/m^3）取 0.22，有条件时可将外墙的一面做成轻质泄压外墙，但应避开人员集中的场所和主要交通道路。

第三，立筒仓及工作塔内壁表面应垂直，平整光滑，以减少积尘并易于清扫。储存面粉等粉料的筒仓壁应涂对人体无害的涂料，防止仓壁挂粉积尘。内墙面与地面连接处应做成圆角，以利于清扫。

（三）木材库的防火要求

1. 木材仓库的布局

木材仓库应选设在城镇的边缘，靠近天然水源充足的地方。厂、库合一的单位应把厂区和库区分开设置。库区最好用围墙或铁丝网围拦起来。露天储木场的围墙高度不宜低于 2 m。

围墙外侧应留有 10 m 宽的防火隔离带。

2. 成材储存库

第一，成材储存库一般都是工厂的附属仓库。相对于原木，成材的储存形式更多，有露天储存、棚内储存及库内储存三种。

第二，成材储存于棚内及库内时有面积限制。应按成材长度、垛的尺寸因地制宜。棚间与库房应留出间距，库房的耐火等级、层数和占地面积应符合规范要求。

3. 用火管理

第一，库区边缘外侧与国家铁路编组站钢轨距离不应小于 50 m。

第二，库区内不准明火作业，动火修理时，必须事先经审批，开具动火证，并采取防火措施，例如：清除作业点周围的可燃和易燃物质，消防、安全员到场监护，备好灭火器材，等等。作业后，应认真检查，确认安全，才可离开现场。大风天气应禁止一切明火作业。

第三，库内和周围严禁吸烟、用火，禁止燃放烟花、爆竹等。

第四，库区内必须用火炉取暖时，应落实防范措施，并符合火炉安全使用规定。

4. 电气防火

第一，电气设备的安装使用和线路敷设应按照有关规定执行。

第二，高压线要沿库区边缘布置，引入库区的接户线应尽量缩短引入长度，防止高压线路发生故障引起火灾。

第三，库房内必须设电源时，应采用钢管布线，露天储木场电气线路敷设，应尽可能采用直埋电缆。如果采用架空线路，与堆垛的防火间距不应小于杆高度的 1.5 倍。

第四，启动频繁的选材运输机等的供电电压，不应低于额定电压的95%；不经常启动的电动机供电电压，不低于额定电压的90%。防止电压过低烧毁电动机引起火灾。

第五，作业场所的电气设备均应装设防护罩，或采用铁壳开关和封闭型电气设备，防止原木、枝丫等碰坏设备，造成短路，防止粉尘进入电气设备引起火灾。电动机应设置短路保护、过载保护和失压脱扣保护。

另外，成材库房内应按现行《建筑设计防火规范》规定设室内消防给水系统。

（四）冷藏库的防火要求

1. 电气线路和照明设备安装的防火要求

冷库的电气线路如安装不当，也会引起火灾。

第一，在线路设计安装时，不应使电源进线直接从可燃隔热层中穿过，而应采取在门框边上预埋套管，让电源进线从中通过。如果必须从可燃隔热层中穿过时，则必须外加套管防护，并在套管外 20 cm ～ 50 cm 范围内，用石棉泥、玻璃纤维、蛭石或以氯化石蜡调和的瓷土等不燃烧材料填实隔断。

第二，冷库内固定安装的电气线路应采取穿管明敷；照明灯具应采用防潮型，禁止在可燃隔热层内直接敷线和将开关安装在库房内。

第三，为了防止冷库的门及内部走道地面因温度过低而被冻住或结冰，影响操作，新的设计是在门框内及走道的地坪底下敷设一种穿于紫铜管内的软性康铜丝橡胶电阻线（防冻电热线），经调压器调压，表面温度可控制在20 ℃。但如果安装错误，将电源进线接头留在墙外，使防冻电热线穿过稻壳隔热层，则会因电阻线过热而引起火灾。正确的安装方法是将电源的接头盒箱安装在墙内，套管外再用不燃的隔热材料隔断。防冻电热线的电压不宜超过 36 V，同时将调压器的调节范围限制在安全温度以内。

第四，施工用的临时电线必须采用橡套电缆，并绝对不允许从可燃隔热材料内通过。大功率照明灯具不准贴近可燃物或隔热层，且必须用灯架临时固定。停止施工时，应将电源切断。

2.氨压缩机房的防火要求

氨是可燃气体，其爆炸极限为 16% ～ 27%。《建筑设计防火规范》中，氨压缩机房被列为乙类火灾危险的厂房，应采用一、二级耐火等级的建筑。

氨压缩机房应按规定设计，有足够的泄压面积，电气设备要防爆，设有紧急泄压装置以及可供抢救时喷洒水雾的消火栓。

第三节　医院、院校消防安全

一、医院的消防安全管理

（一）医院消防安全重点部位

第一，容易发生火灾的部位，主要有危险品仓库、理化试验室、中心供氧站、高压氧舱、胶片室、锅炉房、木工间等。

第二，发生火灾时会严重危及人身和财产安全的部位，主要有病房楼、手术室、宿舍楼、贵重设备工作室、档案室、微机中心、病案室、财会室等。

第三，对消防安全有重大影响的部位，主要有消防控制室、配电间、消防水泵房等。消防安全重点部位应设置明显的防火标志，标明"消防重点部位"和"防火责任人"，落实相应管理规定，实行严格管理。

（二）电气防火

第一，电气设备应由具有电工资格的专业人员负责安装和维修，严格执行安全操作规程。

第二，在要求防爆、防尘、防潮的部位安装电气设备，应符合有关安全技术要求。

第三，每年应对电气线路和设备进行安全性能检查，必要时应委托专业机构进行电气消防安全监测。

（三）火源控制

第一，严格执行内部动火审批制度，及时落实动火现场防范措施及监护人。

第二，固定用火场所、设施和大型医疗设备应有专人负责，安全制度和操作规程应公布上墙。

第三，宿舍内严禁使用蜡烛等明火用具，病房内非医疗不得使用明火。

第四，病区内禁止烧纸，除吸烟室外，不得在任何区域吸烟。

（四）易燃易爆化学危险物品管理

第一，严格规范易燃易爆化学危险物品使用审批制度。

第二，加强易燃易爆化学危险物品储存管理。

第三，易燃易爆化学危险物品应根据其特性分类存放，严禁混存。

第四，高温季节，易燃易爆化学危险物品储存场所应加强通风，室内温度应控制在 28 ℃以下。

（五）安全疏散设施管理

第一，防火门、防火卷帘、疏散指示标志、火灾应急照明、火灾应急广播等设施应设置齐全、完好有效。

第二，医疗用房应在明显位置设置安全疏散图。

第三，常闭式防火门应向疏散方向开启，并设有警示文字和符号，因工作必须常开的防火门应具备联动关闭功能。

第四，保持疏散通道、安全出口畅通，禁止占用疏散通道，不应遮挡、覆盖疏散指示标志。

第五，禁止将安全出口上锁，禁止在安全出口、疏散通道上安装栅栏等影响疏散的障碍物；疏散通道、疏散楼梯、安全出口处以及房间的外窗不应设置影响安全疏散和应急救援的固定栅栏。

第六，病房楼、门诊楼的疏散走道、疏散楼梯、安全出口应保持畅通，公共疏散门不应锁闭，宜设置推闩式外开门。

第七，防火卷帘下方严禁堆放物品，消防电梯前室的防火卷帘应具备停滞功能。

（六）消防设施、器材日常管理

医院应加强建筑消防设施、灭火器材的日常管理，并确定本单位专职人员或委托具有消防设施维护保养资格的组织或单位进行消防设施维护保养，保证建筑消防设施、灭火器材配置齐全、正常工作。

医院可以组织经公安消防机构培训合格、具有维护能力的专职人员，定期对消防设施进行维护保养，并保留记录；也可以委托具有消防设施维护保养资格的组织或单位，定期对消防设施进行维护保养，并保留维护保养报告。

二、院校消防安全管理

（一）幼儿园消防管理

1.健全消防安全组织，加强对幼儿的消防安全意识教育

第一，幼儿园作为管理、教育着大量无自理能力的幼儿教育机构，保证他们安全健康成长是幼儿园领导和教职员工的首要职责。让每一位教师、保育员和员工都懂得日常防火知识和发生火灾后的处置方法，达到会使用灭火器材、会扑救初期火灾、会组织幼儿疏散和逃生的要求。

第二，将消防安全教育纳入幼儿园的教育大纲。

第三，根据幼儿的身心特点，利用多种形式进行消防安全知识教育。可以根据幼儿的特点将消防知识编写成幼儿故事、儿歌、歌曲等，运用听、说、唱的形式对幼儿传授消防安全知识。

2.园内建筑应当满足耐火和安全疏散的防火要求

第一，幼儿园的建筑宜单独布置，应当与甲、乙类火灾危险生产厂房、库房至少保持50 m以上的距离，并应远离散发有害气体的部位。建筑面积

不宜过大，耐火等级不应低于三级。

第二，附设在居住等建筑物内的幼儿园，应用耐火极限不低于 1.00 h 的不燃体墙与其他部分隔开。设在幼儿园主体建筑内的厨房，应用耐火极限不低于 1.50 h 的不燃体墙与其他部分隔开。

第三，幼儿园的安全疏散出口不应少于两个，每班活动室必须有单独的出入口。活动室或卧室门至外部出口或封闭楼梯间的最大距离：位于两个外部出口或楼梯间之间的房间，一、二级耐火等级为 25 m，三级为 20 m；位于袋形走道的房间，一、二级建筑为 20 m，三级建筑为 15 m。

第四，活动室、卧室的门应向外开，不宜使用落地或玻璃门；疏散楼梯的最小宽度不宜小于 1.1 m，坡度不宜过大；楼梯栏杆上应加设儿童扶手，疏散通道的地面材料不宜太光滑。楼梯间应采用天然采光，其内部不得设置影响疏散的突出物及易燃易爆危险品（如燃气）管道。

第五，为了便于安全疏散，幼儿园为多层建筑时，应将年龄较大的班级布置在上层，年龄较小的布置在下层，不准设置在地下室内。

第六，幼儿园的院内要保持道路通畅，其道路、院门的宽度不应小于 3.5 m。院内应留出幼儿活动场地和绿地，以便火灾时用作灭火展开和人员疏散用地。

（二）中小学消防管理

1. 加强行政领导，落实防范措施

为了保证中小学生安全健康的成长和学校教学工作的正常进行，中小学应建立以主管行政工作的校长为组长，各班主任、总务管理人员为成员的防火安全领导机构，并配备 1 名防火兼职干部，具体负责学校的防火安全工作。防火安全领导机构应定期召开会议，研究解决学校防火安全方面的问题；要对教职员工进行消防安全知识教育，达到会使用灭火器材，会扑救初期火灾，会报警，会组织学生安全疏散、逃生的要求。要定期进行防火安全检查，对检查发现的不安全因素，要组织整改，消除火灾隐患，要落实各项防火措施。要配备质量合格、数量足够的灭火器材，并经常检查维修，保证完整好用。要做好实验室、图书室、校办工厂等重点部位的防火安全工作，

严格管理措施，切实防止火灾事故的发生。

2.加强对学生的防火安全教育

中小学应切实加强对学生的防火安全教育，这是从根本上提高全民消防安全素质的主要途径，也是促进社会精神文明和物质文明发展的一个重要方面。

第一，小学消防安全教育的着眼点应当放在增强学生的消防安全意识上，可通过团队活动日、主题班会、演讲会、故事会、知识竞赛、书画比赛、征文等形式进行。

第二，对中学生的消防安全教育最好采用渗透教育的方法。所谓渗透教育，就是指在进行主课教育的同时将相关的副课知识渗透在主课中讲解。此种方法在达到消防安全教育目的的同时，既不需要增加课程内容，也不需要增加课时。

3.提高建筑物的耐火等级，保证安全疏散

第一，中小学的教学楼应采用一、二级耐火等级的建筑，若采用三级耐火等级，则不能超过3层，且在地下室内不准设置教室。

第二，容纳50人以上的教室，其安全出口不应少于两个。音乐教室、大型教室的出入口，其门的开启方向应与人流疏散方向一致。教室门至外部出口或封闭楼梯间的距离：当位于两个外部出口或楼梯间之间时，一、二级耐火等级为35 m，三级为30 m；位于袋形走道两侧或尽端的房间，一、二级为22 m，三级为20 m。

第三，教学楼疏散楼梯的最小宽度不应小于1.1 m，疏散通道的地面材料不宜太光滑，楼梯间应采用自然采光，不得采用旋转楼梯、高形踏步，燃气管道不得设在楼梯间内。中小学应开设消防车可以通行的大门或院内消防车道，以满足安全疏散和扑救火灾的需要。

第四，图书馆、教学楼、实验楼和集体宿舍的公共疏散走道、疏散楼梯间不应设置卷帘门、栅栏等影响安全疏散的设施。

第五，学生集体宿舍严禁使用蜡烛、电炉等明火；当需要使用炉火采暖时，应设专人负责，夜间应定时进行防火巡查。每间集体宿舍均应设置用电

超载保护装置。集体宿舍应设置醒目的消防设施、器材、出口等消防安全标志。

（三）高等院校消防管理

1.普通教室及教学楼

第一，作为教室的建筑，其防火设计应满足《建筑设计防火规范》（GB 50016—2014）的要求，耐火等级不应低于三级，如由于条件限制设在低于三级耐火等级时，其层数不应超过 1 层，建筑面积不应超过 600 m²。普通教学楼建筑的耐火等级、层数、面积和其他民用建筑的防火间距等，应满足具体的规定。

第二，作为教学使用的建筑，尤其是教学楼，距离甲、乙类的生产厂房、甲、乙类的物品仓库以及具有火灾爆炸危险性比较大的独立实验室的防火间距不应小于 25 m。

第三，课堂上用于实验及演示的危险化学品应严格控制用量。

第四，容纳人数超过 50 人的教室，其安全出口不应少于两个；安全疏散门应向疏散方向开启，并且不得设置门槛。

第五，教学楼的建筑高度超过 24 m 或者 10 层以上的应严格执行《建筑设计防火规范》（GB 50016—2014）中的有关规定。

第六，高等院校和中等专业技术学校的教学楼体积大于 5 000 m³ 时，应设室内消火栓。

第七，教学楼内的配电线路应满足电气安装规程的要求，其中消防用电设备的配电线路应采取穿金属管保护。当暗敷时，应敷设在非燃烧体结构内，保护厚度不小于 3 cm；当明敷时，应在金属管上采取防火保护措施。

第八，当教室内的照明灯具表面的高温部位靠近可燃物时应采取隔热、散热措施进行防火保护；隔热保护材料通常选用瓷管、石棉、玻璃丝等非燃烧材料。

2.电化教室及电教中心

第一，演播室的建筑耐火等级不应低于一、二级，室内的装饰材料与吸声材料应采用非燃材料或者难燃材料，室内的安全门应向外开启。

第二，电影放映室及其附近的卷片室、影片贮藏室等，应用耐火极限不低于1.00 h的非燃烧体与其他建筑部分隔开，房门应用防火门，放映孔与瞭望孔应设阻火闸门。

第三，电教楼或电教中心的耐火等级应是一、二级，其设置应同周围建筑保持足够的安全距离，当电教楼为多层建筑时，其占地面积宜控制在2 500 m² 内，其中电视收看室、听音室单间面积超过50 m²，并且人数超过50 人时，应设在三层以下，应设两个以上安全出口，门必须向外开启，门宽应不小于1.4 m。

3. 实验室及实验楼防火

第一，高等院校或者中等技术学校的实验室，耐火等级应不低于三级。

第二，一般实验室的底层疏散门、楼梯以及走道的各自总宽度应按具体的指标计算确定，其安全疏散出口不应少于两个，而安全疏散门应向疏散方向开启。

第三，当实验楼超过5层时，宜设置封闭式楼梯间。

第四，实验室与一般实验室的配电线路应符合电气安装规程的要求，消防设备的配电线路需穿金属管保护，暗敷时非燃烧体的保护厚度不少于3 cm，当明敷时，金属管上采取防火保护措施。

第五，实验室内使用的电炉必须确定位置，定点使用，专人管理，周围禁止堆放可燃物。

第六，一般实验室内的通风管道应是非燃材料，其保温材料应为非燃或难燃材料。

4. 学生宿舍的防火要求

学生宿舍的安全防火工作应从管理职能部门、班主任、校卫队以及联防队这几个方面着手，加强管理。

（1）管理职能部门的安全防火工作职责

第一，学生宿舍的安全防火管理职能部门（包括保卫处、学生处以及宿管办等）应经常对学生进行消防安全教育，如举行消防安全知识讲座、开展消防警示教育以及平时行为规范教育等，使学生明白火灾的严重性和防火的重要性，掌握防火的基本知识及灭火的基本技能，做到防患于未然。

第二，经常对学生宿舍进行检查督促，查找并且整改存在的消防安全隐患。发现大功率电器与劣质电器应没收代管；发现抽烟或者点蜡烛的学生应及时制止和教育，晓之以理，使其不再犯同样的错误。

第三，加强对学生的纪律约束。不仅要对引起火灾、火情的学生进行纪律处分，而且对多次被查出违章用电、点蜡烛以及抽烟并屡教不改的学生也应予以纪律处分。

（2）班主任的安全防火工作职责

第一，班主任应接受消防安全教育，了解防火的重要性，从而将防火列为对学生日常管理的内容之一，经常对学生进行教育、提醒以及突击检查。

第二，班主任应当将防火工作纳入对学生操行等级考核内容，比如学生被查出有违章使用大功率电器、抽烟、点蜡烛等行为，可以对其操行等级进行降级处理。

（3）校卫队与联防队的安全防火工作职责

第一，校卫队和联防队应加强对学生宿舍的巡逻，尤其在晚上，发现学生有使用大功率电器、点蜡烛、抽烟等行为，要及时制止，并报学生处或宿舍管理办公室记录在案。

第二，加强学生的自我管理和自我保护教育。学生安全员为学生宿舍加强安全管理的重要力量，在经过培训的基础上，他们可担负发现、处理、报告火灾隐患及初起火险的任务。

第四节　商场、集贸市场消防安全

一、集贸市场的防火要求

（一）建立消防管理机构

在消防监督机构指导下，集贸市场主办单位应建立消防管理机构，健全防火安全制度，强化管理，组建义务消防组织，并确定专（兼）职防火人员，制订灭火、疏散应急预案并开展演练。做到平时预防工作有人抓、有人管、有人落实；在发生火灾时有领导、有组织、有秩序地进行扑救。对于多家合办的集贸市场应成立有关单位负责人参加的防火领导机构，统一管理消防安全工作。

（二）安全检查、隐患整改必须到位

集贸市场主办单位应组织防火人员进行经常性的消防安全检查，针对检查把整改工作做到领导到位、措施到位、行动到位以及检查验收到位，决不走过场、图形式；对整改不彻底的单位，要责令重新进行整改，决不留下新的隐患。要充分发挥消防部门的监督职能作用，经常深入市场检查指导，发现问题，及时指出，将检查中发现的火灾隐患整改彻底。

（三）确保消防通道畅通

安全通道畅通是集贸市场发生火灾后，保证人员生命财产安全的有效措施，市场主办单位应认真落实"谁主管、谁负责"，按照商品的种类和火灾危险性划分若干区域，区域之间应保持相应的防火距离及安全疏散通道，对堵塞消防通道的商品应依法取缔，确保安全疏散通道畅通。

（四）完善固定消防设施

针对集贸市场内未设置消防设施、无消防水源的现状，主办单位应立即筹集资金。按照规范要求增设室内外消火栓、火灾自动报警系统及消防水池、自动喷水灭火系统、水泵房等固定消防设施，配置足量的移动式灭火器、疏散指示标志，尽快提高市场自身的防火及灭火能力，使市场在安全的情况下正常经营。

二、商场、集贸市场的消防安全管理

目前，国内的一些大型商场为了满足人民群众的需求，大多集购物、餐饮、娱乐为一体，所以商场、集贸市场的火灾风险较高，一旦发生火灾，容易造成重大的经济损失和人员伤亡，因此商场、集贸市场的防火要求要高于一般场所。

（一）建筑防火要求

商场的建筑首先在选址上应远离易燃易爆危险化学物品生产及储存的场所，要同其他建筑保持一定防火间距。在商场周边要设置环形消防通道。商场内配套的锅炉房、变配电室、柴油发电机房、消防控制室、空调机房、消防水泵房等的设置应符合消防技术规范的要求。

商场建筑物的耐火等级不应低于二级，应严格按照《建筑设计防火规范》（GB 50016—2014）的要求划分防火分区。

对于电梯间、楼梯间、自动扶梯及贯通上下楼层的中庭，应安装防火门或者防火卷帘进行分隔，对于管道井、电缆井等，其每层检查口应安装丙级防火门，并且每隔2～3层楼板处用相当于楼板耐火极限的材料分隔。

（二）室内装修

商场室内装修采用的装修材料的燃烧性能等级，应按楼梯间严于疏散走道、疏散走道严于其他场所、地下严于地上、高层严于多层的原则予以控制。商场应严格执行规定，尽量采用不燃性材料和难燃性材料，避免使用在燃烧时产生大量浓烟或有毒气体的材料。

建筑内部装修不应遮挡安全出口、消防设施、疏散通道及疏散指示标志，不应减少安全出口、疏散出口和疏散走道的净宽度和数量，不应妨碍消防设施及疏散走道的正常使用。

（三）安全疏散设施

商场是人员集中的场所，安全疏散必须满足消防规范的要求。要按照规范设置相应的防烟楼梯间、封闭楼梯间或者室外疏散楼梯。商场要有足够数量的安全出口，并多方位地均匀布置，不应设置影响安全疏散的旋转门及侧拉门等。

安全出口的门禁系统必须具备从内向外开启并且发出声光报警信号的功能，以及在断电的情况下，门禁系统应设计为停止锁闭的状态。禁止使用只能由控制中心遥控开启的门禁系统。

安全出口、疏散通道以及疏散楼梯等都应按要求设置应急照明灯和疏散指示标志，应急照明灯的照度不应低于 0.5 lx，连续供电时间不得少于 20 min，疏散指示标志的间距不大于 20 m。禁止在楼梯、安全出口和疏散通道上设置摊位、堆放货物。

（四）消防设施

商场的消防设施包括火灾自动报警系统、室内外消火栓系统、自动喷水灭火系统、防排烟系统、疏散指示标志、应急照明、事故广播、防火门、防火卷帘及灭火器材。

1. 火灾自动报警系统

商场中任一层建筑面积大于 3 000 m² 或者总建筑面积大于 6 000 m² 的多层商场，建筑面积大于 500 m² 的地下、半地下商场以及一类高层商场，应设置火灾自动报警系统。火灾自动报警系统的设置应符合规定，营业厅等人员聚集场所宜设置漏电火灾报警系统。

2. 灭火设施

商场应设置室内、外消火栓系统，并应满足有关消防技术规范要求。设有室内消防栓的商场应设置消防软管卷盘。建筑面积大于 200 m² 的商业服务网点应设置消防软管卷盘或者轻便消防水龙。

任一楼层建筑面积超过 1 500 m² 或总建筑面积超过 3 000 m² 的多层商场和建筑面积大于 500 m² 的地下商场以及高层商场均应设置自动喷水灭火系统。商场应按照要求配备灭火器。

第五节　公共娱乐场所消防安全

一、公共娱乐场所应具备的消防安全条件

（一）健全、落实消防安全责任制

公共娱乐场所的法定代表人或者主要负责人是场所的消防安全责任人，对公共娱乐场所的消防安全工作全面负责。应当明确一名单位领导为消防安全管理人，负责组织实施场所的日常消防安全管理工作；确定至少两名专职消防安全管理员，负责消防安全检查和营业期间的防火巡查。场所的房产所有者在与其他单位、个人发生租赁、承包等关系后，其消防安全责任由经营者负责。在举办现场有文艺表演活动时，演出举办单位应当明确消防安全责任，落实消防安全措施。

（二）建筑物应当符合耐火等级和防火分隔的要求

公共娱乐场所宜设置在耐火等级不低于二级的建筑物内；已经核准设置在三级耐火等级建筑内的公共娱乐场所，应当符合特定的防火安全要求。不得设置在文物古建筑和博物馆、图书馆建筑内，不得毗连重要仓库或者危险物品仓库，也不得在居民住宅楼内改建。当与其他建筑相毗连或者附设在其他建筑物内时，应当按照独立的防火分区设置。当设置在商住楼内时，应与居民住宅的安全出口分开设置。

（三）建筑内部装修应当符合消防技术标准

新建、改建、扩建或者变更内部装修的建筑，其消防设计和施工应当符合国家有关建筑消防技术标准的规定。建设单位或者经营单位应当依法将消防设计文件报公安机关消防机构审核、备案，未经依法审核或审核不合格不得施工，经备案抽查不合格的，应当停止施工。

建筑内部装修、装饰材料，应当使用不燃、难燃材料，禁止使用聚氨酯类以及在燃烧后产生大量有毒烟气的材料。疏散通道、安全出口处不得采用

反光或者反影材料。公共娱乐场所内使用的阻燃材料应当有燃烧性能标志。内部装修工程竣工后，还应当向公安机关消防机构申报验收或者备案，未经验收或验收不合格的不得投入使用，经抽查不合格的，应当停止使用。

（四）安全出口必须符合安全疏散要求

公共娱乐场所的安全出口数目、疏散宽度和距离，应当符合国家有关建筑设计防火规范的规定。安全出口处不得设置门槛、台阶，疏散门应向外开启，不得采用卷帘门、转门、吊门和侧拉门，门口不得设置门帘、屏风等影响疏散的遮挡物，门窗上不得设置影响人员逃生和灭火救援的障碍物。在营业时必须确保安全出口和疏散通道畅通无阻，严禁将安全出口上锁、阻塞。

公共娱乐场所的外墙上应在每层设置外窗（含阳台），其间隔不应大于 15 m；每个外窗的面积不应小于 1.5 m²，且其短边不应小于 0.8 m，窗口下沿距室内地坪不应大于 1.2 m。使用人数超过 20 人的厅、室内应设置净宽度。

不小于 1.1 m 的疏散走道，活动座椅应采用固定措施。休息厅、录像放映室、卡拉 OK 室内应设置声音或视像警报，保证在火灾发生初期，将其画面、音响切换到应急广播和应急疏散指示状态。

（五）疏散指示灯及照明设施必须符合国家标准要求

安全出口、疏散通道和楼梯口应当设置符合标准的灯光疏散指示标志。指示标志应当设在门的顶部、疏散通道和转角处距地面 1 m 以下的墙面上。设在走道上的指示标志的间距不得大于 20 m。还应当设置火灾事故应急照明灯，照明供电时间不得少于 20 min；设有包间的，包间内应当配备一定数量的照明和人员逃生辅助设备。

（六）电器使用应当符合消防安全要求

公共娱乐场所内电器产品的安装、使用及其线路、管路的设计、敷设必须符合消防安全技术标准和管理规定，不得超负荷用电，不得擅自拉接临时电线和使用移动式电暖设备。为了保证使用安全，应当设置电器漏电火灾报警系统，每年至少对电气线路、设备进行一次检测。各种灯具距离周围窗帘、幕布、布景等可燃物不应小于 0.5 m。

（七）地下建筑内设置公共娱乐场所的要求

公共娱乐场所一般不要设置在地下建筑内，必须设置时，除应符合其他有关要求外，只允许设在地下一层，通往地面的安全出口不应少于两个，安全出口、楼梯和走道的宽度应当符合有关建筑设计防火规范的规定；应当设置机械防烟排烟设施、火灾自动报警系统和自动喷水灭火系统，且严禁使用液化石油气等密度比空气大的燃气。

二、公共娱乐场所的消防安全管理要求

（一）日常消防安全管理要求

第一，不得设置员工宿舍，在非营业期间值班、值守人员不得超过两人。歌舞娱乐放映场所及其包房内，应当设置声音或者视像警报，保证在火灾发生初期，消除视像画面、音响，播送火灾警报，引导人们安全疏散。

公共娱乐场所应当在厅室的醒目位置张贴消防安全疏散逃生示意图。厨房使用燃气时，应当采用管道方式供气，并设置可燃气体报警装置。

第二，应当按照《消防法》的规定履行消防安全职责，建立消防安全制度，实行消防安全责任制，落实消防安全管理措施，并联入城市消防安全远程监测系统。

第三，应当落实消防安全培训制度，至少每半年对从业人员进行一次消防安全培训。新员工必须经过消防安全培训，合格后方能上岗。全体员工应当熟知必要的消防安全知识，会报火警，会使用灭火器材，会组织人员疏散。

第四，公共娱乐场所应当落实灭火和应急疏散预案演练制度，每半年组织开展一次演练。

第五，发生火灾时，应当立即启动应急广播或声音和视像警报系统，通知在场人员安全疏散。公共娱乐场所的现场工作人员应当履行职责，组织、引导在场人员安全疏散。

第六，公共娱乐场所应当每半年向公安机关消防机构或公安派出所报告

一次消防安全管理情况。

（二）营业时间内的消防安全管理要求

第一，公共娱乐场所在营业时，不得超过额定人数；在进行营业性演出前，应当向观众告知场所的安全疏散通道、出口的位置，逃生自救方法和消防安全注意事项。

第二，严禁带入、存放和使用易燃易爆危险物品；严禁在演出、放映场所的观众厅内吸烟和使用明火照明、燃放烟花爆竹或者使用其他产生烟火的制品。在营业期间不得进行设备检修、电气焊、油漆粉刷等施工和维修作业。

第三，公共娱乐场所营业期间应当每两小时开展一次防火巡查，对安全出口、疏散通道是否畅通，火灾事故应急照明和疏散指示标志是否完好，消防设施是否运行正常，消防器材是否在位，消防控制室值班、操作人员是否在位，电气设备和线路是否有异常现象，场所内是否有违规吸烟、使用明火和燃放烟花爆竹现象等内容进行防火巡查。

第四，防火巡查人员对巡查发现的问题，应当立即纠正。不能立即改正的，应当报告消防安全责任人或者消防安全管理人停止营业整改。营业结束后，应指定专人进行消防安全检查，清除烟蒂等火种。

第五，公共娱乐场所的消防设施应当每年进行一次检测，每月进行一次检查，保证完好有效。

第六节　宾馆、饭店消防安全

一、宾馆、饭店的火灾危险性

现代的宾馆、饭店抛弃了以往那种以客房为主的单一经营方式，将客房、公寓、餐馆、商场、会议中心等集于一体，向多功能方向发展。因此，其对建筑和其他设施的要求很高，并且追求舒适、豪华，以满足旅客的需要，提高竞争能力。如此一来，就潜伏着许多火灾危险，具体分为以下几个方面。

（一）可燃物多

宾馆、饭店虽然大多采用钢筋混凝土结构或钢结构，但大量的装饰材料和陈设用具都采用木材、塑料和棉、麻、丝、毛以及其他纤维制品。这些都是有机可燃物质，增加了建筑内的火灾荷载。一旦发生火灾，这些材料就像架在炉膛里的柴火，燃烧猛烈、蔓延迅速，塑料制品在燃烧时还会产生有毒气体。这些不仅会给疏散和扑救带来困难，而且还会危及人身安全。

（二）建筑结构易产生烟囱效应

现代的宾馆和饭店，特别是大、中城市的宾馆、饭店，很多都是高层建筑，楼梯井、电梯井、管道井、电缆垃圾井、污水井等竖井林立，如同一座座大烟囱，还有通风管道，纵横交叉，延伸到建筑的各个角落，一旦发生火灾，竖井产生的烟囱效应，便会使火焰沿着竖井和通风管道迅速蔓延、扩大，进而危及全楼。

（三）疏散困难，易造成重大伤亡

宾馆、饭店是人员比较集中的地方，在这些人员中，多数是暂住的旅客，流动性很大。他们对建筑内的环境情况、疏散设施不熟悉，加之发生火灾时烟雾弥漫，心情紧张，极易迷失方向，拥塞在通道上，造成秩序混乱，给疏散和施救工作带来困难，因此往往造成重大伤亡。

（四）致灾因素多

宾馆、饭店发生火灾，在国外是常有的事，一般损失都极为严重。国内宾馆、饭店的火灾也时有发生，例如：旅客酒后躺在床上吸烟，乱丢烟蒂和火柴梗，厨房用火不慎和油锅过热起火，维修管道设备和进行可燃装修施工等动火违章，电器线路接触不良，电热器具使用不当，照明灯具温度过高，烤着可燃物，等等。宾馆、饭店容易引起火灾的可燃物主要有液体或气体燃料、化学涂料、油漆、家具、棉织品等。

二、宾馆、饭店的防火管理措施

宾馆、饭店的防火管理，除建筑应严格按照有关标准进行设计施工外，客房、厨房、公寓、写字间以及其他附属设施，应分别采取以下防火管理措施。

（一）客房、公寓、写字间

客房、公寓、写字间是现代宾馆、饭店的主要部分，它包括卧室、卫生间、办公室、小型厨房、客房、楼层服务间、小型库房等。

客房、公寓发生火灾的主要原因是烟蒂、火柴梗引燃可燃物或电热器具烤着可燃物，发生火灾的时间一般在夜间和节假日，尤以旅客酒后卧床吸烟，引燃被褥及其他棉织品等发生的事故最为常见。因此，客房内所有的装饰材料应采用不燃材料或难燃材料，窗帘一类的丝、棉织品应经过防火处理，客房内除公有电器和允许旅客使用的电吹风、电动剃须刀等日常生活的小型电器外，禁止使用其他电器设备，尤其是电热设备。

对旅客及来访人员，应明文规定禁止将易燃易爆物品带入宾馆，凡携带进入宾馆者，要立即交服务员专门储存，妥善保管，并严禁在宾馆、饭店区域内燃放烟花爆竹。

客房内应配有禁止卧床吸烟的标志、应急疏散指示图，宾馆客人须知以及宾馆、饭店内的消防安全指南。服务员应经常向旅客宣传：不要躺在床上吸烟，烟蒂和火柴梗不要乱扔乱放，应放在烟灰缸内；入睡前应将音响、电视机等关闭，人离开客房时，应将客房内照明灯关掉。服务员应保持高度警惕，在整理房间时要仔细检查，烟灰缸内未熄灭的烟蒂不得倒入垃圾袋；平时应不断巡逻查看，发现火灾隐患应及时采取措施；对酒后的旅客应该特别注意。

高层旅馆的客房内应配备应急手电筒、防烟面具等逃生器材及使用说明。客房层应按照有关建筑火灾逃生器材及配备标准设置辅助疏散、逃生设备，并应有明显的标志。

写字间出租时，出租方和承租方应签订租赁合同，并明确各自的防火责任。

（二）餐厅、厨房

餐厅是宾馆、饭店人员最集中的场所，一般有大小宴会厅、中西餐厅、咖啡厅、酒吧等。大型的宾馆、饭店通常有好几个风味餐厅，可以同时供几百人甚至几千人就餐和举行宴会。这些餐厅、宴会厅出于功能和装饰上的需要，其内部常有较多的装修材料，可燃物数量很大。厅内装有许多装饰灯，供电线路非常复杂，布线都在闷顶之内，又紧靠失火概率较大的厨房。

厨房内设有冷冻机、绞肉机、切菜机、烤箱等多种设备，油雾气、水汽较大，电器设备容易受潮和导致绝缘层老化，容易导致漏电或短路起火；有的餐厅为了增加地方风味，临时使用明火较多，如点蜡烛增加气氛、吃火锅使用各种火炉等，这方面的事故已屡有发生；厨房用火最多，若燃气管道漏气或油炸食品时不小心，也非常容易发生火灾。因此，必须引起高度重视。

1. 要控制客流量

餐厅应根据设计用餐的人数摆放餐桌，留出足够的通道。通道及出入口必须保持畅通，不得堵塞。举行宴会和酒会时，人员数量不应超出原设计的容量。

2. 加强用火管理

如果餐厅内需要点蜡烛增加气氛时，必须把蜡烛固定在不燃材料制作的基座内，并且不得靠近可燃物。供应火锅的风味餐厅，必须加强对火炉的管理，慎用液化石油、气炉、酒精炉和木炭炉，酒精炉未熄灭就添加酒精很容易导致火灾事故的发生，所以操作时严禁在火焰未熄火前添加酒精，酒精炉最好使用固体酒精燃料，但应加强对固体酒精存放的管理。餐厅内应在多处放置烟灰缸、痰盂，以方便宾客扔放烟头和火柴梗。

（三）电器设备

随着科学技术的发展，电气化、自动化在宾馆、饭店日益普及，电冰箱、电热器、电风扇、电视机，各类新型灯具，以及电动扶梯、电动窗帘、空调设备、吸尘器、电灶具等已被宾馆和饭店大量采用。为此，电器设备的安装、使用、维护必须做到以下几点。

第一，客房里的台灯、壁灯、落地灯和厨房内的电冰箱、绞肉机、切菜机等电器设备的金属外壳，应有可靠的接地保护。床头柜内设有音响、灯光、电视等控制设备的，应做好防火隔热处理。

第二，照明灯灯具表面高温部位不得靠近可燃物；碘钨灯、荧光灯、高压汞灯（包括日光灯镇流器），不应直接安装在可燃物上；深罩灯、吸顶灯等，如安装在可燃物附近时，应加垫石棉瓦和石棉板（布）隔热层；碘钨灯及功率大的白炽灯灯头线，应采用耐高温线穿套管保护；厨房等潮湿地方应采用防潮灯具。

（四）维修施工

宾馆、饭店往往要对客房、餐厅等进行装饰、更新和修缮，因使用易燃液体稀释维修或使用易燃化学黏合剂粘贴地面和墙面装修物等，大都有易燃蒸气产生，遇明火会发生着火或爆炸。在维修安装设备进行焊接或切割时，因管道传热和火星溅落在可燃物上以及缝隙、夹层、垃圾井中也会导致阴燃而引起火灾。因此，具体应从以下几个方面进行防范。

第一，使用明火应严格控制。除餐厅、厨房、锅炉的日常用火外，维修施工中电气焊割、喷灯烤漆、搪锡熬炼等动火作业，均须报请保安部门批准，签发动火证，并清除周围的可燃物，派人监护，同时备好灭火器材。

第二，在防火墙、不燃体楼板等防火分隔物上，不得任意开凿孔洞，以免烟火通过孔洞造成蔓延。安装窗式空调器的电缆线穿过楼板开孔时，空隙应用不燃材料封堵；空调系统的风管在穿过防火墙和不燃体板墙时，应在穿过处设阻火阀。

第三，中央空调系统的冷却塔，一般都设在建筑物的顶层。目前普遍使用的是玻璃钢冷却塔，这是一种外壳为玻璃钢、内部填充大量聚丙烯塑料薄片的冷却设备。聚丙烯塑料片的片与片之间留有空隙，使水通过冷却散热。这种设备使用时，内部充满了水，并没有火灾危险。但是在施工安装或停用检查时，冷却塔却处于干燥状态下，由于塑料薄片非常易燃，而且片与片之间的空隙利于通风，起火后会立即扩大成灾，扑救也比较困难。因此，在用火管理上应列为重点，不准在冷却塔及附近任意动用明火。

（五）安全疏散设施

建筑内安全疏散设施除消防电梯外，还有封闭式疏散楼梯，主要用于发生火灾时扑救火灾和疏散人员、物资，绝对不能在疏散楼梯间堆放物资，否则一旦发生火灾，后果不堪设想。为确保防火分隔，由走道进入楼梯间前室的门应为防火门，而且应向疏散方向开启。宾馆、饭店的每层楼面应挂平面图，楼梯间及通道应有事故照明灯具和疏散指示标志；装在墙面上的地脚灯最大距离不应超过 20 m，距地面不应大于 1 m，不准在楼内通道上增设床铺，以防影响紧急情况下的安全疏散。

宾馆、饭店内的宴会厅、歌舞厅等人员集中的场所，应符合公共娱乐场所的有关防火要求。

第七节　电信通信相关场所消防安全

一、邮政企业消防管理

（一）邮件的收寄和投递

办理邮件收寄和投递的单位有邮政局、邮政所以及邮政代办所等。这些单位分布在各省、市、地区、县城、乡镇和农村，负责办理本辖区邮件的收寄及投递。邮政局一般都设有营业室、邮件和包裹寄存室、封发室以及投递室等；辖区范围较大的邮政局还设有车库，库内存放的机动车，从数辆到数十辆不等，这些都存在一定的火灾危险性，因此在收寄和投递邮件中应注意以下防火要求。

1.严格生活用火的管理

在营业室的柜台内，邮件和包裹存放室以及邮件封发室等部位，要禁止吸烟；小型邮电所冬季如没有暖气采暖时，这些部位不得使用火盆、火缸，必要时可安装火炉，但在木地板上应垫砖，并加铁皮炉盘隔热、保护，炉体与周围可燃物保持不小于 1 m 的距离，金属烟筒与可燃结构应保持 50 cm 以上的距离，上班时要有专人看管，工作人员离开或者下班时，应将炉火封好。

2. 包裹收寄要注意防火安全检查

包裹收寄的安全检查工序为邮政管理过程中的重要环节。为了避免邮件、包裹内夹带易燃易爆危险化学品，负责收寄的工作人员，必须认真负责，严格检查。包裹和邮件要开包检查，有条件的邮政局，应采用防爆监测设备进行检查，防止混进的易燃易爆危险品在运输、储存过程中引起着火或者爆炸。营业室内应悬挂宣传消防知识的标语、图片。

3. 机动邮运投递车辆应注意防火

机动邮运投递车辆除应遵守"汽车和汽车库、场"的有关防火要求外，还应要求司机及押运人员不准在驾驶室及邮件厢内吸烟，营业室及车库内不准存放汽油等易燃液体，车辆的修理及保养应在车库外指定的地点进行。

（二）邮件转运

各地邮政系统的邮件转运部门是将邮件集中、分拣、封发以及运输等集中于一体的邮政枢纽。在邮政枢纽内的各工序中，应分别注意下列防火要求。

1. 信件分拣

信件分拣工作对邮件的迅速、准确以及安全投递有着重要影响。信件分拣应在分拣车间（房）内进行，操作方法目前有人工分拣与机械分拣两种。

手工分拣车间（房）的照明灯具和线路应固定安装，照明所需电源要设置室外总控开关与室内分控开关，以便停止工作时切断电源。照明线路布设应按照闷顶内的布线要求穿金属管保护，荧光灯的镇流器不能安装在可燃结构上，同时要求禁止在分拣车间（房）内吸烟和进行各种明火作业。

机械分拣车间分别设有信件分拣与包裹分拣设备，主要是信件分拣机和皮带输送设备等，除有照明用线路外，还有动力线路。机械分拣车间除应遵守信件分拣的有关防火要求之外，对电力线路、控制开关、电动机及传动设备等的安装使用，都应满足有关电气防火的要求。电器控制开关应安装在包铁片的开关箱内，并不使邮包靠近，电动机周围要加设铁护栏以避免可燃物靠近和人员受伤。机械设备要定期检查维护，传动部位要经常加油润滑，最好选用润滑胶皮带，避免机械摩擦发热引起火灾。

2.邮件待发场地

邮件待发场地是邮件转运过程中邮件集中的场所。此场所一旦发生火灾，会造成很大的影响，所以要把邮件待发场地划为禁火区域，并设置明显的禁火标志。要禁止吸烟和一切明火作业，严格控制外来人员及车辆的出入。邮件待发场地不应设于电力线下面，不准拉设临时电源线。

3.邮件运输

邮件运输是邮件传递过程中的一个重要环节，其在确保邮件迅速、准确、安全传递的基础上，根据不同运输特点组织运输。邮件运输的方式分铁路、船舶、航空以及汽车四种。铁路邮政车和船舶运输的邮件，由邮政部门派专人押运；航空邮件由交班机托运。此类邮件运输要遵守铁路、交通以及民航部门的各项防火安全规定。汽车运输邮件，除了长途汽车托运外，还有邮政部门本身组织的汽车运输。当邮政部门用汽车运输邮件时，运输邮件的汽车应用金属材料改装车厢。如用一般卡车装运邮件时，必须用篷布严密封盖，并提防途中飞火或者烟头落到车厢内，引燃邮件起火。邮件车要专车专用。在装运邮件时，禁止与易燃易爆化学危险品以及其他物品混装、混运。邮件运输车辆要根据邮件的数量配备应急灭火器材并不少于两具。通常情况下，装有邮件的重车不能停放在车库内，以防不测。

（三）邮政枢纽建筑

在大、中城市，尤其是大城市，一般都建有现代化的邮政枢纽设施，集收、发于一体，它是邮政行业的重点防火单位。

邮政枢纽设施作为公共建筑，通常都采用多层或高层建筑，并建在交通方便的繁华地段。新建的邮政枢纽工程，在总体设计上应对建筑的耐火等级、防火分隔、安全疏散、消防给水、自动报警、自动灭火系统等防火措施认真考虑，并严格执行《建筑设计防火规范》（GB 50016—2014）的有关规定。对已经建成但以上防火措施不符合两个规范规定的，应采取措施逐步加以改善。

（四）邮票库房

邮票库房是邮政防火的重点部位，其库房的建筑不能低于一、二级耐火等级，并与其他建筑保持规定的防火间距或防火分隔，避免其他建筑物失火殃及邮票库房的安全。邮票库房的电器照明、线路敷设、开关的设置，都必须满足仓库电器规定的要求，并应做到人离电断。对邮票总额在 50 万元以上的邮票库房，还应安装火灾自动报警及自动灭火装置。对省级邮政楼的邮袋库，应当设置闭式自动喷水灭火系统。

二、电信企业消防管理

电信是利用电或者电子设施来传送语言、文字、图像等信息的一种过程。最近几十年内，随着空间技术的发展出现了卫星通信方式，电子计算机的发明开发了数据通信，光学与化学的进一步发展开发了光纤通信。这些都使电信成了现代最有力的通信方式。社会发展至今天，可以说，没有现代化的通信就不可能有现代化的人类社会。

电信，不论是根据其信号传输媒介还是根据其传送信号形式，总体来讲，也就是电话与电报两种，而电话和电报又由信息的发送、传输以及接收三个部分的设备组成，其中电话是一种利用电信号相互沟通语言的通信方式，分为普通电话和长途电话两类。

电话通信设备使用的是直流电，均有一套独立的配电系统，把 220 V 的交流电经整流变为 ±24 V 或 ±60 V 的直流电使用。同时还配有蓄电池组，以确保在停电情况下继续给设备供电。目前，多数通信设备使用的蓄电池组与整流设备并联在一起，既能供给通信设备用电，又可以供给蓄电池组充电。电话的配电系统通常还设有柴油或者汽油发电机，当交流电长时间停电时，配电系统靠发电机发电供电。

电报是通信的重要组成部分，经收报、译电、处理、质查、分发、送对方局以及报底管理等，构成整个服务流程。电报通信的主要设备是电报传真机、载波机以及电报交换机等。

电信企业的内部联系是相当密切的，不论是有线电话、无线电话、传真还是电报都是紧密相连的。此外，由于电信机房的各种设备价值昂贵，且通信服务又不能中断，一旦发生火灾，不仅会危及生命和财产安全，还可能导致整个通信电路或大范围通信网的瘫痪，使政府和整个国民经济遭受损失。因此，搞好电信企业防火至关重要。

（一）电信企业的火灾危险性

1.电信建筑可燃物较多

电信建筑的火灾危险性主要体现在两个方面：一是原有老式建筑，耐火等级比较低，在许多方面很难满足防火的要求，导致火险隐患非常突出；二是在一些新建筑中，由于使用性能特殊，机房里敷管设线、开凿孔洞较多，尤其是机房建筑中的间壁、隔音板、地板、吊顶等装饰材料和通风管道的保温材料，以及木制机台、电报纸条、打字蜡纸、窗帘等，都是可燃物，一旦起火会迅速蔓延成灾。

2.设备带电易带来火种

安装电话及电报通信设备的机房，不仅设备多、线路复杂，而且带电设备火险因素较多。这些带电设备若发生短路或者接触不良等现象，都会造成设备上的电压变化，使导线的绝缘材料起火，并可引燃周围可燃物，扩大灾害；若遭受雷击或者架空的裸导线搭接在通信线路上，就会将高电压引到设备上发生火灾；避雷器的引下线与电缆、信号电缆距离过近也会给通信设备造成不安全因素；收发信机的调压器是充油设备，若发生超负荷、短路、漏油、渗油或者遭雷击等，都有可能引起调压器起火或者爆炸；室内的照明、空调设备以及测试仪表等的电气线路都有可能引起火灾；电信行业中经常用到电炉、电烙铁以及烘箱等电热器具，如果使用、管理不当，也会引燃附近的可燃物。动力输送设备、电气设备安装不合格，接地线不牢靠或者超负荷运行等，亦会造成火灾危险。

3.设备维修、保养时使用易燃液体并有动火作业

电信设备经常需要进行维修及保养，但在维修、保养中，经常要使用汽油、煤油以及酒精等易燃液体清洗机件。这类易燃液体在清洗机件、设备时极易挥发，遇火花就会引起着火、爆炸，同时在设备维修中，除常用电烙铁焊接插头和接头外，有时还要使用喷灯和进行焊接、气割作业，此类明火作业随时都可能导致火灾。

（二）电信企业的消防安全管理措施

1.电信建筑

电信建筑的防火，除必须严格执行《建筑设计防火规范》（GB 50016—2014）外，还应在总平面布置上适当分组、分区。通常将主机房、柴油机房、变电室等组成生产区，将食堂、宿舍以及住宅等组成生活区。生产区同生活区要用围墙分隔开。尤其贵重的通信设备、仪表等，必须设在一级耐火等级的建筑物内。在设有机房及报房的建筑内，不应设礼堂、歌舞厅、清洗间以及机修室。收发信机的调压设备（油浸式）不宜设在机房内，如由于条件所限必须设在同一层时，应以防火墙分隔成小间作调压器室，每间设的调压器的总容量不得大于 400 kV。调压器室通向机房的各种孔洞、缝隙都应用不燃材料密封填塞，门窗不应开向人员集中的方向，并应设有通风、泄压和防尘、防小动物入内的网罩等设施。清洗间应为一、二级耐火等级的单独建筑，由于室内常用易燃液体清洗机件，其电气设备应符合防爆要求，易燃液体的储量不应大于当天的用量，盛装容器应由金属制作，室内严禁一切明火。

各种通风管道的隔热材料，应使用硅酸铝、石棉等不燃材料。通风管道内要设置自动阻火闸门。通风管道不宜穿越防火墙，必须穿越时，应用不燃材料把缝隙紧密填塞。建筑内的装饰材料，如吊顶、隔墙以及门窗等，均应采用不燃材料制作，建筑内层与表层之间的电缆及信号电缆穿过的孔洞、缝隙亦应用不燃材料堵塞。竖向风道、电缆（含信号电缆）的竖井，不能采用可燃材料装修，检修门的耐火极限不应低于 0.60 h。

2. 电信电器设备

电源线与信号线不应混在一起敷设，若必须在一起敷设时，电源线应穿金属管或采用铠装电缆。移动式测试仪表线、照明灯具的电线应采用橡胶护套线或者塑料线穿塑料套管。机房采用日光灯照明时，应有防止镇流器发热起火的措施。照明、报警以及电铃线路在穿越吊顶或者其他隐蔽地方时，均应穿金属管敷设，接头处要安装接线盒。

机房、报房内禁止擅自安装临时灯具和活动接线板，同时不得使用电炉等电加热设备，若因生产需要必须使用时，需事先向本单位保卫、安全部门申请批准。针对机房、报房内的输送带等设备使用的电动机，应安装在不易燃材料的基础上，并且加护栏保护。

避雷设备应在每年雷雨季节到来前进行一次测试，对于不合格的要及时改进。避雷的地下线与电源线和信号线的地下线的水平距离，不应小于3 m。应保持地下通信电缆与易燃易爆地下储罐、仓库之间规定的安全距离，通常地下油库与通信电缆的水平距离不应小于10 m，20 t以上的易燃液体储罐和爆炸危险性较大的地下仓库与通信电缆的安全距离还应按照专业规范要求相应增大。

供电用的柴油机发电室应和机房分开，独立设在一、二级耐火等级的建筑内，如果不能分开时，须用防火墙隔开。供发电用的燃料油，最多保持一天的用量。汽油或者柴油禁止存放在发电室内，而应存放在专门的危险品仓库内。配电室、变压器室、酸性蓄电池室以及电容器室等电源设施，必须确保安全。

3. 电信消防设施

电信建筑设施应安装室内消防给水系统，并且装置火灾自动报警和自动灭火系统。电信建筑内的机房和其他电信设备较集中的地方，应采用二氧化碳自动灭火系统或者"烟落尽"灭火系统，其余地方可以用自动喷水灭火系统。电信建筑的各种机房内，还应配备应急用的常规灭火器。

第八节　重要办公场所的消防安全

一、会议室防火管理

办公楼一般都设有各种会议室，规模从小型到大型不等，小型会议室可容纳几十人，大型会议室可容纳数百人。由于这些会议室的人员密度较高，而且参加会议者往往对大楼的建筑设施和疏散路线并不熟悉，因此，一旦发生火灾，就会出现混乱局面。因此，必须注意以下防火要求。

第一，办公楼的会议室，其耐火等级不应低于二级，单独建的中、小会议室，最好用一、二级，不得低于三级。会议室的内部装修，尽量采用不燃材料。

第二，容纳 50 人以上的会议室，必须设置两个安全出口，其净宽度不小于 1.4 m。门必须向外开，并且不能设置门槛，靠近门口 1.4 m 内不能设踏步。

第三，会议室内疏散走道宽度应按其通过人数每 100 人不小于 60 cm 计算，边走道净宽不得小于 80 cm，其他走道净宽不得小于 1 m。

第四，会议室疏散门、室外走道的总宽度，分别应按平坡地面每通过 100 人不小于 55 cm、阶梯地面每通过 100 人不小于 80 cm 计算，室外疏散走道净宽不应小于 1.4 m。

第五，大型会议室座位的布置，横走道之间的排数不宜超过 20 排，纵走道之间每排座位不宜超过 22 个。

第六，大型会议室应设置事故备用电源和事故照明灯具、疏散标志等。

第七，每天会议进行之后，要对会议室内的烟头、纸张等进行清理、扫除，防止遗留烟头等火种引起火灾。

二、图书馆、档案馆及机要室防火管理

（一）高耐火等级、限制建筑面积，注意防火分隔

第一，图书馆、档案机要室要设在环境清静的安全地带，与周围易燃易爆单位保持足够的安全距离，并应设在一、二级耐火等级的建筑物内。不超

过三层的一般图书馆、档案机要室应设在不低于三级耐火等级的建筑物内，藏书库、档案库内部的装饰材料，均应采用不燃材料制成，闷顶内不得用稻草、锯末等可燃材料保温。

第二，为防止一旦发生火灾造成大面积蔓延以及减少火灾损失，对书库建筑的建筑面积应适当加以限制。一、二级耐火等级的单层书库建筑面积不应大于 4 000 m^2，防火墙隔间面积不应大于 1 000 m^2；二级耐火等级的多层书库建筑面积不应大于 3 000 m^2，防火墙隔间面积也不应大于 1 000 m^2；三级耐火等级的面积不应大于 700 m^2；二、三层的书库建筑面积不应大于 1 200 m^2，防火墙隔间面积不应大于 400 m^2。

第三，图书馆、档案机要室内的复印、装订、照相、录放音像等部门，不要与书库、档案库、阅览室布置在同一层内，如必须在同一层内布置时，应采取防火分隔措施。

第四，过去遗留下来的硝酸纤维底片资料库房的耐火等级不应低于二级，一幢库房面积不应大于 180 m^2。内部防火墙隔间面积不应超过 60 m^2。

第五，图书馆、档案机要室的阅览室，其建筑面积应按容纳人数每人 1.2 m^2 计算。阅览室不宜设在很高的楼层，若建筑耐火等级为一、二级的，应设在四层以下，耐火等级为三级的应设在三层以下。

（二）注意安全疏散

在图书馆、档案机要室等场所，安全疏散出口不应少于两个。但是单层面积在 100 m^2 左右的，允许只设一个疏散出口。而阅览室的面积超过 60 m^2，人数超过 50 人的，应设两个安全出口，门必须向外开启，其宽度不小于 1.2 m，不应设置门槛。装订修理图书的房间，如果面积超过 150 m^2，且同一时间内工作人数超过 15 人的，应设两个安全出口。通常书库的安全出口不少于两个，面积小的库房可设一个，库房的门应向外或靠墙的外侧推拉。

（三）书库、档案库的内部布置要求

书库、档案库的书架、资料架、档案架应采用不燃材料制成，一般书库、资料库、档案库的书架、资料架也尽量不采用木架等可燃材料。单面书架可贴墙安放，双面书架可单放，两个书架之间的间距不得小于 0.8 m，横穿书架的主干线通道不得小于 1 m ～ 1.2 m，贴墙通道可为 0.5 m ～ 0.6 m，通道与窗户尽量相对应。重要的书库、档案库内，不得设置复印、装订、音像等作业间，也不准设置办公、休息、更衣等生活用房。硝酸纤维底片资料应储存在独立的危险品仓库，并应有良好的通风、降温措施，加强养护管理，注意防潮防霉，防止发生自燃事故。

（四）严格电器防火要求

第一，重要的图书馆（室）、档案机要室，电气线路应全部采用铜芯线，外加金属套管保护。书库、档案库内禁止设置配电盘，人离库时必须切断电源。

第二，书库、档案库内不准用碘钨灯照明，也不宜用荧光灯。采用一般白炽灯泡时，尽量不用吊灯，最好采用吸顶灯。灯座位置应在走道的上方，灯泡与图书、资料、档案等可燃物应保持 50 cm 的距离。

第三，书库、档案库内不准使用电炉、电视机、交流收音机、电熨斗、电烙铁、电钟、电烘箱等用电设备，不准用可燃物做灯罩，不准随便乱拉电线，严禁超负荷用电。

第四，图书馆（室）、档案机要室的阅览室、办公室采用荧光灯照明时，必须选择优质产品，以防镇流器过热起火。在安装时切忌把灯架直接固定在可燃构件上，人离开时须切断电源。

第五，大型图书馆、档案机要室应设计、安装避雷装置。

（五）加强火源管理

第一，图书馆（室）、档案机要室应加强日常的防火管理，严格控制一切用火，并不准把火种带入书库和档案库，不准在阅览室、目录检索室等处吸烟和检查，防止留下火种或不切断电源而造成火灾。

第二，未经有关部门批准、防火措施不落实时，严禁在馆（室）内进行电焊等明火作业。为保护图书、档案必须进行熏蒸杀虫时，因许多杀虫药剂都是易燃易爆化学危险物品，存在较大的火灾危险，所以应经有关领导批准，在技术人员的具体指导下，采取绝对可靠的安全措施。

（六）应有自动报警、自动灭火、自动控制措施

为了确保图书馆、档案馆等永无火患，做到万无一失，对藏书量超过 100 万册的大型图书馆、档案馆，应采用现代化的消防管理手段，装备现代化的消防设施，建立高技术的消防控制中心。其功能主要有火灾自动报警系统，二氧化碳自动喷洒灭火系统，闭式自动喷水、自动排烟系统，火灾紧急电话通信，闭路电视监控，事故广播和防火门、卷帘门、空调机通风管，等等。

参 考 文 献

[1] 王永强，林德健，王建军.油气田常用安全消防设施器材的使用与维护 [M].成都：西南交通大学出版社，2019.

[2] 戴明月.消防安全管理手册 [M].2 版.北京：化学工业出版社，2019.

[3] 陈长坤.消防工程导论 [M].北京：机械工业出版社，2019.

[4] 顾金龙.大型物流仓储建筑消防安全关键技术研究 [M].上海：上海科学技术出版社，2019.

[5] 何以申.建筑消防给水和自喷灭火系统应用技术分析 [M].上海：同济大学出版社，2019.

[6] 霍江华，王燕华，卢芳革.消防灭火自动控制 [M].北京：中国原子能出版社，2019.

[7] 张英华，高玉坤.防灭火系统设计 [M].北京：冶金工业出版社，2019.

[8] 方正.高等学校消防安全管理 [M].武汉：武汉大学出版社，2019.

[9] 张网，薛思强，李野.消防安全必知读本 [M].天津：天津科技翻译出版有限公司，2019.

[10] 姜学鹏，程雄鹰，卢颖.城市区域消防安全评估方法与实践 [M].武汉：华中科技大学出版社，2019.

[11] 陈远栋，刘玮玮，李乃幸.物业安全与消防设施设备管理研究 [M].北京：文化发展出版社，2020.

[12] 薛红.电网企业消防安全管理培训教材 [M].北京：中国电力出版社，2020.

[13] 刘志宇.电网消防安全管理与智能消防系统 [M].北京：中国水利水电出

版社，2020.

[14] 王英.新编消防安全知识普及读本 [M].北京：中国言实出版社，2020.

[15] 姜学鹏，肖明清.城市地下空间火灾预防与控制 [M].北京：机械工业出版社，2020.

[16] 薛琨，韩文虎，陈东平.燃爆理论与进展 [M].北京：北京理工大学出版社，2020.

[17] 刘风华.综合应急救援与作战指挥力量编成 [M].北京：冶金工业出版社，2020.

[18] 张培红，尚融雪.防火防爆 [M].北京：冶金工业出版社，2020.

[19] 颜龙，徐志胜.灭火技术方法及装备 [M].北京：机械工业出版社，2020.

[20] 徐志胜，孔杰.高等消防工程学 [M].北京：机械工业出版社，2020.

[21] 刘衺亚，周宁，宋贤生.石油化工企业火灾风险与消防应对策略 [M].天津：天津大学出版社，2021.

[22] 蔡芸.建筑防火 [M].北京：中国人民公安大学出版社，2021.

[23] 李玉，李伟东，张晓明.油罐火灾控制技术及案例分析 [M].北京：化学工业出版社，2021.

[24] 夏登友，李玉，李伟东.固定顶油罐爆炸预测预警技术及应用 [M].北京：化学工业出版社，2021.

[25] 季俊贤.消防安全与信息化文集 [M].上海：上海科学技术出版社，2021.

[26] 王天瑞，鲁志宝.火灾调查科学与技术：2020[M].天津：天津大学出版社，2021.

[27] 杨波.灭火器实用手册 [M].上海：上海科学技术出版社，2021.

[28] 李莹滢.消防器材装备 [M].北京：化学工业出版社，2021.

[29] 孙同文.灾难与急救应急手册 [M].郑州：郑州大学出版社，2021.

[30] 高国平.建筑内人员疏散的行为特征与疏散环境研究 [M].武汉：武汉理工大学出版社，2021.